本译著获上海全球治理与区域国别研究课题资助，课题编号：2023ktq009。

# 道里邦国志

[阿拉伯]
伊斯泰赫里
（al-Iṣṭakhrī）
—著—

陈静　魏桢力　陈苗——譯

# al-Masālik wa al-Mamālik

# 目录

绪论……4
阿拉伯地区……13
印度洋……28
马格里布地区……34
埃及……44
沙姆地区……50
地中海……60
贾兹拉地区……63
伊拉克地区……68
胡齐斯坦地区……76
法尔斯地区……83
波斯人的等级……108
财政类别……124
克尔曼……127
信德……133

# 绪论

一切赞颂全归祝福之源安拉，求您慈悯穆罕默德及其家眷。

在书中，我将分王国介绍各区域情况，并详细介绍其中属于伊斯兰地区的城市，我没有采用惯用的区域划分方式，即依据“七大境域说”（al-Aqālīm al-Sab‘a）来对大地进行划分，而是单列出每一个区域，并为其绘制地图，以展示该区域位置。后续，我将介绍各区域的城市、名胜、湖海、河流以及周边地区，此外，还会涉及到该区域需要了解的其他内容。本书的目的是描绘那些鲜为人知的地区，我没有撰写枯燥冗长的内容，以免读者感到乏味。从当地居民那里获取城市、山川、河海、距离等相关信息并非难事，因此，我在书中介绍了环海（al-Baḥr al-Muḥīṭ）内所有土地的距离、城市和其他信息。环海没有完整地展现在地图中，读者看到地图，就能了解每个区域的位置、疆域以及各区域之间的联系，即使看到各区域的单独地图，也能知道其在这张地图中的位置。其他区域将以合适的方式绘制在地图中，各区域通过矩形、圆形、方形、三角形和图中的其他形状表现其幅员，此图仅用于表明各区域的位置以便了解其所在。之后，我为伊斯兰地区各区域绘制了单独地图，在图中展示其形状、城市以及其他需要了解的内容，这些地图将出现在适当的地方，如果安拉允许的话。

# 本书主题

我将伊斯兰世界分为 20 个区域，并从阿拉伯地区（Diyār al-'Arab）开始逐一介绍。之所以将阿拉伯地区单独列为一个区域，是因为这里汇聚了天房和麦加两大圣地。麦加，即乌姆古拉（Umm al-Qura），更是位于这些区域的中心位置。随后，我将介绍印度洋（Baḥr al-Fārs），这片水域环绕着阿拉伯地区的大部分土地。紧接着，我将依次介绍马格里布地区（al-Maghrib）、埃及（Miṣr）、沙姆地区（al-Shām）、地中海（Baḥr al-Rūm）、贾兹拉地区（al-Jazīra）、伊拉克（al-Irāq）、胡齐斯坦（Khūzistān）、法尔斯（Fārs）、克尔曼（Kirmān）、曼苏拉（al-Manṣūra）及其周边的信德（al-Sind）、印度和其他信奉伊斯兰教的地区。随后是阿塞拜疆（Adharbaijān）及其周边地区、吉巴勒地区（al-Jibāl）、德莱木地区（al-Dailam）、里海（Baḥr al-Khazar）、法尔斯与呼罗珊之间的沙漠地带（al-Mafāza）、锡吉斯坦（Sijistān）及其周边地区、呼罗珊地区（Khurāsān）以及河中地区（Māwarā' al-Nahr）。

这幅地图展现了陆地上不同王国所管辖的文明与荒芜区域。在这片大地上，屹立着四大主要王国。其中，伊朗沙赫尔王国（Mamlaka Īrānshahr），亦称波斯王国，历史最为悠久，财富最为丰厚，政治最为清明，建筑最为牢固，其首府位于巴比伦区域，此王国的疆域在波斯时期已广为人知。自伊斯兰教兴起以来，其影响力已扩散至多个王国，包括黎凡特王国（Mamlaka al-Rūm al-Shām）、埃及、马格里布、安达卢斯（al-Andalus），以及从印度及其邻近的曼苏尔、木尔坦（al-Multān），一直延伸至喀布尔（Kābul）、吐火罗斯坦（Ṭukhāristān）的北方，甚至河中地区和中国王国等辽阔地域，均受到了这个伟大王国的影响。罗马王国则涵盖了萨卡里巴[1]（al-Ṣaqāliba）及其周边的罗斯（al-Rūs）、萨里尔（al-Sarīr）、阿兰（Arrān）、亚美尼亚（al-Arman）等地，同时还包括一些信奉基督教的地区。中国王国（Mamlaka al-Ṣīn）则包括其余的突厥地区、部分藏区（al-Tibat），以及信仰拜物教的地区。而印度王国（Mamlaka al-Hind）则囊括了信德、克什米尔（Qishmīr）等地，亦涵盖部分藏区，同时包括了信仰其特有宗教的地区。我并未述及马格里布地区的苏丹（al-Sūdān）、贝贾（al-Bujja）、津芝（al-Zanj）等民族及其类似情况的族群，这是因为王国的划分主要基于宗教、文化、治理和清晰的政治建构等要素。这些地区并未具备这些特征，因此未能像前述王国那样被明确认定为王国。尽管部分苏丹人在宗教、数学和治理方面与一些知名王国有着相似的习俗，并且与这些王国中的努比亚人（al-Nūba）和埃塞俄比亚人（al-Ḥabasha）关系紧密。作为罗马教派基督教徒，他们在伊斯兰教兴起之前，便与毗邻的罗马王国保持着往来。努比亚地区与红海（Baḥr al-Qulzum）沿岸的埃及和埃塞俄比亚接壤，和埃及之间被一片蕴藏着金矿的沙漠所隔。人们通过红海可抵达埃及和沙姆。上述均为世人所熟知的王国，随着各个王国的逐渐聚合，伊斯兰王国的疆域不断扩展。

大地被划分为南北两个部分，从东方即环海与中国大地交汇的海湾为起点，一直延伸到马格里布、安达卢斯与海洋形成的海湾，形成一条分界线，将大地一分为二。这条分界线始于中国海，穿越印度和伊斯兰王国的中心地带，经过埃及，最终抵达马格里布地区。分界线的北侧是白种人聚居的地区，肤色随着向北的深入而愈发白皙，气候也愈发寒冷。而南侧，则是黑皮肤人的家园，肤色随着向南的深入而逐渐加深，位于这条分界线及其周边的地区，气

[1] 萨卡里巴，即斯拉夫。

候则相对温和。在叙述每一个区域时，我都会描述其地理位置及其邻近的区域。伊斯兰王国的东侧，与印度及印度洋相连，而西侧则与罗马王国及其毗邻的亚美尼亚、阿兰、萨里尔、可萨突厥（Al-Khazar）、罗斯、保加尔（Bulghār）、斯拉夫以及突厥部落接壤。其北侧，紧邻中国王国及其周边的突厥地区，而南侧则面向印度洋。罗马王国的东边是伊斯兰国家，而其西侧和南侧则被环海所环绕，北侧与中国边疆相接。至于突厥与罗马王国斯拉夫地区之间的区域和其他民族聚居地，我将其统一归入了罗马地区的范畴。中国王国的东边和北边都与环海相接，南侧毗邻伊斯兰王国和印度，西侧同样是环海。雅朱者和马朱者之地及其后续地区，直至海边的边界，均被纳入了这一王国的疆域之中。印度王国的东侧是印度洋，而其西侧和南侧则是伊斯兰国家，北侧则与中国王国接壤。这便是上述王国的边界。印度洋和地中海是最为辽阔的两片海洋，它们相邻且均源自环海。其中，印度洋在长度与宽度上均超越了地中海。印度洋自中国陆地边界起始，一路绵延至库勒祖姆（al-Qulzum）。自库勒祖姆直线延伸至中国的距离，长达 200 程（Marḥala）。从库勒祖姆出发，经陆路抵达伊拉克大约需要一个月，从伊拉克继续前行至巴尔赫河（Nahr Balkh）大约需要两月，巴尔赫河至伊斯兰地区的边界，即费尔干纳（Farghāna）的边界，这段距离约为二十多程。接着，穿过整个赫兹勒吉耶（al-Khazlajīya）地区，进入九姓古斯（al-Tughuzghuz）地区，这段路程的距离约为三十多程。而从九姓古斯地区至海边的中国边界，还需大约两月的时间。若选择从库勒祖姆出发，通过海路抵达中国，那么旅程将会更加漫长，因为海上航道蜿蜒曲折。地中海的海域从马格里布和安达卢斯之间的环海海湾开始，一直延伸到沙姆诸关隘区（al-Thughūr），全程大约需要七个月的时间。相较于印度洋，地中海的海面状况显得更为良好。自海峡口出发，只需凭借单一风向的助力，便可抵达海的另一端。库勒祖姆海[2]，是印度洋的一处海湾。从库勒祖姆海经贝鲁西亚（al-Faramā）至地中海的距离为 4 程，而自地中海经贝鲁西亚至诸关隘的距离，则是二十多程，我将在马格里布地区的距离介绍中提及这些内容，此处便不再赘述。从埃及至马格里布最远处约为 180 程，而从大地最西端延伸至最东端的距离约为 400 程。从大地的最北端到最南端的长度，则需从环海的海岸线出发，穿越雅朱者和马朱者之地，抵达斯拉夫的顶端，再穿过内保加尔、斯拉夫部落、罗马地区和沙姆地区。继而从沙姆前往埃及、努比亚，经过苏丹和津芝之间的陆地，最终抵达环海。这条线路贯穿于大地的南北之间。我了解这条线路的距离，从雅朱者之地至保加尔和斯拉夫的距离大约为 40 程，罗马地区的斯拉夫到沙姆的距离则约为 60 程，沙姆到埃及的距离为 30 程，最终抵达努比亚的最远端，这段距离约为 80 程。若将这些文明区的距离一一累加，直至陆地的尽头，总距离为 210 程。至于位于大地的北端，雅朱者和马朱者之地与环海之间的地带，以及南端苏丹与环海之间的地带，均呈现出一片荒无人烟的景象。据传，在这些荒凉之地，曾有建筑物存在，然而关于这两个地带到环海海岸的距离，我却无从得知。北方的极寒和南方的酷热气候，使这些地方成为了人迹罕至、无法居住与建筑的区域。中国与马格里布之间的地区则居住着众多居民。大地呈圆形，环海如同一个圆环环绕其外。地中海与印度洋均源自环海，然而，里海却并不源于环海。若沿着里海的岸边前行，穿过德莱木、塔巴里斯坦（Ṭabaristān）、戈尔甘（Jurjān）以及西亚库赫（Siyāhkūh）的沙漠，最终将会回到起始点，这一旅程中仅有一条河流阻挡前行的道路，花剌子模湖的情况也是如此。位于罗马地区之外的津芝拥有海湾和海域，至于这些海域的面积，我暂且不去详述。这片海湾

2 库勒祖姆海，即红海。

源于环海，其海域一直延伸到斯拉夫地区的背后，穿过罗马的君士坦丁堡（al-Qusṭaṭīniyya），最终注入地中海。罗马地区的边界之一便是环海，它沿着环海岸边，从法兰克（al-Firanja）加利西亚（al-Jalāliqa）开始，经过罗马城（Rūmiya）、雅典（Athīnās）、君士坦丁堡，最后抵达斯拉夫，这段边界全程长约 270 程。从北部诸关隘地区的边界到斯拉夫约需两个月的时间。之前我已提及，从诸关隘地区到马格里布最远处的距离为 210 程。罗马边界与斯拉夫边界之间的居民都是纯正的罗马人。我把法兰克（al-Ifranja）、加利西亚等使用不同语言的地区也一并纳入罗马地区的介绍之中，原因在于这些地区尽管语言各异，却共享着相同的宗教信仰和国王。这与伊斯兰王国的情况类似，虽然各地区的语言不同，却拥戴同一位国王。至于中国王国，其疆域约为四个月行程乘以三个月行程的范围。从海湾口出发，前往河中地区的伊斯兰之家（Dār al-Islām）约需三个月。若从中国王国的东部边界出发，穿过九姓古斯、柯尔克孜（Kharkhīz）、基马克（Kīmāk）等地，再穿过其位于藏区的西部边界，最终抵达海洋，全程约需四月。中国王国的语言丰富多样，其中九姓古斯、柯尔克孜、基马克、和乌古斯（al-Ghaziya）以及赫兹勒吉耶等突厥民族使用同一种语言，彼此之间能够畅通无阻地交流。然而，中国和藏区的语言则与这些突厥民族的语言有明显区别。整个王国皆臣服于在胡姆丹（Khumdān）定居的中国国王，罗马王国则归属于君士坦丁堡的国王统治之下，而伊斯兰王国则由巴格达的信士长官掌管，印度王国则由曷努赫（Qanūḥ）的国王所统治。突厥地区具有鲜明的特色，乌古斯地区的边界位于里海、基马克、赫兹勒吉耶与保加尔之间，伊斯兰之家的边界则从戈尔甘一直延伸至法拉布（Fārāb）[3]和塞兰（Asbījāb）[4]。基马克地区位于

---

3 法拉布，即讹答剌。

4 塞兰又称赛拉姆、赛里木，有多种阿拉伯语写法，其拉丁字母转写为：Isfijab、Asbījāb、

赫兹勒吉耶的北侧。这些地区都位于乌古斯、柯尔克孜和斯拉夫之间，而雅朱者之地则坐落于北方，可能介于斯拉夫与基马克之间。至于这些地区的确切位置及其他地区的状况，唯有安拉才了解。柯尔克孜位于九姓古斯、基马克、环海与赫兹勒吉耶之间，而九姓古斯则坐落于藏区、赫兹勒吉耶、柯尔克孜与中国王国之间。中国则被环海、九姓古斯与藏区所环绕，形成了一个独立的区域。我将其它突厥地区纳入这个王国之中，正如我将罗马的其余地区归入罗马城和君士坦丁堡一样，我也将伊斯兰王国的其他地方归入伊朗沙赫尔，即巴比伦地区。斯拉夫地区的纵横距离均约为两月行程。外保加尔是一座规模不大的小城市，因其作为各王国的港口而扬名。罗斯人居住在保加尔与斯拉夫之间，他们自突厥人中分离出来，迁至可萨与罗马之间的地带。据说，这片土地上生活着佩切涅格人（al-Bajanākiyya），他们在古代并无固定家园，自抵达此地后便一直定居于此。可萨是一个族群的名称，这片地区被称为伊莎勒（Ithal），同时也是流经此地最终注入里海的河流之名。这片地区的郊区和产量并不丰富，它位于里海、萨里尔、罗斯和乌古斯之间。藏区位于中国、印度、赫兹勒吉耶、九姓古斯和印度洋之间，其部分属于印度王国，另一部分则属于中国王国，这片土地上由一位独立的国王统治着，据说其祖先为泰巴比阿（al-Tabābi'a）。唯有安拉才了解这些地区的信息。大地的南边，坐落着苏丹地区，它位于陆地最西端的环海沿岸，是一个四周并无其他王国相邻的国家。环海构成了其一道边界，而另一道边界则位于它与埃及之间的绿洲地带。此外，还有一道边界，位于先前提到的由于酷热而无法证实那里是否有建筑存在的陆地。据说，这片土地的长度约为 700 法尔萨赫（Farsakh），而从海洋到绿洲的距离甚至超过了它的宽度。努

---

Isfījāb，Asfījāb。

比亚地区的边界之一与埃及相邻，另一边界则位于苏丹与埃及之间。此外，它还有一条边界与贝贾地区相邻。努比亚地区与红海之间，存在着一片无法通行的陆地。贝贾地区规模相对较小，坐落于埃塞俄比亚与努比亚之间，这片土地无法继续前行。埃塞俄比亚则位于库勒祖姆海沿岸，库勒祖姆海是印度洋的一部分。埃塞俄比亚的一条边界与津芝地区相邻，另一条边界则位于努比亚和红海之间的陆地上，还有一条边界与贝贾相连，贝贾这片土地无法继续前行。津芝地区的长度超过了苏丹地区，仅有埃塞俄比亚与之相邻，它正对着也门、法尔斯和克尔曼，与印度平行而立。印度地区的长度自曼苏尔地区的莫克兰（Mukrān）[5]起，穿过白德哈（al-Badha）和信德的其他地区，经过卡努赫，最终抵达藏区，全程大约为四个月的行程。印度地区的宽度自印度洋延伸至卡努赫，大约为三个月的行程。伊斯兰王国的长度，则从费尔干纳的边界开始，穿过呼罗珊、吉巴勒地区、伊拉克和阿拉伯地区，直至抵达也门海岸，全程大约为五个月。它的宽度则从罗马开始，穿过沙姆、贾兹拉地区、伊拉克、法尔斯、克尔曼，直至印度洋沿岸的曼苏尔，这一距离约为四个月的行程。在描述伊斯兰王国的边界时，我没有提及马格里布至安达卢斯的距离，原因在于这一地区如同衣物的衣袖，与主体部分并不紧密相连。马格里布地区的东部与西部居民并不信奉伊斯兰教。穿过埃及之后，便会抵达马格里布地区南部的苏丹。马格里布地区的北部是地中海，与之相连的是罗马地区。如果将伊斯兰王国的长度延伸为费尔干纳至安达卢斯的距离，那么这段旅程将长达 310 程。因为费尔干纳的最远端至巴尔赫河谷的距离为二十多程，而巴尔赫河谷至伊拉克的距离约为 60 程。我在对马格里布地区的距离描述中，曾提及从埃及到马格里布最远端的距离为 180

[5] 莫克兰，也称弥兰、木克郎。

程。在本书中，我详细介绍了伊斯兰地区的每个区域，以便读者了解各区域的位置及其相邻区域。这张地图无法完全展现出所有应出现的区域，我运用矩形、圆形、方形、三角形等形状来示意各区域的幅员。在图中，每个区域的位置及其相邻区域都得到了展现。之后，我还将为每个区域绘制单独的地图，展示其形状、城市及其他需要了解的信息。这些地图将在适当之处呈现，如果安拉允许的话。

# 阿拉伯地区

我从阿拉伯地区开始进行介绍，是因为此处是天房的所在地，同时也是麦加，即乌姆古拉的所在地。阿拉伯地区在地理上并未与其他地区接壤，印度洋从阿巴丹（‘Abādān）开始环绕这一地区，阿巴丹为底格里斯河的入海口。此后，海洋经过巴林（al-Baḥrain）、阿曼（‘Umān），之后转向沿海城市迈赫拉（Mahra）、哈德拉毛（Ḥaḍramaut）、亚丁（‘Adan）等地，穿过也门海岸，再经过吉达（Jidda）、贾尔（al-Jār）、米甸（Madyan），最后抵达阿伊拉（Ayila），这些地点共同构成了阿拉伯地区的海洋边界。此处的海湾被称作库勒祖姆海，其范围从塔兰（Tārān）、朱白伊拉（Jubailā）直至库勒祖姆结束。以上所述内容为阿拉伯地区东侧、南侧及部分西侧的情况。随后，边界从阿伊拉开始，经过库姆路特（Qaum Lūṭ）城、被称为祖嘎尔海（Buḥaira Zughar）的死海、沙腊（al-Sharā）、巴勒斯坦的拜勒加（al-Balqā’）、德拉（Adhru‘āt）、豪兰（Ḥaurān）、布沙尼亚（al-Buthaniyya）、古塔（al-Ghouṭa）、大马士革（Dimashq）的巴勒贝克（Ba‘labakk）、霍姆斯（Ḥimṣ）的巴尔米拉（Tadmur）和萨利玛（Salīma），再经肯奈斯林（Qinnasrīn）的两地：哈那塞（al-Khanāṣir）和巴巴利索斯（Bālis）抵达幼发拉底河畔。此后，阿拉伯地区的幼发拉底河流经拉卡（al-Raqqa）、盖尔吉西亚（al-Qarqisiyya）、拉赫巴（al-Raḥba）、达里亚（al-Dāliya）、阿纳（‘Āna）、哈迪塞（al-Ḥadītha）、希特（Hīt）、安巴尔（al-Anbār）、库法，之后是幼发拉底河注入的河谷（al-Baṭā'iḥ）。随后，阿拉伯地区的陆上边界从库法开始，经过希拉赫（al-Ḥīra）、哈瓦纳格（al-Khawarnaq）、库法郊区以及瓦西特（Wāsit），此地至底格里斯河的距离为 1 程。最后，经过巴士拉（al-Baṣra）郊区和巴士拉河谷抵达阿巴丹，这就是阿拉伯地区的陆上边界。阿巴丹至阿伊拉之间的印度洋将约四分之三的阿拉伯地区包围在内，构成了阿拉伯地区的东、南和部分西侧边界。西侧边界还包括阿伊拉至巴巴利索斯这部分沙姆地区边界，巴巴利索斯至阿巴丹是此地的北方边界，巴巴利索斯至安巴尔是该地区与贾兹拉地区的边界，安巴尔至阿巴丹则是阿拉伯地区与伊拉克的边界。与阿拉伯地区的阿伊拉陆上相连的是以色列旷野，这片土地虽然与阿拉伯地区相连接，但并不属于阿拉伯地区。它位于亚玛力（Amāliqa）、希腊和科普特诸地之间，由于阿拉伯人在这里没有水源和牧场，因此这片区域并未被纳入阿拉伯地区的范围。然而，贾兹拉的拉比阿（Rabī'a）部落和穆达尔（Muḍar）部落的阿拉伯人在此居住，这片土地成为了他们的家园和牧场。我们不会在阿拉伯地区的介绍中述及贾兹拉地区，因为那里曾是波斯人和罗马人的住所，有着广阔的地域和人口密集的村庄和城市，并且曾经受到波斯人和罗马人的统治。因此，贾兹拉地区的部分居民信奉基督教和罗马宗教，其中包括贾兹拉地区的拉比阿部落、伽珊尼人（Ghassān）、巴赫拉人（Bahrā'）以及从也门迁至沙姆的塔努赫人（Tanūkh）。

阿拉伯地区，也被称为希贾兹（al-Ḥijāz），涵盖了麦加、麦地那、叶麻麦（al-Yamāma）以及其他相关省区，还包括希贾兹的纳季德（Najd）地区。这片地区与巴林、伊拉克沙漠、贾兹拉沙漠和沙姆沙漠等地相连。也门地区则包括帖哈麦（Tihāma）、也门纳季德地区、阿曼、迈赫拉、哈德拉毛、萨那、亚丁以及也门的其他省区。从塞林（al-Sirrīn）边界至亚蓝蓝（Yalamlam），经过塔伊夫（al-

Ṭā’if)、也门纳季德，向东至印度洋的地域就是也门的范围，这一地区占据了阿拉伯地区约三分之二的土地。从塞林边界开始，沿着印度洋至米甸附近，然后向东经过黑贾尔（al-Ḥijar）直至萨尔玛山（Jabalai Ṭaiyī’），再经过叶麻麦直至印度洋，这就是希贾兹地区的范围。而从叶麻麦边界出发，至麦地那附近，然后折向巴士拉沙漠，再经过巴林直至海边，则构成了纳季德地区的范围。从阿巴丹边界出发，经过正对纳季德和希贾兹的安巴尔，再经过阿萨德（Asad）、萨尔玛山（Ṭaiyī’）、塔米姆（Tamīm）和其他穆达尔部落，便是伊拉克沙漠的范围。而从安巴尔边界出发，经过沙姆沙漠对面的巴巴利索斯，再经过泰玛（Taimā’）、赫萨夫（Khisāf）、古拉河谷（Wādī al-Qurā）附近和黑贾尔，这一系列地点则构成了贾兹拉沙漠范围。从巴巴利索斯、印度洋沿岸正对希贾兹的阿伊拉、米甸，直至塔布克（Tabūk）对面，并延伸至萨尔玛山，这一地带都属于沙姆沙漠的范围。在地区划分时，有学者将麦地那归属于纳季德地区，因为两地之间的距离相对较近，而麦加则被认为属于就近的也门帖哈麦地区。在安拉的指引和庇佑下，我将竭尽所知，详尽介绍各城市和城市中需要了解的信息，包括阿拉伯地区的名胜、山川、沙漠，以及行路距离。据我所知，阿拉伯地区并无适宜航行的河流或湖泊。被称为祖噶尔（Zughar）的死海靠近沙漠，因此不属于阿拉伯地区。也门地区的水源主要集中在示巴地区[1]（Saba’），当地人在有水的地方修建了堤坝，将大量水流聚集起来，用于村庄和农场灌溉。安拉赐予他们从示巴地区至沙姆的大量村庄，然而他们并未对此心怀感激。因此，至高至尊的安拉在水中布下瘟疫，导致他们不能再使用这些水源。安拉说道："我在他们与我所福祐的那些城市之间，建设了许多显著的城市。"[34:18]之后，"我使他们流离失所"，

[1] 示巴，又称赛伯邑。

[34:19]如今那处水源已经不复存在。尽管如此，此地的溪流、泉水、河涧和水井仍然很多。

我对阿拉伯地区城市的介绍从安拉所尊荣的麦加开始。麦加位于山间，其长度为穆阿拉（al-Mu‘allā）至米斯法拉（al-Misfala），约为两里，这是从南端到北端的距离，而阿贾德（Ajyād）至古埃奇安（Qu’aiqi’ān）的距离约为全程的三分之二。麦加的建筑主要采用石料修筑而成，中心位置坐落着清真寺，天房位于清真寺中央。天房的门高于地面 1 寻[2]（Qāma），仅设有 1 扇门。天房的地面高于其入口之门，门正对着渗渗泉（Zamzam）。伊卜拉欣立足处（al-Maqām）位于渗渗泉附近，与门平行，且位于天房之前。天房西侧有一座环形墙壁，它起始于天房，但并未延伸到其内部。此处矗立着一块石头，环绕礼塔瓦夫（al-Ṭawāf）便是以这块石头和天房为中心，进行绕行，并结束于天房内的这块石头。天房有两个角，一个被称为伊拉克角（al-Rukn al-‘Irāqī），另一个被称为沙姆角（al-Rukn al-Shāmī）。另外两角之一位于天房入口处，那里的黑石（al-Ḥajar al-Aswad）高度至少为 1 寻。而另一角则被称为也门角（al-Rukn al-Yamānī）。此外，供朝圣者饮用的水源，即阿拔斯水源（Siqāya al-Ḥaj），则位于渗渗泉的背后，渗渗泉坐落于水源与天房之间。演讲厅（Dār al-Nadwa）位于圣寺的西边，清真寺管理机构（Dār al-Imāra）的后侧，且与清真寺连通。昔日，这座清真寺与圣寺为一体，曾是贾希利叶时期（al-Jāhiliyya）古莱氏部落（Quraish）的集会之地。萨法（al-Ṣafā）屹立在艾卜库贝斯山（Abu Qubais）的高地之上，与圣寺之间横亘着一片宽阔的河谷地带，这片河谷既是通道也是市场。站在萨法，人们可以直接望向黑石。在萨法和玛尔瓦（al-Marwa）之间，有一个名为玛斯阿（al-Mas‘aa）的地方。

---

[2] 寻，约等于 1.828 米。

玛尔瓦是艾卜库贝斯山的一块石头，站在其上，人们的视线正对着伊拉克角。然而，周围建筑物阻碍了这一视线，使得人们无法直接看到这个角。艾卜库贝斯山位于天房东侧，俯瞰着天房。古埃奇安山则位于天房西侧，艾卜库贝斯山的高度和规模都超过了古埃奇安山。据说，修建天房的石块就取自古埃奇安山。从麦加通往阿拉法特（'Arafat）的道路上，有一个名为米纳（Mina）的地方，它与麦加的距离仅为 3 里。米纳是一条延伸约两里长的道路，其宽度适中，周围矗立着众多建筑，汇聚了来自伊斯兰国家和地区的居民。在距离麦加更近的地方，坐落着一座名为凯义夫（al-Khaif）的清真寺。位于米纳尽头的是贾姆拉特・亚喀巴（Jamarat al-'Aqaba）[3]，它与麦加相邻。并非所有的贾姆拉特・亚喀巴都是在米纳进行，小型贾姆拉特和中型贾姆拉特都是在麦加附近的凯义夫清真寺进行的。穆兹达理法（al-Muzdalifa）不仅是朝觐者夜间休憩的地点，也是他们从阿拉法特返程后，进行集体礼拜的场所。这一地点位于白塔努穆哈斯尔（Baṭanu Muḥassir）和玛阿兹敏（al-Ma'zimīn）[4]之间。白塔努穆哈斯尔是米纳和穆兹达理法之间的河谷地带。玛阿兹曼（al-Ma'zimān）是一条穿越两山间的道路，最终通往阿拉纳（Arana）。阿拉纳是玛阿兹敏与阿拉法特之间的一片谷地。阿拉法特则位于阿拉纳河谷与阿米尔墙（Ḥā'iṭ Banī 'Āmir）之间，其范围一直延伸到萨赫拉特（al-Ṣakhrāt）附近。这里设有伊玛目的宣礼处，并有通往亚喀巴的道路。阿米尔墙是阿拉法特的一片椰枣林，附近有伊玛目进行晌礼和晡礼的清真寺。这片椰枣林是一堵椰枣树墙，内有泉眼提供水源，归属于阿卜杜拉・本・阿米尔・本・库莱兹（'Abd Allāh bin 'Āmir bin Kuraiz）。阿拉法特并不在圣

---

3 石击恶魔：朝觐者对象征魔鬼的三堵墙掷石块。

4 指穆兹达理法与阿拉法特之间的两座山。玛阿兹曼与玛阿兹敏同义，前者为主格形式，后者为宾属格形式。

地的范围内，圣地的边界仅延伸至玛阿兹敏。一旦越过这两个地方，人们就会见到两个标志，标志之后便是哈勒（al-Ḥal）。此外，谈易姆（Al-Tan‘īm），又名阿伊莎清真寺（Masjid ‘Ā’isha），并不位于圣地之内，圣地的范围止于此。圣地的边界约有 10 里之长，相当于 1 日行程。在圣地的范围内，有一座与其他地方截然不同的独特塔楼。麦加没有自流水源，在我离开此地后得知，在信士们的长官时期，穆斯林长官完成了将泉水引入麦加的工程。此处的水源主要依赖于雨水，缺乏可供饮用的井水。此地最好的水源是渗渗泉，但不能过度饮用。据我所知，麦加地区除了沙漠树丛外，几乎没有果树的存在。在圣地之外的地区，拥有泉水、水井以及富有绿植、庄稼和椰枣林的河谷地带。我在圣地内并未见到或听闻过其他种类的果树，唯有椰枣树在此地生长。我在法赫（Fakhkh）见到过一些零散的椰枣林。莎比尔（Thabīr）是一座位于东边的山峰，从这里可以俯瞰米纳和穆兹达理法。在贾希利叶时期，人们只有在太阳升起并照到莎比尔时，才会离开穆兹达理法。穆兹达理法有一个名为玛什阿尔（Mash‘ar）的圣地，这是伊玛目举行昏礼、宵礼和晨礼的场所。侯代比亚（al-Ḥudaibiyya）地跨哈勒与圣地，一部分坐落在哈勒之内，而另一部分则位于圣地之中。此地曾是异教徒阻拦安拉的使者（愿安拉祝福及赐他平安）进入圣地的场所。哈勒地区距离天房最远的地点便是此地，尽管其不在圣地的范围之内，但它却如同圣寺的一角，与圣寺之间的距离超过 1 天的行程。

麦地那的城市面积不及麦加的一半，它坐落在一片沙漠中。此地椰枣树繁茂，奴隶们用井水灌溉椰枣林和农作物。城市四周被城墙环绕，其中心位置矗立着一座清真寺。先知墓（愿安拉祝福及赐他平安）位于清真寺的东翼，靠近克尔白的方位。它不仅是清真寺的东垣，同时也是一间高耸的房间，与清真寺的屋顶之间仅有一线缝隙，形成一个封闭的区域，此空间未设门户，内有先知（愿安拉祝福及赐他平安）、艾卜·拜克里（Abū Bakr）和欧麦尔（‘Umr）（望安拉对他俩满意）的墓地。先知（愿安拉祝福及赐他平安）的讲坛被另一座讲坛覆盖，而讲坛前的水池位于讲坛和墓地之间。先知的节日礼拜场所坐落于城门之内，城市的西侧。巴基公墓（Baqī‘ al-Gharqad）则位于城东的巴基门外。库巴（Qubā’）坐落于城外大约两里的地方，邻近克尔白的方向，这里汇聚了辅士们的住所，形成了一个类似于村庄的聚居地。城市的北部矗立着一座山脉，这是距离麦地那最近的山峦，大约为两法尔萨赫的距离，其附近分布着农场，山中则有麦地那居民的田庄。麦地那与阿基格（al-‘Aqīq）相对，其位于麦地那与法尔阿（al-Far‘a）之间。法尔阿坐落于麦地那的南方，两地之间的距离为 4 日行程，这里拥有大清真寺，周遭的众多田庄多已荒芜。麦地那周边同样拥有许多田庄，其中大部分也已经荒芜。阿基格是一片位于麦地那南侧的河谷，距麦地那 4 里，位于麦地那通往麦加的道路上。此处最好的水源就是阿基格的井水。

叶麻麦，虽然在城市规模上不及先知的城市，但它所拥有的椰枣树数量不仅超过了麦地那，甚至超过了希贾兹的其他地方。巴林位于纳季德地区，其城市名为哈贾尔（Hajar），是拥有最多椰枣树的城市。但是，巴林并不属于希贾兹地区，而是属于印度洋沿岸的一部分，它是盖拉米塔派（al-Qarāmiṭa）的聚居地。巴林四周散布着众多穆达尔人的村庄和部落。在希贾兹地区，除了麦加和麦地那这两个城市之外，叶麻麦是规模最大的城市。古拉河谷紧随其后，它拥有丰富的椰枣树和泉水。贾尔是麦地那的港口，位于距离麦地那大约 3 程的地方，靠近海岸线，其城市规模小于吉达。吉达则是麦加的港口，距离麦加仅两程，坐落于海边，它拥有丰富的贸易资源和财富。它是希贾兹地区除了麦加之外，最为富有和繁荣的城市，主要与法尔斯进行贸易往来。

塔伊夫是一座小城，其规模与古拉河谷相近。此地盛产葡萄，空气清新宜人，水果的种类和数量之丰富甚至超过了麦加。塔伊夫坐落于加兹万山（Ghazwān），这座山也是萨阿德部落（Sa‘ad）和其他胡宰以勒部落（Hudhail）的定居之地。据我所知，加兹万山是希贾兹地区最为凉爽的地方，这使得塔伊夫的气候非常宜人。我还听说在加兹万山的顶峰，水甚至可能会凝结成冰，在希贾兹地区，唯有这座山峰有可能结冰，其他地方都没有这种景象。

黑贾尔是一座人口稀少的小村庄，与坐落于群山之间的古拉河谷相距 1 日行程。这里曾是赛莫德人（Thamūd）的居住地，安拉在《古兰经》中提到："在山谷里凿石为家的赛莫德人。"[89:9]我曾亲眼目睹了这些山峦及其上的雕刻，正如安拉所描述"你们精巧地凿山造屋，"[26:149]我在群山上见到的房屋，看起来就像我们的居所一样。这些山脉被称为阿沙里布山脉（al-'Athālib），它们从远处望去似乎连成一片，然而当你穿越其间时，便会发现每一座山峰都是独自耸立，环绕着塔伊夫。山脉四周是沙漠，除非付出极大的努力，否则不可能攀登至山顶。此处有赛莫德人的水井，安拉曾说"牠应得一部分饮料，你们应得某定日的一部分饮料。"[26:155]

塔布克坐落于黑贾尔和沙姆之间，与两地的距离均为 4 程，大致位于沙姆路线的中段。它是一座拥有泉水和椰枣树的堡垒，城墙与安拉的使者（愿安拉祝福及赐他平安）有关。据说，被派往米甸和艾凯人（'Aṣḥāb al-'Ayika）的先知舒阿卜（Shu‘aib）曾在这里居住。然而，舒阿卜并非此地的居民，他来自米甸。米甸位于库勒祖姆海边，正对塔布克，其规模大于塔布克，与之相距约为 6 程。这里有一口井，传说是先知穆萨（Mūsā）（祝愿他平安）为舒阿卜牲畜汲水的地方。如今，这口井已被覆盖，其上方建起了一座房屋，当地居民的水源主要依赖一处涌泉。米甸，这正是舒阿卜所属部落的名称，这个村庄也因之得名。安拉说"我已派遣米甸人的兄弟舒阿卜。"[11:84]居赫法（al-Juḥfa）是一处旅人驿站，距海约为两里，其规模和建筑的古老程度与法伊德（Faid）相近。在麦地那和麦加之间，除了居赫法，没有其他驿站能全年都有旅客驻足。同理，在麦地那和伊拉克之间，也无一处能像法伊德那样，四季都有旅人来往。法伊德位于萨尔玛地区，从此处至萨尔玛山需行两日。该地区分布着椰枣林和一些耕地，水源相对有限。这个地区的游牧民族在一年中的某些时节，会离开此地前往牧场。杰巴拉（Jabala）是斯塔拉河谷（Wādī Sitāra）的一座堡垒，这片河谷位于白塔努穆尔（Baṭanu Murr）和阿斯凡（'Asfān）之间，坐落于通往麦加的道路左侧，这片谷地的长度大约为两天的行程，河谷中只生长着椰枣树的地方才能见到人烟。河谷背后是一个与之相似的河谷，被称为沙雅（Sāya），另一个河谷则被称为萨伊拉（al-Sā'ira）。杰巴拉曾是塔米姆人拜克里・本・瓦伊勒（Bakr bin Wa'il）的管辖范围。据说，此处的一座悬崖是哈吉布・海伊拜尔（Ḥājib Khaibar）的兄弟拉基特・本・扎拉拉（Laqīṭ bin Zarāra）的丧生之地。此处的堡垒拥有许多椰枣树和庄稼。延卜（Yanbu'）是一座拥有椰枣树、水源和庄稼的堡垒，阿里・本・艾比・塔里布（Alī bin Abī Ṭālib）（祝愿他平安）曾在这里停留，后来，他的后裔接管了此地。伊斯（al-'Īṣ）是延卜和玛尔瓦之间的一座小堡垒。阿什拉（al-'Ashīra）也是延卜和玛尔瓦之间的一座小堡垒，此处的椰枣比希贾兹其他地方的椰枣更为优质，无论是海伊拜尔的赛伊汗尼枣（Ṣaiḥānī）、麦地那的布尔迪枣（al-Burdī）还是棕榈枣（'Ajwa），都无法与之媲美。在延卜近郊，有一座名为拉德瓦（Raḍwa）的山峰，这是一座富有山道和河谷的山峦。我曾从延卜望过去，满眼皆是翠绿之色。一位曾在年轻时游历过此地的人告诉我，山上不仅有丰沛的水源，更有葱郁的林木。这座山因凯塞尼泰派（Kaisāniyya）[5]而闻名，他们声称

[5] 伊斯兰教什叶派的一个教派。

穆罕默德·本·哈乃法·本·阿里·艾比·塔里布（Muḥammad ibn al-Ḥanafiyya Alī Bin Abī Ṭālib）曾在此居住。拉德瓦地区的磨刀石销往世界各地。拉德瓦附近有哈桑尼人（al-Ḥasaniyy）的聚居地，大致位于朱海纳（Juhaina）、巴里（Balī）和海岸之间。我依据诗句推测，他们在此处的居住地约有 700 个。他们生活方式与阿拉伯人相似，以游牧为生，逐水草而居，与阿拉伯人一样，在性格和外貌特征上，也与阿拉伯人无异。哈桑尼人的居住地与东部的瓦丹（Waddān）相连，瓦丹与居赫法相距 1 程，与西侧朝觐道路上的阿卜瓦（al-Abwā'）相距 6 里。过去，在哈桑尼人定居于此的时期，该地区的领导权由贾法尔家族执掌，即贾法尔·本·艾比·塔里布（Ja'far bin Abī Ṭālib）的后裔。他们在法尔阿和萨伊拉之间拥有众多田庄、氏族和追随者。贾法尔家族与哈桑尼人之间发生过流血冲突，最终，一群来自也门的哈尔布人（Ḥarb）占领了他们的地盘，于是他们转而成为了哈尔布人的支持者，并日渐衰退。泰马是塔布克地区最为古老的堡垒，坐落于该地区的北部，拥有椰枣林，此处是一片连绵的沙漠。此处距离最近的沙姆地区需 3 日行程。据我所知，伊拉克、也门和沙姆之间的塔伊夫地区是阿拉伯人的聚居地，他们在此地逐水草而居。然而，在阿卜杜·盖伊斯（'Abd al-Qays）地区之后，叶麻麦、巴林和阿曼之间的那片土地，是一片缺少水井、居民和牧场的荒芜之地，那里没有可供通行的道路，也不适合人类居住。至于长度从卡迪西亚（al-Qādisiyya）延伸至舒谷戈（al-Shuqūq），宽度从萨马沃（al-Samāwa）附近横跨至巴士拉沙漠之间的这片地区，其居民主要是阿萨德人。穿过舒谷戈后，会来到萨尔玛地区，穿越萨尔玛山后，会到达与古拉河谷平行的纳格拉矿区（Ma'din al-Naqra）。继续前行，将经过纳季德、叶麻麦和巴林的边界。穿过矿区，最终抵达位于麦地那左侧的萨利玛，如果沿着麦地那的右侧前行，则会到达朱海纳。在麦加和麦地那之间，生活着多个部落，包括拜克里·本·瓦伊勒所属的穆达尔部落、哈桑尼部落和贾法尔部落等。麦加的周边地区，东侧主要是胡宰以勒部落的哈剌勒人（Halāl）和萨阿德人居住的区域，西边则是穆德拉吉（al-Mudlaj）人和其他的一些穆达尔部落的聚居地。巴士拉沙漠是生活区和部落最为密集的沙漠，居民多为塔米姆人，其范围一直延伸至巴林和叶麻麦，其后则是阿卜杜·盖伊斯地区。贾兹拉沙漠是拉比阿人和也门人的生活区，居民大多属于也门卡勒布人（Banū Kalb）。其中，阿利斯部落（Banū al-‘Alīṣ）中曾经出现了一位沙姆地区的领袖，他击败了埃及军队并征服了沙姆地区，之后前往拉卡并在那里定居。萨马沃沙漠的范围从杜马渐答勒（Dūmat al-Jandal）延伸至艾因塔玛尔（‘Ain al-Tamar），卡萨夫（Khasāf）地区位于拉卡和巴巴利索斯之间，向左可至沙姆。绥芬（Ṣiffīn）位于沙漠中，靠近幼发拉底河，同样位于拉卡和巴巴利索斯之间。这里曾是穆阿维叶（Mu‘āwiya）与阿里（愿安拉祝福他）对战的地方。我有幸远远地看过这个地方，有人告诉我，他曾见过阿马尔·本·亚西尔（‘Ammār bin Yāsir）（望安拉满意）本人以及阿里·本·艾比·塔里布用于囤积战利品的财库。

沙姆沙漠不仅是法扎拉（Fazāra）、拉赫姆（Lakhm）、居扎姆（Judhām）、巴里等部落的居住地，也是也门人、拉比阿和穆达尔等人群的混居区域，大部分居民为也门人。希贾兹沙漠的东西宽度为舒谷戈到阿吉法尔（al-’Ajfar），南北长度为萨尔玛山直抵东海岸，这片区域的沙子是一种黄色、触感柔软的沙粒，在某些地方，这些沙粒几乎与尘土无异。

帖哈麦地区位于也门，它坐落于交错的山脉之中。它起始于库勒祖姆海之滨，向西延伸，东边毗邻萨达（Ṣa‘da）、吉尔什（Jarash）和奈季兰（Najrān），北边与麦加的边界接壤，南边距离萨那约为10 程。我已将帖哈麦山脉绘制在了阿拉伯地区的地图上。凯伊万

（Khaiwān）拥有村庄、庄稼和水域，许多人定居于此，也门的各个部落都在这里有定居点。布赫兰（Buḥran）和吉尔什是两座规模相当的城市，都生长着椰枣树，拥有众多也门生活区。萨达的城市规模超过这两个城市，历史也更为悠久。这一地区出产皮毛的品质与萨那相差无几，而奈贾兰、吉尔什和塔伊夫的皮毛更为丰富多样。然而，总体而言，最好的皮毛产自萨达，这里不仅是经济和商业活动的中心，还居住着被称为宰德人（al-Zaidī）的哈桑尼人。在也门全境范围内，没有比萨那规模更大更好的城市，也没有比萨那人口和基础设施更多的城市。据说，这里的气候温和，无论是在冬季还是夏季，居民们都无需因气候变化而进行迁徙。该地区冬夏之间的时间差异在这里相对较小。历史上，曾是也门国王居所的地方，矗立着一座雄伟壮观的建筑，如今已破败不堪，这座雄伟的山被称为古姆丹（Ghumdān），是也门国王曾经的宫殿。在整个也门，没有其他建筑能够超越古姆丹山的高度。穆宰伊希拉（al-Mudhaikhira），则是贾法里（al-Ja'farī）的一座山峰，据我所知，其高度约为 20 法尔萨赫，此处有农场、水源，植被以姜黄为主。这是一处坚不可摧的要地，仅有一条通道。历史上曾被盖拉米塔人占据，盖拉米塔派在也门发展壮大，并因穆罕默德·本·法德勒（Muḥammad bin al-Faḍl）而为人所知。希巴姆（Shibām）山是一座非常坚固的山峰，拥有众多村庄、庄稼和居民，它是也门的知名山峰。也门地区出产优质玛瑙和缟玛瑙，这两种石头表面犹如薄膜一般，经过切割，就能得到玛瑙和缟玛瑙。据我所知，这两种石头通常分布在沙漠中，人们能在沙漠的石群中发现并拾取它们。亚丁是一座规模虽小却名声显赫的城市，其盛名主要源自其作为海港的重要地位。许多旅客在此驻足，此地蕴藏有珍珠矿产。尽管在也门境内，比亚丁规模更大的城市不在少数，但它们的名声却远不及亚丁。伊巴德派（al-Ibāḍiyya）地区，位于凯伊万附近，是该地区历史最为悠久的地方，此地是部分省区的所在地，拥有丰富的水资源和农场。哈德拉毛位于亚丁东部，紧邻海岸线，此地的广阔沙漠，被称为沙丘（al-'Akhqāf）。尽管哈德拉毛的规模较小，但这里却拥有许多宏伟的建筑。先知呼德（Hūd）（祝愿他平安）之墓坐落于此，附近还有一口深井名为白尔呼德（Barhūt），几乎无人能够下到井底。迈赫拉地区的首府是席赫尔（al-Shiḥr），这是一片荒漠之地。当地的语言独特且难以理解，这里没有椰枣树和庄稼，居民们的财富主要源自骆驼。值得一提的是，此地骆驼所繁育出的幼驼，在品质上优于其他地方。此外，该地区还出产乳香，销往世界各地。居民们的居住地通常分散在偏远谷地中。有人认为此地归属于阿曼。

阿曼是一个独立的国家，拥有繁茂的椰枣树，热带水果如香蕉、石榴等丰饶多产。其首府为苏哈尔（Ṣuḥār），这座海边城市拥有繁忙的海港和船只码头。作为阿曼最古老和最富有的城市，它堪称波斯湾沿岸伊斯兰国家中最富有、最繁华的城市，此地城镇众多。据我所知，阿曼的边界绵延约 300 法尔萨赫，大部分位于沙腊地区。历史上，阿曼人和当地望族萨玛·本·卢埃伊家族（Banu Sāma bin Lu'aī）发生过冲突，一位名叫穆罕默德·本·卡西姆·萨米（Muḥammad bin al-Qāsim al-Sāmī）的人向穆阿台迪德（al-Mu'taḍid）求助，穆阿台迪德遂派伊本·绍尔（Ibn Thaur）与他并肩作战，成功为穆阿台迪德征服了阿曼，并对其作演说。沙腊则支持纳兹瓦（Nazwa），直至今日，纳兹瓦仍然拥有自己的伊玛目、财富和社群。阿曼是一个酷热的国家，据传在其内陆，远离海洋的地方，竟有细雪轻飘的景象。这对我来说只是传闻，并未能亲眼目睹。也门的示巴地区有驴群，同样，哈德拉毛地区也有。哈马丹（Hamadān）、艾什阿尔（'Ash'ar）、金达（Kinda）以及浩兰（Khaulān）等部落散布在也门的各个地区。他们在不同的省区和农庄中生活，包括帖哈麦及位于其东侧的也门纳季德地区，那里河谷交错，是一个山脉较少、地势平缓的地方。也门纳季德与希贾兹纳季德各有特色，尽管希贾兹纳季德的南部与也门纳季德的北部相连，但巴林和阿曼之间却是一片荒芜之地。也门生活着众多猴子，据我所知，它们的数量之多令人咋舌。当它们群体行动时，就会跟随在一只大猴的后面，就像蜂群围绕着蜂王一样。这里还有一种被称为乌达尔（al-‘Udār）的熊，它会追逐人类，一旦被它捕获，它就会用锐利的爪子扎入人的腹部并撕开。这片土地上还有一些与食尸鬼（al-Ghīlān）相关的传说故事，我无法为它们提供合理的解释。

阿拉伯地区的距离。其边界的距离为：阿巴丹至巴林约 15 程，巴林至阿曼约需 1 月，阿曼至迈赫拉约 1 月，迈赫拉至哈德拉毛约 1 月，哈德拉毛最远处至亚丁约 1 月，亚丁至吉达约需 1 月。吉达至居赫法海岸约 5 程，居赫法海岸至贾尔约 3 程，贾尔至阿伊拉约 20 程，阿伊拉至巴巴利索斯约 20 程，巴巴利索斯至库法约 20 程，库法至巴士拉约 12 程，巴士拉至阿巴丹约两程，以上就是阿拉伯地区边界的距离。

路线：库法至麦地那约 20 程，麦地那至麦加为 10 程。从库法经加达大道（al-Jāda）至麦加的路线更短，约需 3 程。还有一条经纳格拉矿区到麦加的路线，途中会经过萨利玛部落的矿区，然后经扎提伊尔格（Dhāt ‘Irq），最终到达麦加。巴士拉至麦地那的路线约为 18 程，该路线在纳格拉矿区附近与库法路线相交。从巴林到麦地那的路程大约为 15 程，拉卡至麦地那的路程为 20 程。同样，从大马士革到麦地那的路程也大约为 20 程，从埃及沿海岸线至麦地那的路程也约为 20 程。

关于埃及和马格里布的路线，我并未单独列出，因为它们与巴勒斯坦人的阿伊拉路线重合，这两条路在沙漠边缘交汇，但进入沙漠前会分开。一旦埃及人和巴勒斯坦人越过米甸，他们将会有两条路可选：其中一条通往麦地那。这条路线经过巴达（Baddā）和沙卡布（Shaghab），沙卡布是一个被麦尔旺人（Marwān）占领的沙漠村庄，此处有祖赫里・穆哈迪施（al-Zuhrī al-Muḥaddith）的墓地。之后，经玛尔瓦抵达麦地那。另一条路线则是沿着海岸线前进，直到居赫法，伊拉克、大马士革、巴勒斯坦和埃及路线都聚集于此。至于巴士拉和拉卡的道路，由于已经中断，目前无法通行。其他道路则仍然保持畅通状态。亚丁至麦加的路程约需 1 月，有两条路线：一条沿着海岸线前行，相对较远；另一条则经过萨那、萨达、吉尔什、奈季兰和塔伊夫，最后抵达麦加。还有一条穿越沙漠和帖哈麦的路线，比上述两条路线更近，但是需穿过也门诸生活区和省区，是可直接通行的路线。哈德拉毛和迈赫拉的居民通常会选择跨越当地区域，取道连接亚丁和麦加的加达大道，他们与加达大道之间的距离大约在 20 至 50 程之间。至于阿曼的道路，那是一条难以通行的陆上线路，途经大量荒芜，人口稀少的地方。阿曼的居民可通过海路抵达吉达，沿迈赫拉、哈德拉毛的海岸线至亚丁，或是继续沿亚丁大道前行，但这条路线鲜有人走。阿曼和巴林之间的路线同样艰险难行，由于阿拉伯人之间的不和而变得难以通行。巴林和阿巴丹之间的地带是一片荒漠，无法通行，只能通过海路连接两地。从巴士拉至巴林的距离约为 18 程，沿途有阿拉伯部落和水源，这是一条沿途分布着人居的道路，但同时也存在一些危险。

上述内容涵盖了阿拉伯地区所有需要了解的距离。至于阿拉伯地区各部落之间的确切距离，对于非沙漠地带的居民而言，并不需要了解。

# 印度洋

在阿拉伯地区之后，我将介绍印度洋，该海域与阿拉伯地区的大部分边界相接，并与其他伊斯兰国家相连。我将其绘制在地图上，之后我会介绍这片海域中的所有信息。从海边的库勒祖姆开始介绍，沿海岸线向东，直至阿伊拉结束，然后绕过之前介绍的阿拉伯地区边界，来到阿巴丹。穿过底格里斯河后，沿海岸线前行至梅赫卢班（Mahrūbān），再至建拿巴（Jannāba）和法尔斯海滨（Sīf Fāris）直至锡拉夫。然后是克尔曼之后的霍尔木兹海岸、提飓（al-Dībal）、木尔坦海岸即信德海岸，这就是伊斯兰国家的边界。再延伸至印度海岸和西藏海岸，穿过西藏地区，最终抵达中国土地。从库勒祖姆向西，沿着沙漠边缘的海岸线前行，从埃及边界一直到沙漠都属于贝贾地区，此处有金矿。经海滨城市艾伊达布（‘Aidhāb）后，进入到埃塞俄比亚地区，此地与麦加、麦地那和亚丁周边地区相对。再穿过埃塞俄比亚，到达努比亚附近，之后是津芝地区。津芝是这些国家中面积最大的国家，正对所有伊斯兰国家。至此，海域结束，接下来将介绍各个岛屿和地区，直至抵达与中国土地相对的地方。

我已经绘制了这片海洋的地图，并明确了其边界，我将遵循安拉的意愿，详细介绍这片海域的周边地区以及其中的事物。对于有兴趣进一步研究的读者，这无疑是份值得一读的资料。从库勒祖姆至也门腹地附近的海域，被称为库勒祖姆海。它的长度大约为 30

程，最宽的地方也不超过 3 晚行程的距离，海面渐窄，直到可以眺望到海洋的另一侧，其海域一直到库勒祖姆为止。然后，绕到库勒祖姆海的另一侧。库勒祖姆海的地形犹如河谷，水下隐藏着许多山脉。只有那些熟知航线的船长，才敢在白天驾船穿越这些山脉。到了夜晚，则不可行船。这片海域的海水清澈见底，人们可以看到水下的山脉。在库勒祖姆和阿伊拉之间的海域，有一个地方名为塔兰。这是这片海域中极为危险的一处所在，它位于山脚下，形成了一个漩涡。当风吹到山顶时，会一分为二，两股风相对吹下，激荡起汹涌的海浪。由于这两股风的存在，任何船只一旦进入漩涡区域，都难逃受损的命运，无一幸免。如果南方的风势较弱，船只更无法安全通过此路。此地长度约为 6 里，一位法老曾在此溺亡。塔兰附近是一个叫做加比拉特（Jabīlāt）的地方。这里风暴猛烈，波涛汹涌，令人生畏。在东风吹拂时，船只无法向西航行，西风呼啸时，船只也无法向东前行。阿伊拉附近的海洋里，生活着许多五颜六色的鱼类。如果到了也门腹地的海域时，便进入了亚丁湾。一旦越过亚丁，便来到了津芝海。当靠近阿曼附近时，海洋转向法尔斯。据说，从这里到津芝的距离为 700 法尔萨赫。这是一片漆黑的海洋，无法看见其中的物体。亚丁附近蕴藏着珍珠矿，这些珍珠品质上乘，被运送到亚丁。一旦穿过阿曼，便离开了伊斯兰的边界。从此处到附近的萨兰迪布（Sarandīb）之间的海域被称为波斯湾（法尔斯海）。这片海域宽广无垠，南部与津芝诸地相接。这片海域中充满了暗礁和狂风巨浪，其中最为危险的地方是建拿巴和巴士拉之间的区域，这里被称作建拿巴礁湖。这是一个令人胆寒的地方，任何船只都无法在汹涌的海浪中安全航行。赫沙巴特（al-Khashabāt）距离阿巴丹 6 里，位于底格里斯河入海口。这个地方有大型船只都畏惧的海浪，当船只需要经过此处，除了涨潮时段，它们通常需要停靠在陆地上。此处矗立着木材建成的哨站，供观测人员居住。他们在夜间留宿于哨站之上，为船只提供进入底格里斯河的入口指引。这是个极度危险的地方，任何在此迷失的船只都有遭受严重损坏甚至破碎的风险。正对建拿巴的是一个叫哈尔克（Khārk）的地方，此处有珍珠矿藏，还开采其他小型物品。哈尔克矿开采出的宝石价值远超其他地方。据传，一些稀有的珍珠正来源于此矿。在阿曼和萨兰迪布的海域中，同样存在珍珠矿藏。据我所知，只有波斯湾有珍珠矿。这片海域日间和夜间共经历两次涨潮和退潮，其范围从库勒祖姆边界一直延伸至中国边界。马格里布海、地中海以及其他海域均不具备印度洋的这种涨退潮现象。涨潮时，海水高可达 10 腕尺，汹涌澎湃，随后回落至原有的水位。在这片法尔斯海域中，分布着众多岛屿，其中包括拉斐特（Lāfit）、哈尔克、阿瓦勒（Awāl）[1]和其他有人居住的岛屿。这些岛屿上有淡水资源、耕作和畜牧。上述内容就是这片位于伊斯兰边界海域的特征。

我将遵循安拉的旨意，描述这片海域海岸线的全部特征，从库勒祖姆开始，直至建拿巴结束。库勒祖姆，这座位于海岸边缘的城市，恰好位于这片海域的尽头，是这片海域的最后一个海湾。这座城市没有庄稼、树林或水源，其居民依赖远处的井和水源来满足日常用水需求。此处建筑完备，拥有埃及和沙姆的港口。沙姆和埃及的货物从这里转运至希贾兹、也门和沿海地区，此处与埃及的福斯塔特（Fusṭāṭ）相距两程。之后是一片没有村庄和城市的海岸，只有少量居民居住在那里，以从这片海洋捕鱼和些许椰枣树的果实为生。这片海岸线的末端是塔兰和加比拉特，沿着西奈山（Jabal al-Ṭūr）前行，可抵达阿伊拉。阿伊拉是一个规模虽小却繁荣的城市，其耕作资源相对有限。这座城市是犹太人的聚居地，安拉禁止他们

[1] 阿瓦勒：巴林岛古称。

在安息日狩猎，安拉曾将部分犹太人变成了猴子和猪。在这座城市中，居住着与先知穆罕默德（愿安拉祝福及赐他平安）达成过协议的犹太人。我已经在阿拉伯地区的描述中提到过米甸，它位于海洋与也门、阿曼、巴林和阿巴丹之间。阿巴丹是一座坐落在海滨的繁荣小堡垒，扼守着底格里斯河的入海口。它是帮助卡塔尔等地居民抵御海盗的哨所，有士兵轮流常驻于此。穿过底格里斯河，就抵达了位于法尔斯边界的沿海城市梅赫卢班，各地只能通过水路往来此地。胡齐斯坦的水流汇集于道拉格（Dauraq），流经迈赫迪堡垒（Ḥiṣn Mahdī）、巴斯彦（Bāsiyān），最终注入海洋。梅赫卢班，是一个繁荣的小城市，它不仅是阿拉詹（'Arjān）的港口，也是就近的法尔斯地区和胡齐斯坦部分地区的港口。之后，海岸线延伸到施尼兹（Shīnīz），这是一座规模超越梅赫卢班的城市，此处出产的施尼子（Shīnīzī）销往世界各地。继续沿海前行，便是建拿巴，这是一座比梅赫卢班更大的城市，是法尔斯其他地区的港口，热闹繁华，气候极为炎热。之后是沿海的海滨和巴海伊尔姆（Baḥairm），这片海滨位于建拿巴与巴海伊尔姆之间，此处有村庄、住房和散布的农场，气候炎热。随后，海岸线抵达锡拉夫（Sīrāf）[2]，它是法尔斯的大港口，是一座大城市，城里只有建筑物，鲜有其他东西，直到穿过一座可俯瞰此地的山峰。锡拉夫的水域从不结冰，尽管这里没有耕作和畜牧业，但它仍是法尔斯地区最富庶的城市。此后，海岸线进入了山脉与峡谷交错的地区，直至伊本·伊马拉堡垒（Ḥiṣn Ibn 'Imāra）方告结束。这座堡垒坚固无比，濒海而建，是法尔斯最坚不可摧的堡垒。安拉曾提及此堡垒的主人："他们面前有一个国王，要强征一切船只"[18:79]。海岸线延伸到霍尔木兹，它是克尔曼的港口，这是一座气候极其炎热的城市，椰枣树遍布。

---

[2] 锡拉夫：亦称尸罗夫、西罗夫。

顺着海岸继续前行，便会抵达提勰，这座繁荣的城市拥有一个商业中心，此处是信德地区的港口。信德地区涵盖了曼苏拉、贾特地区（al-Zuṭṭ）等多个地方，其地域范围一直延伸至木尔坦。经过印度海岸后，海岸线与西藏海岸相连，并终止于中国的海岸线上，至此再往后的海域就没人造访过。

从库勒祖姆向海洋的西边前行，海岸线将会结束于一片荒凉的沙漠地带，里面没有任何事物，直到与贝贾沙漠相连的地区。贝贾人拥有浓密的毛发，肤色比埃塞俄比亚人更为黝黑，其着装风格与阿拉伯人相似。他们既没有村庄和城市，也没有耕作，只有从埃塞俄比亚、也门、埃及和努比亚的城市运来的各种生活必需品。该地区的边界位于埃塞俄比亚、努比亚和埃及之间，一直延伸至金矿。金矿与埃及阿斯旺（Aswān）的距离约为 10 程。金矿的范围一直延伸至海边的艾伊达布堡垒，人们将其称为阿拉齐矿（Ma'din al-'Allāqī）。该地区是一片平坦的沙漠和土地，没有山脉。此矿的财富上交给埃及，这是一个黄金矿藏，没有银矿资源。贝贾民族是一个崇拜偶像、信奉他们所喜好事物的民族。该地区与埃塞俄比亚地区紧密相连，埃塞俄比亚人是基督教徒，其肤色与阿拉伯人相近，介于黑色和白色之间，他们散居在亚丁对面的海岸上。这一地区出产老虎皮、抛光皮革以及也门用于制作鞋子的大部分皮革。埃塞俄比亚人爱好和平，不喜战争，他们在海滨有一个名为塞拉（Zaila'）的地方，这是通往希贾兹和也门的港口。随后，是与之接壤的努比亚沙漠。努比亚人信仰基督教，相较于埃塞俄比亚，努比亚地区更为广阔，拥有更多的城市和建筑物。之后是埃及尼罗河畔的城市和村庄，然后是津芝的沙漠，越过一片无法通行的荒野后，这片海域一直延伸至亚丁对岸的津芝。这片海洋的海岸线覆盖了整个伊斯兰边界的对岸，还延伸到了印度对岸的广阔区域。据我所知，津芝的某些地方气候寒冷，当地居民拥有白皙的肤色。尽管津芝地区相对贫瘠，建筑和庄稼都较为稀少，但它与国王的居所紧密相连。

# 马格里布地区

马格里布地区位于地中海沿岸，分为东西两部分。位于地中海东岸的马格里布地区，包括昔兰尼加（Barqa）、易弗里基叶（Ifrīqīya）[1]、提亚雷特（Tāhrat）、丹吉尔（Ṭanja）、苏斯（al-Sūs）、祖外伊拉（Zuwaila）[2]等地，以及这些地区的周边地带。位于地中海西岸的则是安达卢斯地区。我将整个马格里布地区全部呈现在地图上。东岸马格里布地区的东侧边界是埃及在亚历山大的边界和地中海沿岸的昔兰尼加，这一边界线沿着绿洲一直延伸到努比亚地区。而西侧则以环海为界，北侧则是为源于环海的地中海。地中海东岸的马格里布地区，始于昔兰尼加附近的埃及边界，经过马格里布的黎波里（Ṭarābulus），到达马赫迪耶（al-Mahdiyya）、突尼斯（Tūnis）、泰拜尔盖（Ṭabarqa）、提奈斯（Tinas）和班奴迈兹拉纳岛（Jazīra Banū Mazighanā），继续向前，经过内科尔（Nakkūr）、巴士拉、阿兹拉（’Azīla）、远苏斯（al-Sūs al-Aqṣā）等城市，最终延伸至一片无人居住的荒野。其南侧是一片延伸至环海沿岸的沙漠，从西吉勒马萨（Sijilmāsa）背后，一直延伸至祖外伊拉，直至埃及的绿洲附近。安达卢斯地区的边界从加利西亚开始，便被环海所环绕。经过圣塔伦（Shantarīn）地区，抵达阿赫善巴（’Akhshanba）。

1 易弗里基叶：亦称近马格里布，为北非的一个地区。
2 祖外伊拉，亦称祖魏拉（Zuwīla）。

再经过塞维利亚（Ishbīlīya）、锡多尼亚（Sidūna）[3]、直布罗陀山（Jabal Ṭāriq）所在的半岛、马拉加（Māliqa）、佩奇那（Bajjāna）、穆尔西亚（Mursiya）、瓦伦西亚（Balansiya）、托尔托萨（Ṭurṭūsha），然后与异教徒的地区相连。在此之后，是法兰克地区所在的海洋，然后是陆上的阿勒加斯卡斯（'Aljaskas）、巴斯库尼斯（Baskūnis）、加利西亚，最终到达海洋。

昔兰尼加，一座不太大的中等规模城市，周边是富饶的大省区。这里土地肥沃，四周居住着多个柏柏尔部族。埃及的统治者曾在此留下足迹，直到马格里布统治者迈赫迪·欧贝德拉（al-Mahdī 'Ubaid Allāh）的出现，他接管了这座城市，并将埃及人逐出。马格里布地区的的黎波里，是易弗里基叶的一部分，这座城市由岩石构建，坐落于地中海沿岸，此处土地肥沃，地势辽阔，城市本身坚固无比。马赫迪耶，这座由马格里布统治者迈赫迪建立的小城市，以他的名字命名。它坐落在海边，迈赫迪从凯鲁万（al-Qairawān）迁至此处，距离凯鲁万需两日的行程。突尼斯是一座大城市，坐拥丰饶的水源和作物，土地肥沃。作为通往安达卢斯的首要门户，它是进入该地区的必经之路，任何想要前往安达卢斯的人都必须经过此地，除非是位于西侧的城市。因为它是与安达卢斯接壤的第一座城市，而其余城市则与法兰克王国隔海相对。泰拜尔盖是一座小城市，此处栖息着危险的毒蝎子，与阿斯卡鲁·穆克鲁姆（'Askaru Mukram）的蝎子极为相似。此处海域中生长着珊瑚礁，这一地区只有此处有珊瑚礁。提奈斯是一座大城市，也是通往安达卢斯的门户，然而，这座城市的卫生条件堪忧。班奴迈兹拉纳岛是一座繁荣昌盛的城市，四周是生活着柏柏尔人的土地，和其他城市一样，这里土地肥沃、空间宽敞。内科尔，一座位于海岸的大城市，是通往

[3] 锡多尼亚的转写另有 Shidhūna、Shidūna 两种。

佩奇那的要冲，这是一座富饶且坚固的城市。它邻近直布罗陀山所在的半岛，与半岛相距 12 法尔萨赫。阿兹拉则是一座位于环海沿岸的大城市，这片土地丰饶而肥沃，是通往安达卢斯的最远通道。远苏斯，这座城市的名字背后，是一片广阔的地区，此地拥有许多城市和村庄，富饶且辽阔，众多柏柏尔人在此繁衍生息。巴士拉和阿兹拉均坐落于丹吉尔地区。丹吉尔是一个大省区，拥有众多城市、村庄以及柏柏尔人聚居的旷野。其中，非斯（Fās）作为其首府，是最为重要的城市。这座城市曾是法蒂玛王朝（al-Fāṭimiyya）叶海亚（Yaḥyā）的驻地，直至本书编写之时，才被来自马格里布的欧贝德拉势力所征服。内科尔和班奴迈兹拉纳岛位于众多城市和村庄之中，紧邻上提亚雷特。提亚雷特省区的城市名为提亚雷特，是一座繁荣广袤的大城市，拥有丰富的土地、庄稼和水源。这座城市以伊巴德派人士为主。西吉勒马萨，是一座中等规模的城市，位于提亚雷特边界。它与外界隔绝，只有穿越贫瘠之地和沙漠才能到达。这座城市靠近金矿区，金矿位于此地、苏丹和祖外伊拉之间。据说，没有其他地方的金矿数量能与之媲美，也没有任何地方的黄金纯度能超越此地。但是，通往那里的路径艰险难行，极为险峻，它位于迈赫迪王国的领地。有说法称，整个提雷亚特省区实际上隶属于易弗里基叶，尽管在名义上和在行政方面是独立的。塞提夫（Siṭīf），是一座位于提雷亚特和开罗之间的大城市，这是一座坚固的城市，拥有众多连绵村庄和建筑。这座城市的居民主要为卡塔马人（Katāma），一个柏柏尔人的部落群体，他们坚定地支持着迈赫迪。艾卜·阿卜杜拉·穆赫塔塞布（Abū ‘Abd Allāh al-Muḥtasib）是一位为迈赫迪发声的宣教士，一直扎根于卡塔马人中间，直到他在这片土地上取得了显著的成就。凯鲁万，是马格里布地区除安达卢斯科尔多瓦（Qurṭuba）之外的最重要城市，科尔多瓦比凯鲁万更为重要。这座城市不仅是马格里布总督的居住地，也是阿格拉布（al-'Aghlab）及其后裔的家园，一直持续到穆赫塔塞布将他们逐出王位。凯鲁万之外，矗立着一座名为拉卡达（al-Raqāda）的建筑，这里曾是阿格拉布家族的军事力量驻扎之地。直到迈赫迪在海滨建立起新的城市，他选择在那里定居，并最终迁出了拉卡达。祖外伊拉，位于马格里布地区的边界，是一座幅员辽阔的中等规模城市，它紧邻苏丹地区。苏丹地区虽然广袤，却是异常贫瘠的多山之地。尽管这里盛产各种伊斯兰国家的水果，但当地居民并不食用这些水果。他们有适合自己的食物种类，有些水果和粮食是伊斯兰国家所不了解的。黑奴从这里被卖到伊斯兰国家，此处并没有努比亚人、津芝人、埃塞俄比亚人或是贝贾人。尽管他们属于同一人种，但这个地区的居民肤色更为黝黑且纯净。据说，苏丹的埃塞俄比亚、努比亚和贝贾等地中，没有一处地方的幅员能超过这个地区。此地一直向南延伸至环海附近，向北则从沙漠地带延伸至绿洲之后的埃及沙漠。经过了其与努比亚之间的沙漠和津芝附近的沙漠。由于这个地区与其他地区之间的交通极为困难，因此除了西边之外，此地并没有与其他王国或建筑相连。以上就是关于地中海东岸马格里布地区所需了解的所有信息，以及从地中海东岸至西岸所需了解的内容。

马格里布地区的西边部分便是安达卢斯。安达卢斯是一个幅员辽阔的地区，拥有众多富饶而广袤的城市。其中最大的城市是科尔多瓦，它位于安达卢斯的中部。安达卢斯被环海所环绕，地中海将其与法兰克地区之间的范围包围起来。这片地区从圣塔伦延伸至阿赫善巴，再至塞维利亚，经过锡多尼亚、半岛、马拉加、佩奇那、穆尔西亚，然后是阿利坎特（Laqant）城、瓦伦西亚和托尔托萨。托尔托萨是海边沿岸的最后一个城市。在这之后，与之接壤的是法兰克，它与托尔托萨在海边相邻。而在陆地上，与之接壤的是阿勒加斯卡斯，这个国家与基督徒战争有关。陆上与之相邻的是巴斯库尼斯，其居民信奉基督教。接下来与之接壤的同样是信奉基督教的加利西亚。安达卢斯的两侧边界与异教徒地区相接，另外两侧边界则与海洋相邻，上述提及的沿海城市都是繁华的大城市。安达卢斯一直掌握在伍麦叶王朝的手中，如果没有阿拔斯王朝的征服，迈赫迪是无法征服此地的。当麦尔旺王朝崩溃时，一些伍麦叶王朝的后裔穿过马格里布的阿兹拉，抵达直布罗陀山所在的半岛，并成功征服了此地。直至我编写这本书的时候，安达卢西亚仍然在他们的掌控之中。安达卢斯的著名城市，包括哈恩（Jayyān）、托莱多（Ṭulaiṭula）、奈夫宰（Nafza）、萨拉戈萨（Sarquṣṭa）、莱里达（Lārada）、瓜达拉哈拉（Wādī al-Ḥijāra）、特鲁希略（Tarjāla）、库里亚（Qūriyya）、梅里达、巴贾（Bāja）、噶菲克（Ghāfiq）、涅夫拉（Labla）、卡莫纳（Qarmūna）、莫龙－德拉弗龙特拉（Mūrūr）、埃西哈（Istija）、拉雅（Rayya）等。这些城市都很重要，但在规模和重要性方面都无法与科尔多瓦相提并论。它们的建筑大多使用石头建成，这些建筑都是贾希利叶时期的建筑，除了佩奇那，这是一个相对较新的城市，它被建造在这一地区的边界上，也被称为比拉（al-Bīra）。圣塔伦位于环海之滨，这里盛产琥珀，除了圣塔伦之外，我从未听说过在地中海和环海区域有任何地方能出产琥珀。我在地中海沿岸的沙姆地区时，曾听闻一则传言。据说每年特定的时节，圣塔伦会出现一种海兽，当它撞击到海岸的礁石时，会掉落下金色的柔软绒毛，纯净无暇。这种绒毛不仅价值高昂，而且数量稀少。有人将其收集起来，用来编织成衣物，这些衣物在一天之内会变换多种颜色。伍麦叶君主对此实施了严格的限制，因此只能秘密运送。这些衣物的价值超过了 1000 第纳尔，因为它们既贵重又美丽。马拉加的居民是阿拉伯人，这个地方使用剑柄造船。在伊斯兰教初期征服安达卢斯时，直布罗陀半岛就被征服了。直布罗陀山是一座坚不可摧的山脉，周围环绕着多个村庄和城市，是通往安达卢斯的最后一道关口。托莱多是一个坐落在崇山峻岭之上的城市，其建筑特色在于使用铅固定的石头作为主要建筑材料。托莱多被七座山峰所环绕，这些山峰都有人居住，地形险峻。托莱多附近有一条庞大的河流，其规模堪比底格里斯河，被称为塔霍河（Tāju），这条河流源自桑塔弗（Shantabariyya）。瓜达拉哈拉是一个城市，它与周围的城市和村庄共同构成了梅迪纳塞利地区（Mudun Banī Sālim）。拉雅是一个富饶的省区，其城市是阿尔佳杜纳（Arjadūna），历史上，一位名为欧麦尔·本·哈夫森（'Umar bin Ḥafṣūn）的人曾在这里，与伍麦叶政权展开抗争。洛斯佩德罗切斯（Faḥṣ al-Ballūṭ）是一个宽广而富饶的省区，其城市是噶菲克。库里亚曾是一座大城市，但由于内部战争的破坏，这座城市遭受了严重的摧残。战争中，一方寻求基督教国家加利西亚的帮助，并最终将这个城市摧毁。梅里达和托莱多都是安达卢斯地区的重要城市，这两个地方不受伍麦叶政权的管辖，但与其有联系。圣塔伦是一个重要的省区，其城市名为科英布拉（Qulumriyya）。前往加利西亚的关隘包括梅里达、奈夫宰、瓜达拉哈拉以及托莱多。越过安达卢斯的关隘，便是加利西亚的城市萨莫拉（Samūra）。作为加利西亚的大城市，奥维耶多（'Ubiyaṭ）远离伊斯兰国家。在安达卢斯地区，法兰克是异教徒数量最多的地方。法兰克人的国王是查理·马特（Qārlah），相较于其他异教徒，他们之中皈依伊斯兰教的人数相对较少，此地居民积极参与海上活动。安达卢斯与法兰克之间的边境上，还存在着一些异教国家。加利西亚的人口较多，巴斯库尼斯的人口最少，他们比加利西亚人更难以攻克。位于巴斯库尼斯的安达卢斯关隘，有萨拉戈萨、图德拉（Tuṭaila）、莱里达。紧随其后的是被称为阿勒加斯卡斯的基督徒，他们的人数最少，位于前述安达卢斯地区与法兰克之间。

生活在安达卢斯和其它马格里布地区的柏柏尔人主要分为两

类：布特尔人（al-Butr）和巴兰尼斯人（al-Barānis）。布特尔人包括奈夫宰人、梅克内斯人（Miknāsa）、哈瓦拉人（Hawwāra）以及梅久那人（Madyūna），他们主要居住在安达卢斯地区。而巴兰尼斯人则包括卡塔马人、扎纳塔人（Zanāta）、马斯穆达人（Maṣmūda）、梅利莱人（Malīla）和桑哈贾人（Ṣinhāja）。其中，扎纳塔人生活在特雷亚特地区，卡塔马人分布在塞提夫地区，其他的巴兰尼斯人则广泛分布在地中海以东的马格里布地区。奈夫宰人以及梅克内斯人则位于加利西亚和科尔多瓦之间的安达卢西斯地区。哈瓦拉人和梅久那人则是桑塔弗的居民。比拉省出产优质丝绸，品质高，难以在其他地方找到与之匹敌的丝绸。安达卢斯地区蕴藏着有丰富的黄金矿藏，而在比拉和穆尔西亚一带还有银矿。在科尔多瓦附近，有一个地方被称为卡尔图什（Kartush），其阿拉伯语含义为"家园"。此外，在图德拉附近，有许多貂类动物栖息。

祖外伊拉位于苏丹附近，大部分黑奴都来自此地。马格里布地区，特别是靠近地中海东海岸的地方，居民肤色相对较黑。随着向南和东的方向远离海岸线，居民的肤色逐渐加深，直至到达苏丹地区，那里的居民拥有最深的肤色。在地中海西部的安达卢斯，其居民肤色白皙，眼睛为蓝色。更西方和更北方的居民肤色逐渐变得更加白皙。穿过整个罗马地区，到达斯拉夫地区，居民的肤色变得更加白皙，眼睛更蓝，头发也更红。然而，加利西亚的一些罗马人却有着黑色的头发和眼睛。据说，他们来自沙姆地区。罗马地区的卡尔善人（Kharshan）同样拥有黑发黑眼，他们声称自己是来自伽珊尼德的阿拉伯人，与贾巴拉・本・艾伊哈姆（Jabla bin al-Aiham）一同迁至此处。

马格里布和苏丹地区之间是一片断续的沙漠，只能通行于若干已知地点。易弗里基叶和昔兰尼加的国王都是阿格拉布后裔，在阿拔斯王朝建立的早期便与伊德里斯・本・伊德里斯（Idrīs bin

Idrīs）对战。而丹吉尔的国王则是伊德里斯·本·伊德里斯的后代。在丹吉尔和易弗里基叶之间是提雷亚特，这里是舒拉派（al-Shurā）的家园，这个教派在当地占据主导地位。安达卢斯的国王则是伍麦叶王朝的后代，他们至今仍未效忠于阿拔斯王朝。这些国王宣誓效忠自己，他们是希沙姆·本·阿卜杜·马力克（Hishām bin ‘Abd al-Malik）的后代。在编写这本书的时候，他们的统治者是阿卜杜·拉赫曼·本·穆罕默德·本·阿卜杜拉·本·穆罕默德·本·阿卜杜·拉赫曼·本·哈卡姆·本·希沙姆·伊本·阿卜杜·拉赫曼·本·穆阿维叶·本·希沙姆·本·阿卜杜·马力克·本·麦尔旺·本·哈卡姆（‘Abd al-Raḥmān bin Muḥammad bin ‘Abd Allāh bin Muḥammad bin ‘Abd al-Raḥmān bin al-Ḥakam bin Hishām ibn ‘Abd al-Raḥmān bin al- Mu‘āwiya bin ‘Abd al-Malik bin Marwān bin al-Ḥakam）。首位进入安达卢斯的是阿卜杜·拉赫曼·本·穆阿维叶·本·希沙姆·本·阿卜杜·马立克·本·麦尔旺，他在阿拔斯王朝的统治初期征服了安达卢斯，一直到本书编写之时，都还维持着其统治。

马格里布人在教法上主要追随圣训派（al-Ḥadīth）。在这一地区，年轻一代中大多数人遵循马立克·本·艾奈斯（Mālik bin Anas）的教义。马格里布的黑奴主要来源于苏丹地区，而白奴则来自安达卢斯。侍女的价格相当昂贵，脸部完好的侍女和仆人甚至可以价值 1000 第纳尔或更高。此地出产马格里布鞍鞯、骡具、珊瑚、琥珀、黄金、蜂蜜、橄榄油、船只、丝绸和黑貂。

马格里布地区的距离。埃及至昔兰尼加为 20 程，昔兰尼加到的黎波里的距离与上述距离相同，从的黎波里至凯鲁万也是一样的距离。因此，从埃及至凯鲁万一共是 60 程。从凯鲁万至塞提夫为 16 程，从塞提夫至提雷亚特 20 程，提雷亚特至非斯 50 程，非斯至远苏斯约为 30 程，凯鲁万至远苏斯则为 116 程。地中海东海岸从埃及至马格里布最远处的全部距离约为 6 个月行程。马格里布最远处去往圣地朝觐，加上朝觐旅途和休息的时间，总共需要一年的时间。凯鲁万至祖外伊拉的距离约为 1 月，凯鲁万至马赫迪耶需行两日。凯鲁万至突尼斯为 3 程，突尼斯至昔兰尼加为 10 程，昔兰尼加至提奈斯为 16 程，提奈斯至班奴迈兹拉纳岛为 5 日行程。提雷亚特至至内科尔为 20 程，提雷亚特至西吉勒马萨为 50 程。非斯至巴士拉为 6 程，非斯至阿兹拉为 8 程。最后，从凯鲁万至西吉勒马萨的陆路约为 80 程，而水路船行为 120 程。以上就是地中海东岸马格里布地区的全部距离。

安达卢斯地区的距离。安达卢斯的首府是科尔多瓦，科尔多瓦至塞维利亚为 3 程，科尔多瓦朝南至埃西哈为 1 程，科尔多瓦至萨拉戈萨为 10 日行程，至图德拉为 13 日。图德拉至里达（Rida）为 4 程。科尔多瓦至托莱多为 6 日行程，托莱多至瓜达拉哈拉为两日。科尔多瓦至梅克内斯为 4 日行程，再到哈瓦拉的距离与之相同，之后到奈夫宰为 10 日，奈夫宰至萨莫拉城为 4 日。科尔多瓦至库里亚为 12 日行程，库里亚至梅里达为 4 日，库里亚至巴贾为 6 日行程。梅里达之后是阿赫善巴。从科尔多瓦经塞维利亚、巴贾、梅里达、库里亚，最终抵达圣塔伦的城市科英布拉。巴贾至圣塔伦为 12 日行程，而至圣塔伦省区最边远的地方需要 5 日。科尔多瓦至洛斯佩德罗切斯，是至其城市噶菲克。洛斯佩德罗切斯至涅夫拉为 14 日行程。塞维利亚属于锡多尼亚路线，科尔多瓦至卡莫纳需要 4 日，卡莫纳至塞维利亚为 3 日。埃西哈至莫龙-德拉弗龙特拉为 1 程，莫龙-德拉弗龙特拉至锡多尼亚为两日。莫龙-德拉弗龙特拉至直布罗陀山为 3 日。埃西哈至马拉加需要 7 日。马拉加位于科尔多瓦的东边，埃西哈则在它的南边。埃西哈至阿尔佳杜纳 3 程。科尔多瓦至佩奇那为 6 日行程，科尔多瓦至穆尔西亚为 14 日，科尔多瓦至瓦伦西亚为 18 日。托尔托萨至瓦伦西亚为 5 程。

穆尔西亚至佩奇那为 6 日，佩奇那至马拉加约为 10 日，马拉加至直布罗陀山所在的半岛为 4 日，半岛至锡多尼亚为 3 日。锡多尼亚的城市是卡勒萨纳（Qalsāna），从这里到塞维利亚需 4 日，到卡莫纳需 3 日。

以上就是安达卢斯地区的所有距离信息。我介绍了马格里布地区的所有相关信息，接下来将转向东方，回到位于伊斯兰国家边界的埃及。

# 埃及

埃及的一处边界为亚历山大和昔兰尼加之间的地中海，这条边界从荒野延伸至绿洲附近。随后深入努比亚地区，再转向努比亚与阿斯旺的交界处。边界穿过阿斯旺之后的贝贾地区，一直延伸至库勒祖姆海之滨。然后，它延伸至库勒祖姆海，越过库勒祖姆海沿岸的库勒祖姆，直抵西奈山（Ṭūr Sīnā'），接着，转向以色列旷野，经过地中海沿岸，贾法尔（al-Jafār）之后的拉法（Rafaḥ）和阿里什（al-'Arsh）。最后，它沿着地中海一直延伸至亚历山大，与先前提到的第一处边界衔接。埃及的距离：我从地中海沿岸开始介绍埃及各地的距离。地中海沿岸到绿洲之后的努比亚地区为 25 程，从努比亚的边界向南，到努比亚的另一处边界约为 8 程。从库勒祖姆海沿岸的库勒祖姆拐入以色列旷野的旅程为 6 程，以色列旷野的海边到与地中海相接的地方约为 8 程，沿海岸回到最初的边界约为 12 程。此地的长度即为阿斯旺到地中海的距离约为 25 程。这里有一片湖泊，湖中岛屿之间的距离大约为两程。以上就是埃及地区的全部距离。

城市及地区特点：埃及的主要城市为福斯塔特（Fusṭāṭ），它坐落于尼罗河的东北岸。由于尼罗河的河道蜿蜒于东南两个方向之间，整个国家都紧邻一侧河畔。在尼罗河的对岸仅有一些零星的建筑，因此这片区域被称为"岛屿"（al-Jazīra）。人们可以通过一座船桥从福斯塔特抵达此地，再通过另一座桥从该岛屿前往另一侧，那里分布着建筑物和居住区，那片地区被称为吉萨（al-Jīza）。福斯塔特是一座大城市，其规模大致相当于巴格达的三分之一，约为三分之二法尔萨赫。福斯塔特是一片富饶之地，拥有丰富的建筑群。城中的阿拉伯部落和规划布局与库法（al-Kūfa）和巴士拉颇为相似，尽管其规模较之库法和巴士拉略小。此处是一片盐碱地。这里的大部分居民都居住在砖砌楼房中，底层通常无人居住，部分楼房甚至高达 8 层。此处有个名为茂奇夫（al-Mauqif）的地方，其建筑相对更为坚固，那里散布着各种建筑物。尼罗河畔的埃尔哈姆拉（al-Ḥamrā'）[1]拥有两座主麻清真寺，其中一座由阿姆鲁・本・阿斯（'Amrū bin al-'Āṣ）修建于市场中心，另一座则由艾哈迈德・本・突伦（Aḥmad bin Ṭūlūn）修建于茂奇夫的最高处。艾哈迈德・本・突伦在埃及之外建造了一片绵延超过 1 里的建筑，作为其军队的驻地，这片建筑被称为噶塔伊（al-Qaṭā'i'），同凯鲁万城外阿格拉布家族建造的拉卡达类似。这里拥有大量椰枣树和各种水果，农业主要依赖于尼罗河的水源。耕种范围从阿斯旺延伸到亚历山大和其他下埃及地区。灌溉作业始于炎热的初夏，并持续至秋季，随后停止灌溉作业并开始种植，此后土地便不再需要水源。埃及既不下雨也不下雪。除了法尤姆（al-Fayyūm）之外，埃及没有其他城市拥有不断流的河流。法尤姆是一个中等规模的城市，据说先知优素福（Yūsuf）（祝愿他平安）为他们建造了一条常流不断的运河，这条运河以石材筑成，被称为拉罕（al-Lāhūn）。至于尼罗河，无人知晓其水源的源头，因为它源自一片位于津芝之后、人迹罕至的沙漠。它从这片沙漠中流出，流经津芝的边界，然后穿越努比亚地区的沙漠和建筑，经过绵延的建筑群流入埃及。尼罗河流域的范围，超过了底格里斯与幼发拉底河的总和，其水质之清甜、清澈，更是

[1] 此处的 al 翻译出来仅用于区分。

胜过伊斯兰世界的其他河流。尼罗河中生活着鳄鱼、鲨鱼蜥（al-Saqanqūr）[2]和一种名为电鳐（al-Ra‘āada）的鱼类。电鳐活着时难以被捕捉，因为它们会通过颤抖的方式从捕捉者手中滑脱。但一旦电鳐死亡，它就会变得和其他鱼类无异。鳄鱼是一种水生动物，它的头部呈长方形，头长大约为其身躯的一半，嘴里长着獠牙。鳄鱼通常只在咬住动物，如狮子或骆驼时，才会将牙齿露出水面。有时，鳄鱼会离开水域，在陆地上行走，在陆地上，它们没有威慑力，也不会对人造成伤害。鳄鱼的皮肤如同由剑柄打造的船只，唯有在其的四肢及腋下等部位，才可能被武器穿透。鲨鱼蜥是一种鱼类，却拥有四肢，可用于治疗交配方面的疾病，它只生活在尼罗河流域。从阿斯旺到海边的尼罗河沿岸，密集地分布着城市与村庄。阿斯旺是努比亚人的港口，如今已鲜少使用。在上埃及的尼罗河南部地区，与周围建筑物相隔开的沙漠中，蕴藏着蓝宝石矿，除了这里，再无其他地方蕴藏有蓝宝石矿。在尼罗河北部，有一座名为穆卡塔姆（al-Muqaṭṭam）的山，坐落于福斯塔特附近。这座山及其周边地区蕴藏着贾玛希石（al-Jamāhin）。这座山脉一直延伸至努比亚，在山峦的一侧，靠近福斯塔特的位置，坐落着一片陵墓区，沙菲伊（al-Shāfi‘ī）的坟墓就位于此。亚历山大，这座坐落于海滨的城市，拥有丰富的大理石资源，可用于制作床铺、建筑和柱子。城市中有一座灯塔，它耸立于水中，由坚硬无比的岩石建造而成。这座灯塔共有三百多个房间，只能通过指引才能到达其顶部。在尼罗河沿岸，福斯塔特以上的地区被称为上埃及，而以下的部分则被称为下埃及。从福斯塔特边界开始，尼罗河南部的地区散布着众多宏伟的建筑，这些建筑遍布整个上埃及地区。在距福斯塔特两法尔萨赫的地方，矗立着一些大型建筑，其中最大的两座建筑，其高度、宽度

[2] al-Saqanqūr，现代多指沙漠中的石龙子、鲨鱼蜥，文中为尼罗河中的生物。

和长度都达到了 400 腕尺。这些建筑底部呈正方形，随着高度的上升而逐渐收窄，直至顶部呈驼峰状。这些建筑表面刻有希腊铭文，而在其内部，有一条道路可通向其最顶端。两座金字塔之间，有一条隧道穿行于地下。关于这些金字塔的用途，我所知最确切的说法是，它们是这片土地上国王的坟墓。尼罗河畔的建筑群，其宽度从阿斯旺边界延伸至福斯塔特，大约为半天至 1 天的行程。随后，这片建筑群逐渐加宽，其宽度从亚历山大一直延伸至与库勒祖姆沙漠接壤的胡夫（al-Ḥauf），其距离约为 8 天的行程。埃及地区没有荒漠。绿洲拥有丰富的水源、茂密的树木、村庄和居民，这里没有留下任何房屋的痕迹。时至今日，绿洲依然果实累累，羊群在此繁衍不息。从上埃及到南部边界的这片绿洲，需要在沙漠中行进约 3 天。这片绿洲与努比亚地区的荒漠紧密相连，一直延伸到苏丹地区。埃及有一片与地中海相连的湖泊，尼罗河的水注入其中，这片湖泊被称为廷尼斯湖（Buḥaira Tinnīs）。夏季时，随着尼罗河水位的上升，湖泊的水变为淡水。然而，到了冬季，当尼罗河水位降至炎热季节的水位时，海水会涌入湖泊，使湖水变得咸涩。这片湖泊中坐落着城市，它们如同被水环绕的岛屿，只能通过船只抵达，没有其他通道。其中最知名的城市是廷尼斯和杜姆亚特（Dumyāṭ），这两座城市均未进行耕种和放牧，但它们为埃及的服装业提供原料。这个湖泊的水深相对较浅，大部分区域都可涉水而过。在穆拉迪（al-Murādī），生活着一种名为达芬（al-Dāfīn）的鱼，其身体膨胀，如同被吹起的气球。据说若有人食用了这种鱼，便会陷入漫长的梦境之中。这片湖泊与沙姆地区之间横亘着一大片广袤的沙漠，色彩斑斓，被称为贾法尔。这片土地上稀疏地分布着椰枣树、房屋和水源。贾法尔的一侧边界与地中海相接，另一侧则与以色列旷野相邻，还有一侧与沙姆地区的巴勒斯坦土地接壤，而另一侧则与廷尼斯湖相连，从下埃及至库勒祖姆的边界都与这片地区相连。以色列旷野，据说其长度约为 40 法尔萨赫，其宽度几乎与长度相等。在这片土地上，沙漠与坚硬的地表并存，其中散布着稀疏的椰枣树和泉眼。其边界与贾法尔相连，另一边界则与西奈山及其周边地区紧密相邻，再一处边界与耶路撒冷及其在巴勒斯坦的周边地区相接。还有一处边界与下埃及背后至库勒祖姆之间的沙漠相接。赫尔莫波利斯（al-Ashmūnīn）是一座繁荣的小城，拥有椰枣树和庄稼，此地出产服装。尼罗河北部附近，有一个名为阿布希尔（Būṣīr）的小城市，据说，麦尔旺·本·穆罕默德曾在此地遇害。据传，穆萨时代法老的巫师们也曾在此集结。阿斯旺是上埃及最大的城市，拥有众多椰枣树和田地。伊斯法（Isfā）、艾赫米姆（Akhmīm）是两个建筑风格相似的相邻繁荣小城，同样拥有椰枣树和田地，隐士祖·努恩·米斯里（Dhū al-Nūn al-Miṣrī）正是艾赫米姆的居民。贝鲁西亚（al-Faramā）位于湖畔，是一座富饶的小城，有希腊人盖伦（Jālīnūs）之墓。贝鲁西亚至湖中的廷尼斯约为两法尔萨赫的距离。廷尼斯内矗立着一座巨大的丘陵，其上安放着众多逝者的坟墓，这些坟墓层层相叠，这座丘陵被称为布屯（al-Tall Būtūn）。这座丘陵可能是穆萨（祝愿他平安）所建，因为在穆萨时代，埃及宗教实行土葬。这片土地后来为基督教徒所有，他们的宗教同样实行土葬。再后来，此地成为伊斯兰教的领地。直到如今，我仍可见他们用麻布裹尸布包裹着的头骨和骨骼，这些遗骸至今依旧坚硬。艾因夏姆斯（‘Ain al-Shams）、孟菲斯（Manf）是两座破败的村庄，均与福斯塔特相距约 4 里。艾因夏姆斯位于福斯塔特的北侧，而孟菲斯则位于其南侧，据说这两座村庄曾是法老的居所。在穆卡塔姆山的顶峰，有一处被称为法老炉（Tannūr）的地方，那里是法老辞世之地。据说，如果法老出现在两个地点中的任意一处，那里的火焰就会燃起，随后，在另一地点的火焰也会随之燃起。在埃及尼罗河流域的众多城市中，部分知名城市免受鳄鱼的侵扰，福斯塔特和阿布希尔便是这样的城市。福斯塔特附近生长着一种杆状植物，被称为没药（al-Balasān），可用于制作没药膏，全世界只有此处生长着这种植物。阿巴斯（al-'Abbās）、法古斯（Fāqūs）和加尔吉尔（Jarjīr）都属于胡夫地区，该地区位于尼罗河以北、福斯塔特以南，再往南便是下埃及地区。埃及的大部分郊区和庄稼都集中在这两个地区。从阿斯旺至金矿需要 15 天的路程，这片矿脉并不位于埃及境内，而是位于贝贾地区，一直延伸到艾伊达布。据传，艾伊达布并不属于贝贾地区，而是埃塞俄比亚的城市。矿区是一片平坦的土地，没有山脉，只有沙土和石砾，这里被称为阿拉齐人的聚居地。贝贾地区没有村庄和丰饶的土地，而是一片荒漠，内设狩猎场。据说狩猎场中的一切都是从荒漠中捕获的，而该地的奴隶和其他产物都会被送往埃及。埃及孕育了伊斯兰世界最优质、最昂贵的骡和驴。在阿斯旺地区之后，生活着一种小驴，体型小巧如羊，其毛发光泽宛如骡子，然而，这种驴一旦离开了这片土地，便难以生存。在上埃及，还存在一种名为萨姆拉奇亚（al-Samlāqiyya）的驴，据说这些驴的父母中，一为野生驴，另一为人类驯养的驴，即那些被捕获的驴。在贾法尔地区，生活着一种蛇，其长度仅为一寸，却能从地面跃至轿子中，并刺伤人。埃及的民间传说中提到，贾法尔在法老时代，曾是一个拥有村庄和水源的地方，安拉曾说"我毁灭了法老和他的百姓所构造的，和他们所建筑的。"[7:137]这正指向贾法尔，阿里什之名也由此而来。

# 沙姆地区

在沙姆地区的西侧，地中海与之相邻，而东侧则是一片自阿伊拉延伸至幼发拉底河的沙漠，其范围直至罗马的边界。该地区的北部与罗马诸地接壤，而南部则与埃及和以色列旷野相连。在其边界的最远端，坐落着埃及的拉法以及罗马边界的诸关隘。这些关隘包括马拉蒂亚（Malaṭya）、哈德赛（al-Ḥadath）、马拉什（Mar'ash）、哈伦尼亚（al-Hārūniyya）、坎尼撒（al-Kanīsa）、安纳查布斯（'Ain Zarba）、摩普绥提亚（al-Maṣṣīṣa）、阿兹纳（'Adhna）[1]和塔尔苏斯（al-Ṭarsūs）。后续，将对沙姆地区地图上所标明的东西部城市进行详细介绍。沙姆地区的介绍会囊括所有的关隘，其中包括那些专属于沙姆地区的关隘，以及位于贾兹拉地区的关隘。这两部分地区之所以都被归入沙姆地区，是因为幼发拉底河之后的地区均属于沙姆的管辖范围。马拉蒂亚至马拉什之间的关隘被称为贾兹拉关隘，这是因为这些关隘与贾兹拉地区的居民有着密切的关系，他们通过这些关隘开展入侵行动，而非因为关隘位于贾兹拉地区。沙姆省区包括巴勒斯坦军区、约旦军区、霍姆斯军区、大马士革军区、肯奈斯林军区（Jund Qinnasrīn）、阿瓦绥姆（al-'Awāṣim）[2]和诸关隘。在沙姆关隘和贾兹拉关隘之间，有一座名为卢坎（al-Lukām）的山，它是这两地之间的天然分界线。这座山位于罗马境内，据说

[1] 即土耳其城市阿达纳（Aḍana）。
[2] 原义为防御工事。

它的长度在罗马境内达到了大约 200 法尔萨赫。在伊斯兰国家的马拉什、哈伦尼亚和安纳查布斯等地，这座山被称为卢坎山。而越过拉塔基亚（al-Lādhiqiyya）之后，它被称为巴赫拉山。塔努赫至霍姆斯之间的部分，被称为黎巴嫩山，然后它穿越沙姆地区，一直延伸到红海。巴勒斯坦军区，是最靠近马格里布地区的沙姆军区。这片区域的长度为拉法至拉均（al-Lajjūn），大约为两日的骑行距离。而其宽度为雅法（Yāfā）至里哈（Rīḥā），同样也是两日的行程。军区涵盖了祖噶尔、库姆路特地区、山区和沙腊等地，其地域范围从巴勒斯坦一直延伸至阿伊拉。库姆路特地区、死海、祖噶尔直至贝特谢安（Bīsān）和提比里亚（Ṭabarīya），都位于两山之间，因此这片地区被称为河谷（al-Ghaur）。沙姆其他地区的地势都比这一地区高，那些地区部分属于约旦，部分属于巴勒斯坦。至于巴勒斯坦，其介绍已在先前的篇章中详述过了。巴勒斯坦的水源主要依赖于雨水，其树木和庄稼主要分布在河谷地区以及纳布卢斯（Nābulus），因为那里拥有流动水源。巴勒斯坦是沙姆地区最神圣的地区。这片土地上坐落着大城市拉姆拉（al-Ramla），而耶路撒冷的规模仅次于拉姆拉。耶路撒冷是一座建在群山之上的城市，可以从巴勒斯坦各地攀登而上。这座城市拥有一座庞大的清真寺，在伊斯兰世界中规模居首。清真寺的西侧建筑延伸出一角，其延伸的范围为约半座清真寺的宽度。除了岩石部分，清真寺的其余部分均为一片空旷，岩石上矗立着一块高耸的、形如凳子的石头，岩石中央有一个非常高的圆顶，石头的高度大致与人的胸口齐平，长度和宽度相近，约为十几腕尺。岩石下方设有一扇类似地窖的门，通过一条向下延伸的斜道，可以通往一个长度约为一巴士达（Basṭa）的房间。耶路撒冷虽无活水，仅有少量无法用于耕种的泉眼，但它却是巴勒斯坦地区最为肥沃的地方之一。这里坐落着大卫（Dāwud）（祝愿他平安）的祷告壁龛，它是一座高耸的建筑，高度约为五十腕尺，宽度约为三十腕尺。最上层是一间类似房间的建筑，即祷告壁龛。从拉姆拉到此地，这就是最先引入眼帘的耶路撒冷建筑。耶路撒冷的清真寺中有每位先知的壁龛。在耶路撒冷以南6 里处，坐落着一个名为伯利恒（Bait Laḥm）的村庄，这是尔萨（'Īsā）（祝愿他平安）的诞生地。据说，在伯利恒的一座教堂中，珍藏着玛利亚（Maryam）曾经吃过的椰枣。从伯利恒向南，有一座规模较小、类似于村庄的城市，被称为伊卜拉欣清真寺（祝愿他平安）。在这座清真寺内，有举行周五聚礼的场所，还有伊卜拉欣、伊斯哈格（Isḥāq）和雅库布（Ya'qūb）（祝愿他们平安）三人的坟墓，他们的坟墓排成一行，他们妻子的坟墓也同样排列成行，与各自丈夫的坟墓相对。这座城市位于一片山间谷地之中，四周环绕着茂密的树木。这些山上的树木和巴勒斯坦其他地方的山上一样，主要产出橄榄、无花果和葡萄，其他水果相则对较少。纳布卢斯是一座坐落在撒玛利亚（al-Sāmira）地区的城市，有人误称其为耶路撒冷，但在整个撒玛利亚地区，只有纳布卢斯一处城市。巴勒斯坦的最后一座城市与埃及城市贾法尔相邻，被称为加沙（Ghazza）。在这座城市中，有哈希姆・本・阿卜杜・马纳夫（Hāshim bin 'Abd Manāf)的墓地，也是穆罕默德・本・伊德里斯・沙斐仪的诞生地。在贾西利叶时期，欧麦尔・本・赫塔布（'Umar bin al-Khaṭṭāb）也曾在此活动，因为此地曾被希贾兹人提及。巴勒斯坦虽然面积不大，但约有 20 座讲坛，是沙姆地区最富饶的地区之一。山区和沙腊是两个独特的地区，沙腊的城市被称为阿德鲁赫（'Adhruḥ），山区的城市则是鲁瓦特（Ruwwāt），这两个地区都非常肥沃而宽广，居民大多为征服此地的阿拉伯人。

约旦最大的城市是提比里亚，它坐落于淡水湖畔。这座城市的长度约为 12 里，宽度在两到三法尔萨赫之间。这里拥有流动的泉眼，距离城市两法尔萨赫的地方就能取到水。这里的水经过长时间运输，进入城市时依然保持温热状态。一旦皮革被投入其中，就会变得柔软，水只能在混合凉水之后才能使用。这是该地的主要水源和灌溉水源。河谷地区从这片湖开始，经过贝特谢安、祖噶尔和里哈，最终到达死海。河谷位于两座非常陡峭的山之间，拥有泉水、河流和椰枣树。这里从不下雪，部分河谷从约旦边界一直延伸到贝特谢安。一旦越过贝特谢安，就进入了巴勒斯坦的边界。旅行者穿过这片腹地就能到达阿伊拉。提尔（Ṣūr）是海边最好的堡垒之一，繁荣且富饶。据说，它是海岸上最为古老的城市之一，许多希腊统治者都来自此地。先知雅库布（祝愿他平安）曾居住在约旦地区，优素福（祝愿他平安）之井距离提比里亚 12 里。之后就是大马士革，提比利亚的水源也源自这片湖泊。大马士革军区的首府是大马士革，它是整个沙姆地区最为美丽的城市。这座城市坐落在群山之间的广阔土地上，四周被水域、树木和连绵的庄稼所环绕，这一地区被称为古塔（al-Ghūṭ），其面积为一程乘以两程。西侧没有比其更为洁净的地方。水流自斐加（al-Fīja）教堂下方涌出，最初流出来的是一腕尺高的水流，经过水道流向四面八方，形成了许多泉眼。耶齐德·本·穆阿维叶（Yazīd bin Mu‘āwiya）在此挖掘了一条大河，这条河流流经许多地方，然后分成了梅泽赫河（al-Mizza）、卡纳瓦特河（al-Qanawāt）。水道出口处位于奈拉布（al-Nairab），安拉曾提到此地：“我使他俩在有平地和流水的高原获得一个隐蔽之所。”[23:50]之后，这些水道汇成巴拉达河（Baradā）。当这条河流经大马士革市中心时，有一座桥梁横跨其上。由于水流湍急、水量巨大，乘船无法渡过。这条河继续流向古塔村庄，水流经过住宅、街道和浴室。这里有一座清真寺，是整个伊斯兰国家中最好，花费金额最多的清真寺。清真寺壁龛上方的墙壁和穹顶为拜星教（al-Ṣābi’īn）的建筑风格，这里曾是他们的礼拜场所。然而，后来被希腊人占据，在此宣扬希腊人的宗教。再后来，它又被犹太人和一些崇拜偶像的国王所占据。在那个时期，叶海亚·本·扎卡里亚（Yaḥyā bin Zakarīyā）（祝愿他平安）在这里遇害，他的头颅被悬挂在这座清真寺的贾伊伦（Jairūn）门上。随后，基督徒征服了这里，将它作为他们的教堂，进行宗教活动，直到伊斯兰教的到来。从此，这座清真寺归穆斯林所有，并作为清真寺使用。悬挂叶海亚·本·扎卡里亚头颅的贾伊伦门，后来也悬挂过侯赛因·本·阿里（祝愿他俩平安）的头颅。在韦立德·本·阿卜杜·麦立克（al-Walīd bin ʻAbd al-Malik）统治时期，他将地面铺上大理石，用大理石精心装饰墙面和柱子，甚至用黄金打造座椅和柱子。壁龛则用珠宝和黄金进行镶嵌，整个屋顶都被涂抹上了金子。环绕清真寺的四面墙壁全部采用与之相同的材料。据说，这座清真寺的建设费用相当于整个沙姆地区的赋税。清真寺的屋顶由铅制成，而天花板的材质则是金镶木。水流环绕清真寺流动，如果水流散开，它会均匀地流到每一个角落。大马士革军区位于巴勒贝克（Baʻlabakk），这是一座坐落在山上的城市。这里的大部分建筑都是用石头建造的，其中有建在高耸柱子上的石头宫殿。在沙姆地区，没有比这更令人惊叹或更庞大的石头建筑。的黎波里是一座坐落在地中海旁的富饶城市，拥有椰子树、甘蔗和肥沃的土地。霍姆斯军区的城市是霍姆斯，它位于一个非常肥沃的平原上，是沙姆地区土壤最肥沃的城市之一。这里的居民拥有美丽的容颜，而且该地几乎没有蝎子或蛇。霍姆斯拥有丰富的水源、树木和大量的庄稼，其中大部分都是适宜种植的良田。此外，霍姆斯还有一座教堂，这座教堂部分用作清真寺，部分用作教堂，这是沙姆地区最伟大的教堂之一。霍姆斯的道路大多由石头铺设而成。塔尔图斯（Anṭarṭūs）是地中海沿岸的一座堡垒，不仅是霍姆斯居民的关隘，还曾是奥斯曼·本·阿凡（ʻUthmān bin ʻAffān）《古兰经》定本的所在地。塞莱米耶（Salamīya）的居民多为哈希姆人，这座城市坐落在沙漠边缘，土地肥沃。谢扎尔（Shīzar）和哈马（Ḥamā）是两个风景秀丽的小城，拥有丰富的水源、树木和庄稼。肯奈斯林军区的城市是阿勒颇（Ḥalab），这是一个非常繁荣的城市，人口众多。它位于伊拉克通往诸关隘和沙姆其他地区的要道上。肯奈斯林是该省区的一个城市，是此地最小的城市之一。迈阿赖努阿曼（Mu‘arra al-Nu‘mān）及其周边村庄的土地相对贫瘠，并非每个地方都有流动的水源或泉眼。肯奈斯林军区大部分地区的土地同样较为贫瘠，主要依赖雨水作为水源。哈那塞（Khanāṣir）是一座位于沙漠边缘的堡垒，曾是欧麦尔·本·阿卜杜·阿齐兹（‘Umar bin ‘Abd al-‘Azīz）的居所。阿瓦绥姆这是该地区的名称，而不是一个具体的地点，首府为安塔基亚（Anṭākīya）。这座城市是沙姆地区仅次于大马士革的美丽城市，它拥有环绕全城的岩石城墙。邻近的山上，分布着庄稼、牧场和树木，这些自然资源为居民们提供了生活支持。据说，环绕城墙一圈需骑行两日。水流经阿瓦绥姆的民居、街道和清真寺，这里还有庄稼、村庄、和肥沃的土地。刷赫拉（al-Ṣakhra）被称为穆萨之石，据传穆萨曾与卡迪尔（al-Khaḍir）（祝愿他俩平安）在这里会面。巴巴利索斯是一座坐落在幼发拉底河畔的小城，是从伊拉克进入沙姆地区的第一座城市。通往此地的道路非常繁荣，它还是沙姆人在幼发拉底河的港口。曼比季（Manbij），这座位于沙漠中的城市，拥有肥沃的土地。曼比季是著名的阿拉伯诗人布赫图里（al-Buḥturī）和他的儿子的诞生地，这里的居民主要是阿拉伯人。曼比季附近是小城桑加（Sanja），它位于桑加石桥附近，这座桥梁是伊斯兰国家中最令人惊叹的桥梁之一。萨姆萨特（Samīsāṭ）和曼比季桥都位于幼发拉底河畔，它们虽小却肥沃，拥有灌溉农业和水渠，水源来自幼发拉底河。马拉蒂亚则是一座大城市，是诸关隘区最大的城市之一，它坐落在卢坎山下。这里生长着许多核桃树以及其他各种果树，当地居民可以随意采摘这些果实，它们都是无主的。马拉蒂亚与罗马的村庄相距仅 1 程。曼苏尔堡垒是一座小堡垒，内部设有一个讲坛，堡垒周围环绕着肥沃的土地。哈德赛和马拉什是两座小而繁荣的城市，它们拥有充足的水源、庄稼和茂密的树木，两地均为关隘。扎布塔（Zabṭa），是诸关隘中离罗马地区最近的一座堡垒，后来被罗马人摧毁。哈伦尼亚位于卢坎山以西的分支山脉，是哈伦·拉希德（Hārūn al-Rashīd）修建的一个小堡垒，并因此得名。伊斯肯德伦（Iskandarūna）是一座坐落在地中海沿岸的小型城堡，有椰枣树。帕亚斯（Bayās）是一座小城，同样坐落在地中海沿岸，拥有椰枣林和肥沃的土地。提纳特（al-Tīnāt）是一座位于海滨的城堡，内有松木集散地，可将木材运往沙姆地区、埃及和诸关隘区。坎尼撒是一座有讲坛的城堡，它是一座位于海岸的孤立关隘。穆萨卡布（al-Muthaqqab）是欧麦尔·本·阿卜杜·阿齐兹建造的一座小型城堡，内部设有讲坛，并珍藏有《古兰经》定本。安纳查布斯是一个与关隘城市相仿的城镇，这是一片肥沃且广阔的土地，拥有椰枣树、丰富的水果、庄稼和牧场。瓦绥夫·卡迪姆（al-Waṣīf al-Khādim）曾打算从此地进入罗马地区，但最终被穆阿台迪德（al-Mu‘taḍid）在此地抓获。摩普绥提亚由两座城市组成：摩普绥提亚和位于杰伊汉河（Nahr Jīḥān）河畔的卡法尔白伊（Kafarbaiyā），两地之间由一座坚固的石桥相连。坐在大清真寺里，人们可以眺望到距其大约四法尔萨赫的海滨。杰伊汉河从罗马地区流出，流经摩普绥提亚、穆劳宛（al-Mulauwan）郊区，最终注入地中海。阿兹纳和摩普绥提亚的另一部分城市一样，都坐落在河畔。阿兹纳位于塞伊汉河（Nahr Sayḥān）河畔，这是一座富饶繁荣的城市，位于塞伊汉河的西侧。塞伊汉河比杰伊汉河要小一些，有一座非常奇特的长石桥横跨河上，这条河同样源自罗马地区。塔尔苏斯是一座拥有两道石墙的大城市，此地拥有许多骑兵、士兵和其他设施，极其繁荣富饶。此地与罗马地区之间的山脉是穆斯林和罗马人之间的屏障，据说此地拥有大约10万骑兵，当地人如是说。在锡吉斯坦、克尔曼、波斯、吉巴勒、胡齐斯坦、伊拉克其他地区、希贾兹、也门、沙姆、埃及等地，位于边界的主要城市都有大量民居房屋，是居民抵达这些地方时的落脚处。乌拉斯（Ūlās）是一座位于海边的堡垒，那里居住着一群虔诚的人，这座堡垒是穆斯林在地中海沿岸的最后一座建筑。拉基姆（Raqīm）是拜勒加（al-Balqā'）附近的一座小城市，整个城市的房屋都是雕刻出来的，城墙则是由一块块的岩石垒成，如同一整块石头。死海位于祖噶尔附近的河谷区，之所以被称为死海，是因为其中没有鱼或其他动物生存。它产出一种名为胡姆尔（al-Ḥumr）的物质，人们用它来为巴勒斯坦的葡萄园授粉，与用种马为椰枣树授粉的方式类似。祖噶尔有一种叫做英奇拉（al-Inqilā'）的椰枣，其甜度和外观均无与伦比。我在伊拉克或其他地方未曾见过比这更甜、更美丽的椰枣。它的颜色可与藏红花相媲美，且有四个面。库姆路特人所在的区域被称为倒置之地（Arḍ Maqlūba），这里没有植物生长，没有放牧，也没有草地，仅是一片黑色的区域，全部被大小均匀的石头紧密覆盖。据说，这些石头是库姆路特人扔的有毒石头，石头上还带有标记。马安（Ma'ān）是一座小城市，居民主要为伍麦叶家族及其附属部族，它是沙腊的堡垒。浩兰（Ḥawrān）和巴塞尼亚（al-Bathaniyya）[3]是大马士革军区的两个大郊区，有灌溉农业。布斯拉（Buṣrā）和安曼拜勒加之间有一块盆地。巴格拉斯（Baghrās）位于诸关隘的道路沿线，这里有一座祖拜达（Zubaida）修建的客栈，是沙姆地区唯一的客栈。贝鲁特（Bairūt）是地中海沿岸的一座城市，土地肥沃，属于大马士革，这里曾是阿瓦扎伊（al-Awzā'ī）的住所。

---

[3] 可能是叙利亚的布塞伊纳（Buthaina）。

沙姆地区的距离。该地区的长度为马拉蒂亚至拉法，马拉蒂亚至曼比季 4 日，曼比季至阿勒颇两日，阿勒颇至霍姆斯 5 日，霍姆斯至大马士革 5 日，大马士革至提比里亚 4 日，提比里亚至拉姆拉 3 日，拉姆拉至拉法两日，总计 25 程。这一地区的宽度，部分地方相对较宽，因此选用最宽的两端之间的距离为其宽度。其中一端为从幼发拉底河，经曼比季的曼比季桥、肯奈斯林边界处的库里斯（Qūris）、安塔基亚边界的阿瓦绥姆，穿过卢坎山，到达帕亚斯。再经提纳特、穆萨卡布、摩普绥提亚、阿兹纳到塔尔苏斯，约为 10 程。如果从巴巴利索斯到阿勒颇，经安塔基亚、伊斯肯德伦、帕亚斯，到塔尔苏斯，这段距离也约为 10 程。但是第一条路更为直接。另一端则从巴勒斯坦边界开始，从海边的雅法，经拉姆拉、耶路撒冷、杰里科（Arīḥā）、祖噶尔、沙腊山脉、沙腊，到马安，这段距离为 6 程。在沙姆地区的两端之间是一片狭长地带，其宽度不超过约旦、大马士革、霍姆斯之间的距离，最多 3 天行程。因为大马士革至西侧地中海沿岸的的黎波里需两天，霍姆斯向东至沙漠中的塞莱米耶为 1 天，提比里亚至西侧海边的提尔为 1 天，提尔向东到法扎拉部落边界处的菲克（Fīq）为 1 天。这就是沙姆地区长度和宽度距离的概述。

沙姆地区各地之间的距离。我从巴勒斯坦开始介绍，这是最靠近马格里布地区的沙姆军区，其首府为拉姆拉。拉姆拉至雅法为半程，巴勒斯坦至阿什凯隆（'Asqalān）1 程，再到加沙 1 程。拉姆拉至耶路撒冷为 1 日。耶路撒冷至伊卜拉欣清真寺为 1 日，耶路撒冷至里哈 1 程，耶路撒冷至拜勒加两日。拉姆拉至凯撒利亚（Qaiṣāriyya）1 日。拉姆拉至纳布卢斯 1 日。里哈至祖噶尔两日，祖噶尔至沙腊山脉 1 日，沙腊山脉至沙腊另一端为 1 日。约旦的首府是提比里亚，提比里亚至提尔 1 日，再至菲克（'Uqba Fīq）1 日，再至贝特谢安是轻松的两日，再至阿卡（'Akkā）1 日。约旦是沙姆地区最小的军区，其距离最短。大马士革军区的首府是大马士革。此地至巴勒贝克两日，至的黎波里两日，至贝鲁特两日，至赛达（Ṣaidā）两日，至德拉 4 日，至古塔最远处为 1 日，至浩兰和布尼亚（al-Buniyya）为两日。肯奈斯林军区的城市是肯奈斯林，但王宫、市场、集会场所和建筑都在阿勒颇。阿勒颇至巴巴利索斯两日，阿勒颇至肯奈斯林 1 天，阿勒颇至阿塞里布（al-'Athārib）1 天，阿勒颇至库里斯 1 天，阿勒颇至曼比季两日，阿勒颇至哈那塞两日。阿瓦绥姆的首府是安塔基亚，此地至拉塔基亚 3 程，至巴格拉斯 1 日，至阿塞里布两日，至霍姆斯 5 程，至马拉什两日，至哈德赛 3 日。诸关隘区并未设立首府城市，每个城市均独立存在。曼比季位于诸关隘的附近，曼比季至幼发拉底河是轻松的 1 程，曼比季至库里斯两程，曼比季至马拉蒂亚 4 天，曼比季至萨姆萨特为两日，曼比季至哈德赛同样为两日。萨姆萨特至山姆沙特（Shamshāṭ）需要两日，山姆沙特至曼苏尔堡垒为 1 日。曼苏尔堡垒至马拉蒂亚是两日，曼苏尔堡垒至扎布塔需要1日，曼苏尔堡垒至哈德赛也是 1 日。哈德赛至马拉什 1 日，马拉蒂亚至马拉什是辛苦的 3 程。以上就是贾兹拉地区诸关隘之间的距离。沙姆诸关隘之间的距离：伊斯肯德伦至帕亚斯是轻松的 1 程，帕亚斯至摩普绥提亚两程。摩普绥提亚至安纳查布斯为 1 日，摩普绥提亚至阿兹纳为 1 日，阿兹纳至塔尔苏斯为 1 日。塔尔苏斯至地中海沿岸的乌拉斯两日，塔尔苏斯至浩扎特（al-Ḥauzāt）两日，塔尔苏斯至地中海岸的帕亚斯是两法尔萨赫。帕亚斯至坎尼撒、哈伦尼亚的距离少于一天，哈伦尼亚至贾兹拉关隘马拉什的距离少于一天。以上就是所有关隘的距离。至此，我已经完成了对沙姆地区、马格里布地区、埃及以及地中海沿岸部分地区的介绍。接下来将介绍罗马地区的情况。

# 地中海

地中海是一片源自于环海的海湾，即安达卢斯和丹吉尔巴士拉之间的海域。丹吉尔与安达卢斯的直布罗陀半岛之间的海面宽达 12 里，之后海面拓宽并向东延伸，覆盖了马格里布地区的海岸，直至埃及。经过埃及的土地后，它又延伸到沙姆地区，然后绕过诸关隘区，从安塔基亚及其周边开始，环绕罗马地区。接着，它向西延伸至君士坦丁堡海湾，并穿越而过，再沿着罗马海岸向法兰克附近前行，那里是地中海南部的所在。沿着法兰克的海岸线前行，到达毗邻的安达卢斯托尔托萨，经过前面提及的安达卢斯，抵达与巴士拉相对的直布罗陀半岛，然后延伸到环海沿岸的圣塔伦。圣塔伦是这片罗马地区海域的最后一个伊斯兰地区。因此，如果有人从沿海的巴士拉开始行走，一直回到其对岸的安达卢斯地区，都无需越过任一河流或海湾。我曾提及过这片海域沿岸的城市和地点，从远苏斯到埃及，再到沙姆地区，以及诸关隘区至乌拉斯及其周边的安达卢斯地区，这些已无需赘述。一旦到达乌拉斯，便进入了直通地中海的山脉，它们被称为卡拉米亚山（Qalamiyya）。卡拉米亚曾是罗马人的城市，塔尔苏斯的大门因此得名卡拉米亚。卡拉米亚并非紧邻海域或其海岸线。穿越此地，再前行约 1 程的距离，会抵达海边的村庄拉米斯（al-Lāmis），它是穆斯林和罗马人之间的缓冲地带。罗马人在海上的船只里，而穆斯林在陆地上，彼此互不侵犯。安塔基亚则是罗马人的海边堡垒，这里宽敞坚固，人口众多。然后便是海湾沿岸，这片咸海被称为君士坦丁堡湾。在海湾之上，有一条绵延的链条，阻止海船和其他船只的自由通行，除非得到许可否则任何船只都无法通过。这条链条就像是一道分界线，将地中海与罗马地区背后的环海隔开来。在雅典（Athīnās）和罗马的海岸线上，散布着村庄、田地和大城市。雅典和罗马这两座靠近海岸的城市，是基督教徒的聚集地。雅典是希腊人的智慧之都，承载着他们的科学和智慧。而罗马则是基督教王国的重要支柱之一，基督教徒在安塔基亚、亚历山大和罗马都有王座，耶路撒冷的王座是在使徒时代之后才建立的，并非存在于使徒时代，这个王座的修建彰显了对耶路撒冷的尊崇。沿着海岸线前行，可以抵达西西里岛（Ṣiqilliyya）对面的法兰克地区。穿过这里，便是安达卢斯地区的塔尔苏斯。关于马格里布、埃及、沙姆至伊斯兰地区边界以及诸关隘之间每个地方的距离，我已在前文中详细介绍，此处不再赘述。在这片海域中，散布着大大小小的岛屿和山脉。有人居住的岛屿包括西西里岛、克里特岛（Iqrīṭish）、塞浦路斯岛（Qubrus）和卡拉勒山（al-Qalāl）[1]。其中，西西里岛是其中最大的岛屿，它靠近法兰克，甚至能够远眺其土地。该岛田地肥沃，其长度约有 7 程。与邻海的伊斯兰王国相比，西西里岛在肥沃程度、宽敞程度、农业、畜牧业和奴隶方面都具有显著的优势，这里的奴隶多数来自本地。克里特岛的面积和建筑规模都不如西西里岛，其居民全部都是穆斯林，他们是征战者，此处和穆斯林国家一样，与基督徒之间存在明显的分歧。塞浦路斯的居民全是基督教徒，没有一位穆斯林。该岛的规模和建筑与克里特岛相当，极其肥沃。穆阿维叶以和平的方式征服了此地，并于此地居民达成和解，因此，这里维持着与穆斯林之间的和平状态。岛上的居民均是罗马的基督教徒。这片海域的

[1] 卡拉勒山，又称法拉赫沙尼特（Farakhshanīṭ）。

宽度从沙姆海岸延伸至塞浦路斯，在风平浪静时，航行两日即可到达对岸。从塞浦路斯到海域另一侧的航程时间大致相同。从罗马地区运往伊斯兰国家的苏合香和乳香就产自塞浦路斯。卡拉勒山中有急流，一群穆斯林抵达此处并定居下来。他们的容貌逐渐变得与法兰克人相似，这种变化的发生是不可避免的。卡拉勒山的长度为两日行程，这片海域中没有比这里更好的海岸线。海洋两边的建筑绵延不绝，而其他海域的岸边则是沙漠和偏远之地。穆斯林和罗马人的船队频繁往来，每支船队都能渡海到对方的海域进行劫掠。双方的船上可能都配有军队，每支队伍集结了超过百艘的战船，在水中展开激战。以上就是关于这片海域及其中信息的描述。

# 贾兹拉地区

贾兹拉地区位于底格里斯河和幼发拉底河之间，它囊括了拉比阿地区和穆达尔地区。幼发拉底河的源头位于罗马境内，流至马拉蒂亚需要两日的时间。贾兹拉地区穿越了马拉蒂亚和萨姆萨特之间的地带，然后经过萨姆萨特、曼比季桥、巴巴利索斯、拉卡、盖尔吉西亚、拉赫巴、希特和安巴尔等地。越过幼发拉底河的边界，便进入了贾兹拉地区。该地区向北延伸至提克里特（Tikrīt），沿着底格里斯河直至信努（al-Sinn）结束。之后是贾兹拉、哈迪塞、摩苏尔（al-Mauṣil）、吉兹雷（Jazīrat Ibn ‘Umar），再穿过阿米达（Āmid），经过底格里斯河边界，此处距亚美尼亚边界有一段距离。随后向西经过萨姆萨特，抵达我最初提及的伊斯兰边界处的幼发拉底河水流出处。底格里斯河的源头位于阿米达之后的亚美尼亚边界处。底格里斯河东岸和幼发拉底河西岸的城市与村庄均属于贾兹拉地区，虽然它们位于该地区之外，但与该地区相邻。

距离：马拉蒂亚边界处的幼发拉底河至萨姆萨特需要两日，萨姆萨特至曼比季桥需要 4 日，从曼比季桥至巴巴利索斯需要 4 日，从巴巴利索斯至拉卡需要两日，从拉卡至安巴尔为 20 程，安巴尔至提克里特需要两日，从提克里特至摩苏尔需要 6 日，摩苏尔至阿米达为 4 日，阿米达至萨姆萨特需要 3 日，萨姆萨特至马拉蒂亚需要 3 日。摩苏尔至巴拉德（Balad）为 1 程，巴拉德至努赛宾（Nuṣaybīn）3 程，努赛宾至艾因角（Ra’s al-‘Ayn）3 程，艾因角至拉卡需要4日，拉卡至哈兰（Ḥarrān）为3日。哈兰至曼比季桥两日。哈兰至埃德萨（al-Ruhā）为1日，埃德萨至萨姆萨特为1日。哈兰至拉卡为3日。

城市及地区特点。贾兹拉地区风景最宜人、绿色最多的城镇是努赛宾。努赛宾是一座大城市，坐落于一片平原之上，其水源来自于被称为巴鲁斯（Bālūs）的山脉，这是该地区风景最为秀美的地方。巴鲁斯山脉上分布着广袤的花园和田地。除此之外，距离城市有一段距离的地方，还有许多灌溉渠。在这片土地上，有一座大型修道院以及许多位于其周边的修道院和禅房，供基督徒使用。此外，这里还栖息着一些大型且具有致命毒性的蝎子。在努赛宾附近，有一座名为马尔丁（Mārdīn）的山，从地面到山顶的高度约为两法尔萨赫。山上有一座坚不可摧的城堡，以及一种攻击速度远超其他蛇类的蛇。此外，山中还蕴藏着琉璃宝石。摩苏尔位于底格里斯河西岸，拥有优质的土壤和宜人的空气，其水源仅来自底格里斯河。除了底格里斯河东岸的少量土地外，这座城市在底格里斯河岸缺乏耕作土地或树木。该地的农业主要依靠灌溉，水果则主要来自其他地区。摩苏尔是一座用石膏和石头建造而成的富裕城市。巴拉德是一座小城，同样位于底格里斯河西岸，这里仅有底格里斯河一处活水，拥有丰富的树木、田地和灌溉设施。辛贾尔（Sinjār）是一座位于拉比阿沙漠中的城市，附近有一座名为辛贾尔的山。这座城市有椰枣树，是贾兹拉地区除了幼发拉底河沿岸、希特、安巴尔和泰勒阿费尔（Tall ‘afar）之外唯一拥有椰枣树的城市。达拉（Dārā）是一座宜人的小城，拥有流水、树木、田地和灌溉系统，它坐落于山脚下。卡福尔图沙（Kafrtūthā）位于地势平坦的地方，城市规模超过达拉，同样拥有河流、树木和田地，拥有完备的灌溉系统。艾因角是一个位于平原上的城市，其土地主要用来种植棉花。此地有300 多个清澈的泉眼，水底清晰可见，水流汇聚成哈布尔河（al-

Khābūr），这条河流经盖尔吉西亚附近。哈布尔河长约 20 法尔萨赫，流经许多村庄和田地。艾因角的城市规模大于卡福尔图沙，其田地和树木均远离河畔。这些田地和树木顺着水流分布，此处土地肥沃，拥有众多灌溉设施。阿米达位于底格里斯河东岸，城墙极为坚固，拥有丰富的树木和田地。吉兹雷是一座位于底格里斯河西岸的小城市，拥有树木和水源。山姆沙特则是贾兹拉地区的关隘，它位于底格里斯河以西、幼发拉底河以东。马拉蒂亚虽然在沙姆关隘部分有所提及，但它实际上属于贾兹拉地区，此地居民因距离相近而与贾兹拉地区联系密切。贾兹拉地区真正的关隘是山姆沙特。哈迪塞位于底格里斯河东岸，是一座非常宜人的城市。这里拥有花园、树木、田地和灌溉设施。信努位于底格里斯河东岸，是靠近巴尔马山（Bārmā）的一座小城。底格里斯河从巴尔马山的内部流过，山中有沥青和石油泉眼。巴尔马山延伸至贾兹拉中部，随后向西，据说其东部位于克尔曼边界，被称为马萨巴赞（Māsabadhān）山。穆达尔区最大的城市是拉卡，与拉菲卡（al-Rāfiqa）是相邻的两座城市，每座城市都有一座大清真寺。它们位于底格里斯河东岸，拥有丰富的树木和水源，土地平坦而肥沃。在幼发拉底河西岸，拉卡和巴巴利索斯之间是绥芬（Ṣiffīn）地区，这里有阿玛尔・本・亚西尔（望安拉满意）的墓地，他因叛乱而牺牲。拉卡是阿里（祝愿他平安）在绥芬期间的财库所在地。

哈兰的城市规模比绥芬小，这是座拜星教城市。这里有 17 座拜星教的圣所，还有一座山，山上设有拜星教徒的祈祷场所。此地属于伊卜拉欣（祝愿他平安），这座城市的水源和树木相对较少，但仍然拥有一些灌溉设施。埃德萨是一座中等规模的城市，居民以基督教徒为主，城内有 300 多座修道院和众多禅房、僧侣。此外，这里还有伊斯兰地区最宏伟的教堂。该城内水源丰富、花园和田地遍布，城市规模小于卡福尔图沙。曼比季桥和萨姆萨特是两个宜人的城市，拥有田地、水源、花园和灌溉设施，它们都位于幼发拉底河西岸。盖尔吉西亚位于哈布尔河畔，坐拥众多花园、树林和田地，是一座环境优美的宜人城市。马力克·伊本·陶格（Mālik ibn Ṭauq）的城市拉赫巴比盖尔吉西亚，同样拥有许多树木和水源，它位于幼发拉底河的西岸。希特是位于幼发拉底河西岸的一座中等规模城市，拥有堡垒，城市繁荣昌盛，正对着提克里特。这里有阿卜杜拉·本·穆巴拉克（‘Abd Allah bin al-Mubārak）的墓地。安巴尔是一座中等规模的城市，拥有阿拔斯王朝首位哈里发艾卜·阿拔斯·萨法赫（Abū al-‘Abbās al-Saffāḥ）的建筑遗迹，这是他曾经的居所。这座城市繁华且人口众多，拥有椰枣树、田地和树木，位于幼发拉底河东岸。贾兹拉地区有一片沙漠，这里是拉比阿部落和穆达尔部落的家园，这些居民主要依靠马、羊、骆驼为生。他们中的一部分人过着传统的贝都因人生活，大多数人都与村落和居民有着密切联系，成为了定居的贝都因人。两条扎布河（Nahr Zāb）的水量都很充沛，当它们汇聚在一起时，其流量几乎达到了底格里斯河的一半。其中较大的一条河流经哈迪塞，两条河的源头都位于阿塞拜疆山脉附近。提克里特是底格里斯河西岸的一座城镇，其居民以基督徒为主。它位于杜贾尔河（Nahr Dujail）的河口，这条河流源于底格里斯河，为巴格达塞瓦杜（Sawād）的大片土地提供了灌溉水源，一直延伸至巴格达附近。阿纳（‘Āna）是一座坐落在幼发拉底河中部的小城市，被幼发拉底河的河湾环绕。麦斯莱麦堡垒，据说为麦斯莱麦·本·阿卜杜·马力克（Maslama bin ‘Abd al-Malik）所有，堡垒内有一群伍麦叶人。该地的水源主要来自降雨，并拥有灌溉设施。泰勒白尼萨亚尔（Tall banī Sayyār）是一座小城市，居民多为富有的阿拉伯人，大部分城市属于阿拔斯·本·阿麦尔·甘纳威（‘Abbās bin ‘Amr al-Ghanawī）。白加努万（Bājaruwān）是一个宽敞而繁荣的宜人驿站。达利亚（al-Dāliyya）是幼发拉底河西岸的一座小城市，这是沙西布·凯勒（Ṣaḥib al-Khāl）从沙姆地区出走的起点。朱迪山（al-Jūdī）位于吉兹雷附近，据说努哈（Nūḥ）的方舟曾停泊在这里。山下有一个被称为八十的村庄，据说努哈的方舟上共有八十名男子，这些人后来建立了这个村庄，村庄因此得名。但是，他们没有留下后代。苏鲁奇（Surūj）是一座富饶之城，拥有包括葡萄在内的丰富水果，有郊区，从哈兰到这里约需 1 日。

# 伊拉克地区

伊拉克地区，其长度从提克里特至印度洋沿岸的阿巴丹，宽度则从巴格达附近的库法卡迪西亚（Qādisiyya）到胡尔万（Ḥulwān）。瓦西特地区的宽度为瓦西特至提布（al-Ṭīb）。而巴士拉地区的宽度则是从巴士拉至朱比（al-Jubbī）边界。伊拉克地区的边界起于提克里特，然后向东延伸，穿过沙赫尔祖尔（Shahrzūr）边界。随后转向胡尔万，经过萨巴尔万（al-Sabarvān）、塞伊马拉（al-Ṣaimara）、提布和苏斯，直至朱比边界，最后到达海边。从提克里特至海边这段边界呈弧形。接着，再从巴士拉的后面回到巴士拉位于沙漠中的西边界，经过巴士拉郊区、巴士拉河谷，最终抵达瓦西特。之后，经过库法郊区和库法河谷，到达库法。然后，穿越幼发拉底河到达安巴尔，再从安巴尔前往底格里斯河与幼发拉底河之间的提克里特。这段从海边到提克里特的边界同样呈现为弧形。以上就是环绕伊拉克地区的边界。

伊拉克地区的距离。提克里特经东边的弧线至海边约需 1 月，而从海边经西部弧形边界到提克里特同样约需 1 月。巴格达至萨迈拉（Sāmirā）的距离为 3 程，萨迈拉至提克里特为两程。巴格达至库法的距离为 4 程，库法至卡迪西亚的距离为1程。从巴格达经过瓦西特再至巴士拉的距离为 8 程。库法经河谷路线至瓦西特的距离为 6 程。而从巴士拉到海岸的距离是两程。伊拉克地区在巴格达处的宽度，从胡尔万至卡迪西亚的距离为 11 程。在萨迈拉处的宽度，从底格里斯河至沙赫尔祖尔和阿塞拜疆边界，距离为 5 程，而此地与埃尔阿米尔（al-‘Āmir）的距离少于 1 程。在瓦西特，其宽度大约为 4 程。在巴士拉，其宽度为巴士拉至朱比边界，距离大约为 1 程。

伊拉克的城市。巴士拉是一个伟大的城市，它不是波斯时期的城市，而是欧麦尔·本·赫塔布时期由穆斯林规划，乌特拜·本·噶兹万（‘Utbat bin Ghazwān）主导建设而成。这座城市涵盖了所有的城市规划和部落，它的西侧被沙漠以弧形环绕，除了河流之外，几乎没有其他水源。历史资料记载，在比莱勒·本·艾比·巴尔达（Bilāl bin Abī Barda）时期，巴士拉的河流数量超过了十二万条，这些河流宽阔到足以通行小船。曾经，我对比莱勒·本·艾比·巴尔达时期河流的数量表示怀疑，直到我目睹了这个地区的许多河流，其中很多仅是一箭之宽的小河，但每一条这样的小河上都漂浮着小船。每条河流都有其独特的名字，这些名字或源自河流的挖掘者，或以河流流经的地域命名，或以其他类似的形式命名。我已经介绍了这片地区的长度和宽度，此地的大部分房屋都是用砖砌成。巴士拉，作为伊拉克的十大城市之一，此地的大片椰枣林从阿布达斯（‘Abdasi）一直延伸到阿巴丹，绵延了超过 50 法尔萨赫。在这个地方，河流和椰枣树几乎无处不在，很难找到没有这两者的地方。此处地势平坦，虽然有山脉，但在巴士拉城内是看不到山脉的。城中，有圣门弟子泰勒海·本·欧拜伊德拉（Ṭalḥa bin ‘Ubaid Alla）的坟墓。在米尔巴德（al-Mirbad）之后的沙漠中，还有艾纳斯·本·马力克（Anas bin Mālik）、哈桑·巴士里（al-Ḥasan al-Baṣrī）、伊本·西林（Ibn Sīrīn）等巴士拉知名学者和苦行者的坟墓。巴士拉有一条名为欧布拉河（al-Ubulla）的河流，其长度约为 4 法尔萨赫，位于巴士拉和欧布拉之间。河流的两岸，宫殿和花园连绵不绝，宛如沿着一条线延伸开来的园林。这些河流分支成众多支流，其中一些支流的规模与干流相差无几，就像椰枣树被种植在同一条线上一样，所有这些河流都相互连接，巴士拉的河流大都如此。当海面涨潮时，水会退回每一条河流，同时涌入椰枣林、园林以及所有的河流中，这一过程完全无需人工干预。而当海水退潮时，水位下降，花园与椰枣林中的水会排空，只有河里仍保持着一定的水量，但这些水都是咸水。当海水退至河岸时，人们能够拦住水流，并淡化处理用以灌溉土地，使海水不会对灌溉用水产生不良影响。欧布拉坐落于欧布拉河畔，欧布拉城市的一角是一处极度危险的河湾。尽管船只在海上可能成功避开其他危险，但在这个河湾中却有可能沉没，这个河湾被称为欧布拉湾。欧布拉是一座繁荣且肥沃的小城市，这座城市的一条边界由欧布拉河延伸至巴士拉，另一条边界则是底格里斯河，即这条河的发源地，这座城市被底格里斯河环绕。最终，底格里斯河的主流在阿巴丹注入大海。巴士拉的城市，包括阿巴丹、欧布拉、穆法提赫（al-Mufattiḥ）和玛扎尔（al-Madhār），均坐落于底格里斯河畔。这些城市都是规模相近的繁荣小城，欧布拉则是其中最大的城市。在巴士拉的边界地区，分布着许多村落，这些村落之间覆盖着茂密的丛林和河谷，大多规模较小，主要位于穆拉迪（al-Murādī）地区。这些地区地势相对低洼，部分地方显示出古代的裸露地面。这可能是由于在建设巴士拉的过程中，河流进行了分流，导致了村庄与河道勾连交错。随着时间的流逝，水位逐渐下降，大部分水流退入地下，形成了湖泊，这就是我们所称的河谷。瓦西特由两部分组成，分别位于底格里斯河的两岸，彼此相对。这两部分之间有船桥相连，可通行，每一侧都有大清真寺。这座城市是在伊斯兰时期由哈查吉·本·优素福（al-Ḥajjāj bin Yūsuf）修建的，此地还有哈查吉绿洲。这座城市的西部散布着一些小农场，后面被沙漠所环绕。这片土地肥沃，拥有茂密的树木、椰枣林和田地。与巴士拉相比，这里的空气更为清新，这里没有河谷，郊区广阔且繁荣。库法的城市规模与巴士拉相当，但与巴士拉相比，这里空气更为清新，水质也更加甜美。库法位于幼发拉底河畔，其建筑风格与巴士拉相似。这座城市由赛义德·本·艾比·瓦卡斯（Sa‘d bin Abī Waqqāṣ）负责修建，城市规划中同样包含了阿拉伯部落。库法的土地税与巴士拉存在差异，这主要是因为库法的田庄自贾希利叶时期就已存在，而巴士拉的田庄则是伊斯兰的荒地开垦时期（Iḥyā’ Mawāt）才被开拓出来。卡迪西亚、希拉赫、哈瓦纳格均位于西边的沙漠边缘，从这些城市一直到东边的范围，都被河流、椰枣树和田地所环绕，这些地点和库法之间的距离不足 1 程。希拉赫是一个贾希利叶时期的城市，拥有肥沃的土壤和大型建筑，但在库法建立后，它就被居民所遗弃。这里的空气和土壤质量优于库法，与库法的距离约为 1 法尔萨赫。库法附近有阿里（祝愿他平安）的墓地，关于其确切位置存在多种说法。有一种说法称，坟墓位于库法清真寺大门的角落，为了避免被伍麦叶人发现而被隐藏起来。我在那个位置看到了一家草料店（Dukkān ‘Allāf），据称该地离库法两法尔萨赫，那里有一些桥和墓地的痕迹。卡迪西亚位于沙漠边缘，是一个拥有椰枣树、水源和田地的小城市，伊拉克地区在此之后没有其他地方拥有流水和树木。巴格达是伊斯兰时期兴起的一座城市，最初这里并没有建筑物。曼苏尔在西岸修建了城市，随后其周围逐渐发展出拥有牲畜、居民和家当的地区，就像拉比阿、哈尔比亚（al-Ḥarbiyya）等区域。随着时间的推移，这些区域逐渐繁荣起来。到了迈赫迪时期，迈赫迪在东岸建立了迈赫迪军营。随着人口和建筑物的不断增加，东岸日渐兴盛，哈里发也因此迁至东岸，如今它位于这一侧最下游的哈里姆区（al-Ḥarīm）。此后，河畔没有连续的公共建筑，而是从巴格达一直延伸到白伊纳河（Nahr Bayna）的宫殿和花园。这些建筑之间每隔两法尔萨赫就设有一堵墙，一直延伸到白伊纳河与底格里斯河的连接处。随后，这些建筑物与哈里发位于底格里斯河畔的高耸宫殿相连，此处距西马斯亚（al-Shimāsiyya）约为 5 里。在西岸与西马斯亚相对的是哈尔比亚，从哈尔比亚沿着底格里斯河向下就到了卡尔赫（al-Karkh）的尽头。东岸被称为塔克（al-Ṭāq）、卢萨法（al-Ruṣāfa）和迈赫迪军营。塔克之名源于东岸的首个地点塔克门，这是一个大市场。卢萨法得名于拉希德在该岸大清真寺附近修建的一座宫殿。而迈赫迪军营则是因为迈赫迪曾在这岸驻军，地点就在艾卜·贾法尔城附近。西岸则被称为卡尔赫。巴格达的大清真寺坐落在三个地方：曼苏尔城、卢萨法和哈里发宫殿。这些建筑均与卡尔瓦兹（Kalwādhī）相连，那里也有一座大清真寺，如果计算规则允许，它也应纳入巴格达大清真寺的总数之中。在底格里斯河两岸，有两座船桥相互连接，它们位于呼罗珊门（Bāb Khurasān）至亚西利亚门（Bāb al-Yāsiriyya）之间。整座桥的宽度约为 5 里，一边建在卡尔赫地区，该地区居住着许多富人和大部分商人。至于树木和河流，主要位于东岸和哈里发宫的那一侧。这些河流源自纳赫拉万河（al-Nahrawān）、塔麦拉河（Tāmarrā），只有少量的底格里斯河水能够到达那里，因此不足以用于修建建筑或是驱动水车。在西岸，有一条源自幼发拉底河的河流，被称为尔萨河（Nahr ʻĪsā）。这条河流流经安巴尔附近的迪米玛桥（Dimimā）。河水汇集成萨拉河（al-Ṣarā），萨拉河分支众多，环绕着西岸的建筑。所有的萨拉河均源自底格里斯河，尔萨河则注入巴格达市中心的底格里斯河。船只可以从幼发拉底河出发，沿着尔萨河中行驶，直至其进入底格里斯河。然而萨拉河中存在一些航行障碍，船只只能行驶到萨拉桥，绕过障碍后使用其他船只继续前行。在巴格达和库法之间，有一片交错而不起眼的郊区，这片地区被幼发拉底河的支流所贯穿。从巴格达出发见到的第一条河流是萨尔萨尔河（Nahr ṢarṢar），这是一条沿岸有椰枣树、田地和果树的富饶小河，距离巴格达 3 法尔萨赫。再往前两法尔萨赫，便是马力克河（Nahr al-Malik），这是一条比萨尔萨尔河大数倍的大河，在这条河上有一座可以容船只通行的桥梁。马力克河一条支流尽头是欧麦尔·本·胡拜伊拉·法扎里（'Umar bin Hubaira al-Fazārī）宫殿，另一条支流在库萨（Kūthā）附近的凯伊勒郊区（al-Kail）注入底格里斯河，然后流入幼发拉底河干流，直至其支流苏拉河（Nahr Sūrā）。苏拉河是一条水量充沛的河流，其水量超过了幼发拉底河的其他支流。这条河流流经苏拉和库法的其他郊区，剩余水量则注入河谷。卡尔巴拉（Karbalā'）位于幼发拉底河西岸，正对着伊本·胡拜伊拉宫殿。而萨迈拉则完全位于底格里斯河东岸，东岸除了郊区附近的卡图勒河（Nahr al-Qāṭūl），没有其他流动水源，但是该河离萨迈拉相当远。这座城市周围是一片荒野，城市的建筑和树木主要集中在与其相对的西岸，城市和周边地区紧密相连。道尔（al-Daur）与萨迈拉相距 1 程，两地的建筑没有明确分界线。道尔是一座伊斯兰城市，最早由穆阿台绥姆（al-Mu'taṣim）开始建造，后来由穆塔瓦基勒（al-Mutawakkil）完成。如今，这座城市已成为一片废墟，在其中步行 1 法尔萨赫都找不到有人居住的房屋，此处的气候和水果质量都比巴格达好。纳赫拉万是一座繁荣的小城市，被纳赫拉万河从中穿过，距离巴格达 4 法尔萨赫。纳赫拉万河注入巴格达郊区，流经哈里发王宫、伊斯卡夫（Iskāf）等城市和村庄。穿过纳赫拉万，到达达斯卡拉（al-Daskara）时，水和椰枣树开始变得稀少。达斯卡拉至胡尔万会途径一片沙漠，沙漠中点缀着一些不连续的建筑，这些建筑包括孤立的驿站和零星的村庄，之后经过萨迈拉、沙赫尔祖尔，抵达提克里特。马达因（al-Madā'in）是一座贾希利叶时期的小城市，曾经是一个重要的城市，但后来大部分建筑都迁到了巴格达。这座城市距离巴格达 1 程，曾是波斯科斯鲁（Akāsira）的居所。如今，这里仍保存着塔克基斯拉宫（Īwān Kisrā），即科斯鲁宫殿。这座王宫是一座由砖和石膏建造而成的宏伟建筑，是最大的科斯鲁宫殿。我并没有详细描述巴格达的繁荣景象，无论是其特殊之处还是公共层面，我只是用简短的语句介绍巴格达，以免内容过于冗长。巴比伦是一个小村庄，为伊拉克最古老的建筑，并因此得名。历史上，迦南（al-Kan‘ānīyīn）君主和其他国王曾在此居住，留下了与古埃及建筑风格类似的大型建筑遗迹。据说，查哈克（al-Ḍaḥḥāk）是第一位修建巴比伦的人。有传闻提到，伊卜拉欣·哈利勒（Ibrāhīm al-Khalīl）（祝愿他平安）曾在库萨被投入火中。此处的库萨是一条道路名，而另一个被称为库萨的地方实际上是库萨利亚（Kūthāriyā）。沿着库萨通往丛林的小路前行，就可以抵达那片灰烬丘陵。据说这是宁录（Nimrūd bin Kan‘ān）之火，伊卜拉欣被投入此处的火焰之中。贾米安（al-Jāmi‘ān）是一座小讲坛，周围是极其丰富且肥沃的田地。马达因位于底格里斯河东岸，距离巴格达 1 程。据传，亚历山大大帝（Dhū al-Qarnain）曾在那里居住，直到去世然而，关于他事迹的传说却未必真实。大多数人认为，亚历山大大帝在从中国返回的途中中毒身亡，他的棺材被运回亚历山大，交到了他母亲手中。据说，在波斯人统治时期，马达因被底格里斯河分为两部分，并由一座砖砌桥连接，然而，现在没有留下任何痕迹。乌克巴拉（‘Ukbarā’）、巴尔丹（al-Bardān）、努阿曼尼耶（al-Nu‘māniyya）、戴伊拉阿库勒（Dair al-‘Āqūl）、贾巴勒（Jabal）、贾尔加拉亚（Jarjarāyā）、法姆绥勒赫（Fam al-Ṣilḥ）和纳赫鲁萨比斯（Nahr Sābis）等城市，都位于底格里斯河河畔，这些城市之中没有大城市，它们的规模相当，建筑密集，每个城市都属于这一省区。胡尔万是一座繁荣的城市，除了巴士拉、库法、巴格达、瓦西特、萨迈拉和希拉赫之外，伊拉克没有比它更大的城市。该地区的水果以无花果为主，此地紧邻山脉，伊拉克只有胡尔万这座城市毗邻山脉，有时甚至会出现降雪，山顶常年积雪。达斯卡拉是一座繁荣的城市，拥有椰枣树和田地。城市外部有一座用泥巴建造的堡垒，内部空旷，实际上是一个农场。据说，国王每年都会在此居住一段时间，因此也被称为达斯卡拉马力克（Daskara al-Malik）。从提克里特经过萨迈拉到阿拉夫（al-'Alaf）附近，如同经过了一条弧线到达斯卡拉。之后，再经过一条类似的弧线就会到达瓦西特地区的边界。从伊拉克边界到吉巴勒边界之间的这片地区，建筑较少，散布着一些村庄，主要由库尔德人和阿拉伯人居住，这里是他们的牧场。同样，从提克里特往西到安巴尔的这片地区，位于底格里斯和幼发拉底河之间，建筑也较少。在萨迈拉的对面，距沙漠数里的地方伫立着一些建筑。以上就是对该地区的总体性简要介绍，我没有详细描述伊拉克的各个方面，如人口和一般信息，我的重点在于将该地区的相关内容绘制在地图上。

# 胡齐斯坦地区

胡齐斯坦，它东接法尔斯和伊斯法罕，三者之间为塔伊河（al-Ṭāy）。这条边界线靠近梅赫卢班，之后成为道拉格与海边梅赫卢班之间的边界。胡齐斯坦的西部与瓦西特郊区和道尔拉斯比（Daur al-Rāsibī）相邻。其北部则与塞伊马拉、卡尔哈（Karkhā）和劳尔（al-Laur）接壤，随后，边界线经过吉巴勒地区，一直延伸到伊斯法罕。据说，劳尔曾是胡齐斯坦的一部分，但后来融入了吉巴勒地区。胡齐斯坦的边界线与法尔斯、伊斯法罕、吉巴勒和瓦西特相连，它们共同构成了一个四边形的轮廓。南端的边界从阿巴丹延伸至瓦斯特郊区，呈锥形，使四边形显得更为狭窄。南边边界也是如此，从阿巴丹经海边至法尔斯的边界线呈弧形，沿着某一角度前行，直至这条边界消失在海中某处。此后，边界线经过底格里斯河、白彦（Bayān），转向穆法提赫和玛扎尔的背后，回到最初的瓦西特郊区。

该省区的城市包括阿瓦士（al-Ahwāz）和首府城市霍尔木兹沙赫尔（Hurmuz Shahr）。霍尔木兹沙赫尔是一个大省区，负责管理其他省区。此外，还有阿斯卡尔穆克兰（‘Askar Mukram）、舒什塔尔（Tustar）、贡迪沙布林（Jundīsābūr）、苏斯、拉姆霍尔木兹（Rāmhurmuz）和苏拉克（Suraq），上述都是该省区的城市。值得注意的是，苏拉克的城市是道拉格，该地区以波斯瓶而闻名。除此之外，该省区还包括伊泽（Īdhaj）、纳赫鲁提拉（Nahr Tīrā）、浩玛扎特（Ḥauma al-Ẓaṭṭ）、哈巴兰（al-Khābarān）（两者为同一地点）、浩玛布恩亚尼（Ḥauma al-Bunyān）、舒克桑比勒（Sūq Sanbīl）、大马纳兹尔（Manādhir al-Kubrā）、小马纳兹尔（Manādhir al-Ṣughrā）、朱比、提布、凯勒云（Kalyūn），这些城市都有各自的首府。知名城市包括白萨尼（Baṣanī）、阿兹姆（Azm）、舒克阿尔比阿（Sūq al-Arbi'ā'）、迈赫迪堡垒、巴斯彦、苏莱伊曼南（Sulaymānān）、库尔库布（Qurqūb）、马图斯（Matūth）、比尔绕努（Birdhaun）和卡尔哈。胡齐斯坦位于平原之上，地势平坦，拥有流动水源。此地最大的河流之一是舒什塔尔河（Nahr Tustar）。这条河流由沙德尔万（Shādhrwān）国王沙普尔（Sābūr）在舒什塔尔门口修建而成，由于舒什塔尔所在的位置地势较高，因此河水高于城市地面。这条河流经阿斯卡尔穆克兰之后的阿瓦士，之后经过斯德拉河（Nahr al-Sidra），最终在迈赫迪堡垒流入海洋。在舒什塔尔地区，还有另一条河流，即马斯拉甘河[1]（Nahr al-Masraqān）。它最终注入阿瓦士下方的阿斯卡尔穆克兰，其源头位于阿瓦士地区，这条河流并没有贯穿阿瓦士。当这条河流经阿斯卡尔穆克兰时，河上有一座足以容纳 20 艘船只通行的大桥，大型船只也可以在这里顺利通行。我曾乘船从阿斯卡尔穆克兰经此至阿瓦士，这段行程的距离为 8 法尔萨赫，航行了 6 法尔萨赫的水路，然后离开水道，穿过河中心，从此地到阿瓦士的剩下路程则为陆路。马斯拉甘河的水源得到了充分利用，主要用于灌溉甘蔗地、椰枣树林和田地。在胡齐斯坦建筑完备之地中，没有比马斯拉甘更为古老和美丽的地方。胡齐斯坦的水源主要来自阿瓦士、舒什塔尔、道拉格以及其他相邻地区的水域。这些水源在迈赫迪城堡汇集，形成了一条宽阔的河流，这条河流持续不断地流淌，最终汇聚成了一条庞大的河流，并注入海洋。尽管

[1] 马斯拉甘河即卡伦河。

胡齐斯坦没有海洋，但在梅赫卢班的角落至苏莱伊曼南和阿巴丹附近的地区，存在一小片海域，这片海域源自印度洋。在整个胡齐斯坦地区，没有大规模的山脉和沙漠，只有少量的山丘和沙漠。舒什塔尔、内沙布尔军区（Jund Naisābūr）与伊泽地区、伊斯法罕（Aṣbahān）地区接壤，其余的胡齐斯坦地区则与伊拉克各地区的情况一样。接下来，将介绍此地的气候、水源、土壤质量和居民的健康状况。其水源清澈甘美，主要为流动水源，胡齐斯坦没有用井水的地方，因为此处有丰富的流水资源。此地的土壤。随着向北远离底格里斯河，土地逐渐变得干燥，而土壤的肥沃度逐渐增加。靠近底格里斯河的地方，土壤则呈现出与巴士拉地区相似的特性，易于碱化。至于居民的健康情况和皮肤洁净度，也与底格里斯河的距离有关，离底格里斯河越远，其状况就越好。马斯拉甘地区有一种特殊的湿土，被称为提伦（al-Ṭinn），据说，若有人食用这种湿土并饮用马斯拉甘的水，便不会醉酒。胡齐斯坦地区的水不会结冰，该地区也不会下雪，这里种植了大量椰枣树。该地区存在许多疾病，特别是对于居住于此的人们而言。水果和农业方面，胡齐斯坦地区以椰枣树为主，同时也种植了多种谷物，包括小麦、大麦和杂粮。其中大麦和小麦的种植最为广泛。水稻的种植范围次之，烤制之后被当地居民食用，这与伊拉克郊区的情况相似。这个大省区仅有此地种植甘蔗，而大部分的糖集中在马斯拉甘地区，全部运往阿斯卡尔穆克兰。阿斯卡尔穆克兰的甘蔗产糖量不高，舒什塔尔和苏斯也用甘蔗制糖。在其他地区，甘蔗主要用于食用而不是制糖。胡齐斯坦地区拥有除核桃外的多种常见水果，因为核桃生在寒冷地区。至于他们的语言，当地居民主要使用波斯语和阿拉伯语，除此之外，还有一种叫胡兹（Khūziy）的方言，这种方言并非希伯来语、叙利亚语或波斯语。在服饰方面，当地居民的穿着与伊拉克人相似，主要为长衫、长袍和头巾。也有一些人选择穿斗篷和腰布。当地居民的品德普遍不太好，他们经常在小事上相互竞争，并且思想观念非常保守。在体貌特征方面，当地居民拥有黄色的皮肤，身体偏弱，胡须稀疏，但身躯宽阔，并且头发浓密。他们的头发比其他城市的人更为浓密。这是热带地区的普遍特征。在宗教信仰方面，胡齐斯坦人主要信奉穆尔太齐赖派（al-I‘tizāl），该派别在该地区占据主导地位，与其他派别相比具有更为显著的影响力。而该省区的其他人则与其他地区的人们有着相似的信仰。此地的特色之一是舒什塔尔的沙德尔万建筑，它是由沙普尔修建的一座奇异建筑。据说这座建筑长达 1 里，全由石头建成，它可以控制内部水流的升降，甚至可以将水流升高至舒什塔尔门。据说，苏斯地区发现了艾卜·穆萨·阿什阿里（Abū Mūsā al-Ash‘arī）时期的棺材，人们还声称在那里发现了先知但以理（Dāniyāl）（祝愿他平安）的骨骸。有经之人将其保存在清真寺中，并以此祈祷和请示上天，以期在干旱时能够降雨。艾卜·穆萨和阿姆德（‘Amd）将其带到了苏斯门附近的河里，并在那里开辟了一道河湾，内设三座砖砌坟墓，这个棺材就埋在其中一个坟墓里。在仔细检查了所有的坟墓并确认了它们的所有细节后，他们打开了水流，让大河宰伊德（Zayd）淹没了那些坟墓。这条河流至今仍流经该地区，任何潜入水底的人都能发现那些被淹没的坟墓。在与法尔斯接壤的阿斯克（Ask）地区有一座山，山中有永不熄灭的火焰，夜晚可以看到火焰发出的光芒，白天则可以看到它的烟雾。这座山位于胡齐斯坦边界，我猜想这可能是一处特殊的泉眼，其内部蕴含着类似于石油、沥青等可燃资源，这些可燃物在某个古代时期被点燃，从此便燃烧至今。但是我没有看到相关的标记或迹象，这些都是我的猜测。在阿斯卡尔穆克兰，有一种被称为黄蝎（Jarrāra）的小蝎子，其体型小巧，大小与阿魏叶相似。这种蝎子的毒性极强，被蜇咬后很少有人能幸免于难，甚至比其他动物更具致死性。舒什塔尔出产销往世界的锦缎，麦加的服装便是采用舒什塔尔的锦缎制成的，这些锦缎还被用于制作苏丹（Sulṭān）的服饰。苏斯出产的纺织物卡祖兹（al-Khazūz）销往世界各地。此外，该地区还有一种佛手柑，其香味纯正，形状如同手指一般，我在其他地方没见过这种佛手柑。库尔库布出产销往世界各地的苏桑吉尔德（al-Sūsanjird），与苏斯一样，此地也生产用于制作苏丹服饰的纺织品。白萨尼出产销往世界各地的帘幕，并且上面都标有“白萨尼制”的字样。除了白萨尼，比尔绕努和凯勒云等城市也生产帘幕，并标榜为白萨尼所产，谎称其为白萨尼工坊所产。拉姆霍尔木兹出产销往许多地方的丝绸服饰。据说摩尼（Mānī）曾在此地被杀害并钉上十字架。据传，摩尼在巴赫拉姆（Bahrām）的监狱里遭受了削鼻和斩首的酷刑，最终死去。贡迪沙布林是一座富饶且广阔的城市，拥有茂密的椰枣树、丰饶的田地和充足的水源。历史上，雅库布・本・莱伊斯・萨法尔（Ya‘qūb bin al-Laith al-Ṣaffār）曾因其富饶的资源和优越的地理位置（与米尔（al-Mīr）接壤）而选择在这里居住。他最终在此地去世，他的坟墓也在此。纳赫鲁提拉生产的服饰与巴格达相仿，销往巴格达，并标榜为巴格达所产，但其销量并不理想。朱比是一座拥有广阔郊区的城市，建筑物在椰枣树和甘蔗林中错落分布。穆尔太齐赖派的艾卜・阿里・朱白伊（Abū ‘Alī Muḥammad al-Jubbā’ī）曾在此生活。胡齐斯坦与海洋相连的一角形成了一个海湾，航海者们担心海船可能会在此沉没。胡齐斯坦的水流汇聚在迈赫迪堡垒，并与海洋相接，这里的水域一直延伸到潮汐的尽头，并且逐渐扩展，仿佛是大海的一部分。提布和亚美尼亚地区一样，出产麻栗。据我所知，在亚美尼亚之后的伊斯兰地区，很少有能产出比它更好的麻栗。桑比勒是一座与法尔斯接壤的城市，从穆罕默德・本・瓦绥勒（Muḥammad bin Wāṣil）时期到西杰兹（al-Sijzī）生活的末期，它都隶属于法尔斯管辖。之后，这座城市划入了胡齐斯坦的管辖范围。扎特和哈巴兰是两座靠近两条河流的繁荣城市。布恩亚尼与法尔斯的萨尔丹（al-Sardan）和伊斯法罕接壤，此处的气候属于寒带气候，在整个胡齐斯坦地区，只有布恩亚尼靠近寒带地区。阿斯克是一个没有讲坛的村庄，四周环绕着许多椰枣树。这里曾发生了阿扎里卡派事件（al-Azāriqa），据说有 40 名沙腊人杀害了追随而来的大约 2000 名巴士拉人。此地出产的紫色糖浆销往世界各地。大马纳兹尔和小马纳兹尔是两个繁荣的城市，拥有许多椰枣树和田地，这两个城市的海拔很高。此地的距离。法尔斯到伊拉克有两条主要路线，一条是经巴士拉到巴格达，另一条是经瓦西特到巴格达。巴士拉路线：你可以从阿拉詹到阿斯克村庄，这是轻松的两程距离，接着，前往泽丹村庄（Zīdān）为 1 程，再至大城市道拉格的距离为 1 程，这是一个偷盗之城。道拉格至旅客下榻的马尔达维亚旅馆（Khān Mardawiyya）距离为 1 程，马尔达维亚旅馆至巴斯彦的距离为 1 程，巴斯彦是一座被河流分成两部分的繁荣的中等规模城市。巴斯彦至迈赫迪堡垒为两程，此处有一座讲坛，两地之间通过水路往来。道拉格至巴斯彦也是通过水路，与陆路相比，水路更加便捷。迈赫迪堡垒至白彦为 1 程，这段旅程可以选择陆路骑行，白彦有一座讲坛。这就是胡齐斯坦边界的尽头。白彦坐落于底格里斯河畔，可从此处经水路乘船至欧布拉。如果选择陆路骑行，旅行者可先抵达欧布拉的对岸，然后再跨过河流。瓦西特至巴格达的路线。阿拉詹至舒克桑比勒为 1 程，再至拉姆霍尔木兹两程，从拉姆霍尔木兹至阿斯卡尔穆克兰为3程，阿斯卡尔穆克兰至舒什塔尔为1程，舒什塔尔至贡迪沙布林为 1 程，贡迪沙布林至苏斯1为程，苏斯至库尔库布为 1 程，库尔库布至提布为 1 程，提布则与瓦西特地区相连。还有一条从阿斯卡尔穆克兰到瓦西特的更短路径，这条路线无需经过蒂塔尔（Tītar）。我之所以提及这条路线，是因为我的主要目的在于介绍各城市之间的距离。之后，我将不再详细介绍通往巴格达的道路，这便是我希望提及的全部内容。阿斯卡尔穆克兰至伊泽为 4 程，阿斯卡尔穆克兰至阿瓦士为 1 程，阿瓦士至阿兹姆为 1 程。阿瓦士至道拉格为 4 程，阿斯卡尔穆克兰至道拉格差不多也是这个距离，阿瓦士至拉姆霍尔木兹约 3 程。因为阿瓦士和阿斯卡尔穆克兰位于同一条线上，拉姆霍尔木兹与这两个地方形成了一个三角形。阿斯卡尔穆克兰至舒克阿尔比阿为 1 程，朱比位于舒克阿尔比阿附近。舒克阿尔比阿至迈赫迪堡垒为 1 程。阿瓦士至纳赫鲁提拉为 1 日，苏斯至白萨尼的距离不到 1 程，苏斯至比尔绕努是轻松的 1 程，苏斯至马图斯为 1 程。以上就是胡齐斯坦的全部距离。

# 法尔斯地区

法尔斯的东部边界与克尔曼相接，西部边界则与胡兹斯坦省区和伊斯法罕省区相连。北部是法尔斯、呼罗珊和伊斯法罕之间的沙漠地带，而南部则紧邻印度洋。法尔斯的地图轮廓大致呈方形，除了在靠近伊斯法罕和靠近克尔曼的角落外，其余部分相对规整。克尔曼之后是沙漠，而沿海部分的边界则呈现出轻微的弯曲。这两个角落，即克尔曼和伊斯法罕之后，均有通道，因为设拉子(Shīrāz)位于法尔斯的边界。在绘制地图时，我并没有绘制郊区，因为其范围过于广阔。同样，我也没有绘制山脉，因为在法尔斯地区，只有一个城镇有一座山，而在其他地方，只能隐约窥见一小部分山。我仅在地图中标注了拥有著名讲坛的城市。赞美真主，我将遵从安拉的旨意在这一部分介绍相关信息，读者通过阅读本文，将能够了解每个区域及其郊区、城市的位置。

这一部分将介绍法尔斯的省区、城市、祖穆（Zumūm）[1]、生活区（Ḥayy）、堡垒、拜火庙、河流和海洋。法尔斯的五个区中，最为辽阔的是伊什塔克尔区(Iṣṭakhr)，这一区的城市和地区最多。该区的城市是伊什塔克尔，它也是该区最大的城市。地区规模次之的是阿尔达希尔胡拉区（Ardashīr Khurrah），其城市是朱尔（Jūr），喀瓦德胡拉（Qubādhkhurrah）也属于这个区。尽管朱尔是阿尔达

[1] 伊本·胡尔达兹比赫在《道里邦国志》中提到，祖穆的含义是"库尔德人的地方"。

希尔胡拉区的首府，但是设拉子和锡拉夫等城市的规模与之相比却更胜一筹。朱尔之所以成为阿尔达希尔胡拉区的首府，是因为它为阿尔达希尔（Ardashīr）所建，而且也是王宫所在地。设拉子，作为曾经的法尔斯首府，不仅拥有迪万和王宫，还是一座伊斯兰时期修建的城市。达拉布吉尔德区（Dārābjird）的规模比阿尔达希尔胡拉区小，这一地区最大和最古老的城市是法萨西（Fasāhī）。尽管这个区属于王室，但此地的首府为达拉布吉尔德。地区规模在其之后是阿拉詹区，其主要城市是阿拉詹，此地区没有比阿拉詹更大的城市。最后，沙普尔区作为法尔斯行省中最小的区，其首府城市为沙普尔。此区中有比之更大的城市，比如努巴詹（al-Nūbajān）、卡泽伦（Kāzarūn）等。沙普尔之所以成为此区的管辖中心，是因为沙普尔城为沙普尔国王所建。该省区共有五个祖穆，其中吉鲁亚赞穆（Zamm al-Jīlūya）[2]规模最大，亦被称作扎米詹赞穆（Zamm al-Zamījān）。规模其次的是艾哈迈德・本・莱伊斯赞穆（Zamm Aḥmad bin al-Laith），它也被称为拉瓦勒詹（al-Lawāljān）。之后是侯赛因・本・萨利赫赞穆（Zamm al-Ḥusain bin Ṣāliḥ），又被称为迪万赞穆（Zamm al-Dīwān）。随后是被称为巴赞詹赞穆（Zamm al-Bāzinjān）的沙赫尔亚尔赞穆（Zamm Shahrayār）。伊斯法罕境内的巴赞詹地区并不属于巴赞詹赞穆。最后，艾哈迈德・本・哈桑赞穆（Zamm Aḥmad bin al-Ḥasan）被称为卡里彦赞穆（Zamm al-Kāriyān），这一赞穆归属于阿尔达希尔。据统计，库尔德人在法尔斯地区的居住区数量相当庞大。据传闻，他们的家庭数量已超过 50 万户，他们采用阿拉伯人的生活方式，冬夏逐水草而居。每个家庭通常由主人、仆人、牧人及其追随者等成员组成，人数从 1 人到 10 人不等。在此，我将提及一些我记忆中的居住区名字，确切的

[2] 赞穆（Zamm）为单数，祖穆（Zumūm）为复数，含义相同。

居住区数量只有布施迪万（Dīwān al-Ṣadaqāt）了解。在法尔斯省区，适合行船的大河流包括塔布河（Nahr Ṭab）、谢林河（Nahr Shīrīn）、夏兹坎河（Nahr Shādhkān）、达尔锡德河（Nahr Darkhīd）、胡布冉河（Nahr al-Khūbdhān）、拉汀河（Nahr Ratīn）、塞坎河（Nahr Sakkān）、贾尔什克河（Nahr Jarshīq）、伊赫辛河（Nahr al-Ikhshīn）、库拉河（Nahr Kurr）、福尔瓦布河（Nahr Furwāb）以及提尔扎河（Nahr Tīrza）。法尔斯省区的湖泊和海域，包括波斯湾、布赫塔坎湖（Buḥaira al-Bukhtakān）、达什特阿尔赞湖（Buḥaira Dasht Arzan）、图兹湖（Buḥaira al-Tūz）、朱班纳湖（Buḥaira al-Jūbānān）和建坎湖（Buḥaira Jankān）。拜火庙几乎遍布所有地区，但法尔斯城市中拜火庙的数量则相对较少。法尔斯的居民以拜火教徒为主，他们拥有自己的经文。一些重要的拜火庙将在后续介绍中提及。法尔斯各地分布着众多堡垒，其中部分堡垒尤为坚固，这些堡垒大多集中在赛义夫·白尼·萨法尔地区（Saif banī al-Ṣaffār）。

我将详尽地介绍之前提及的各项内容。首先，我将从多个维度介绍每个地区，涵盖村庄、迪万的专门介绍、城市郊区的情形以及是否有讲坛等信息。有的地区或城市，虽然规模更大、地域更广阔，但其名称却比一些相对较小的城市更为简短。在后续的叙述中，我将遵从安拉的旨意，详细介绍各地内容。

伊什塔克尔地区的亚兹德（Yazd）是这一地区最大的区域。这一区域的城市包括，首府卡莎（Kathah）、梅博德（Maibud）、纳因（Nā'īn）以及法赫拉赫（al-Fahraḥ）。除了上述城市之外，该区域其他地方的讲坛数量总计不超过 4 座。鲁赞区域（al-Rūdhān）曾一度隶属于克尔曼省区的管辖范围，后划归法尔斯省区。这个区域长约 60 法尔萨赫。阿巴尔古区域（Abarkūh）[3]的城市为阿巴尔古。

---

[3] 阿巴尔古（Abarkūh），又写作（Abarqūh）。

埃克利德区域（Iqlīd）的城市为埃克利德。萨尔马克区域（al-Sarmaq）的城市为萨尔马克。朱白尔甘区域（al-Jūbarqān）的城市为梅什坎（Mashkān）。阿拉赫曼区域（al-Arakhmān）的城市为阿拉赫曼。贾林（Jārīn）、古温（Quwīn）和塔尔卡尼善（Ṭarkhanīshān）这三个地区均没有讲坛。布万地区（Būwān）的城市是穆莱伊兹詹（al-Muraizijān）。利合南（Rihnān）没有讲坛。巴拉姆地区（Baram）包含两座城市：阿巴达（Abādha），也被称为阿卜杜·拉赫曼村庄，以及马赫鲁赞詹（Mahruzanjān）。胡尔斯坦（Khūrstān）没有讲坛。布单詹地区（al-Būdanjān）的城市是布单詹，即阿斯村庄（al-Ās）。大刷黑克（Ṣāhik al-Kubrā）有讲坛，而小刷黑克（Ṣāhik al-Ṣughrā）则没有讲坛。马劳萨夫（Marausaf）同样没有讲坛。沙赫鲁法提克地区（Shahrufātik）的城市是沙赫鲁法提克。赫拉特地区（Harāt）的城市是赫拉特。鲁赞地区的城市是鲁赞，该地区还包括阿班（Abān）、乌纳斯（Unās）和喀巴尔（Khabar）这三座城市。阿兹坎地区（Adhkān）的城市为阿兹坎。萨尔谢克（Sarshik）没有讲坛。拉站（al-Radhān）同样没有讲坛，其城市是贝达（al-Baiḍā'）。哈扎尔地区（Hazār）的城市是哈扎尔。马因（Mā'īn）地区的城市是马因。阿巴尔基地区（Abarj）的城市是阿巴尔基。努纳赫（Nūnah）和拉姆吉尔德（Rāmjird）均没有讲坛。塔苏季地区（al-Ṭasūj）的城市是卡尔玛（Kharma）。希拉赫拥有一座讲坛，卡萨坎（al-Kāsakān）、马赫鲁贾斯甘（al-Mahrujāsqān）、朱兹（Jūz）、胡姆拉（Ḥumr）以及法劳格（al-Fārauq）等地没有讲坛。萨尔瓦布（al-Sarwāb）有讲坛，而劳恩（al-Raun）没有讲坛。阿尔德地区（al-Ard）的城市是贝杰（Bajah）。库尔德地区的城市是库尔德。卡拉利斯（Kalārīs）有讲坛，萨尔韦斯坦（Sarwistān）和奥斯班詹（al-Ausbanjān）没有讲坛。萨尔顿地区的城市是鲁尔詹（al-Lūrjān）。阿斯兰（Aslān）、巴曼（al-Bāmān）和卡马亚詹（al-Khamāyajān）

均无讲坛。

阿尔达希尔胡拉区的首府是设拉子。这一地区共划分为 13 个县（Ṭasūj），每个县内都坐落着连绵不断的村庄和建筑。每个县都在迪万中都有专门介绍，包括上卡夫拉赫县（Ṭasūj Kafrah' al-'Ulyā）、下卡夫拉赫县（Ṭasūj Kafrah' al-Suflā）、卡比尔县（Ṭasūj Kabīr）、朱约姆县（Ṭasūj Jūyum）、杜斯坎县（Ṭasūj al-Duskān）、坦布克县（Ṭasūj Tanbūk）、卡尔尼延县（Ṭasūj al-Kārniyān）、阿沙拉巴南县（Ṭasūj al-Ashārabānān）、伊班迪延县（Ṭasūj Ibandiyān）、沙黑马南克县（Ṭasūj Shāhimarank）、沙赫尔斯坦县（Ṭasūj Shahristān）、泰伊拉延县（Ṭasūj al-Ṭairayān）以及汗县（Ṭasūj Khān）。这些县共有两座讲坛，其中一座便是设拉子讲坛，它修建于伊斯兰时期。接下来，是沙黑马南克县、泰伊拉延县、阿沙拉巴南县、坦布克县和卡尔尼延县的情况。沙黑马南克县坐落着大清真寺和市场。王宫则位于阿南（Anān）地区，朱约姆县内有讲坛。阿尔达希尔胡拉区其他地区的情况，朱尔的城市为朱尔，梅曼德（Maimand）的城市为马因，刷伊米坎（al-Ṣaimikān）[4]的城市为刷伊米坎。哈瓦尔（Khawwār）、费尔詹（al-Firjān）、巴斯詹（al-Bāsjān）和卡尼菲甘（al-Khanīfighān）都没有讲坛。喀巴尔有讲坛，但它并非伊什塔克尔地区的喀巴尔。巴兹万（al-Bādhwān）没有讲坛。胡尔斯坦的城市为胡尔斯坦。福斯詹（al-Fūsijān）的城市为福斯詹。哈曼德（Hamand）、吉卜林（Jibrīn）、霍尔木兹、塔什卡纳特（Tashkānāt）、哈斯坎（al-Ḥaskān）、哈姆詹（Hamjān）、库赫坎（al-Kūhkān）以及基兹林（Kīzrīn）均没有讲坛。赛义夫·白尼·萨法尔地区，包括巴斯库特（Bāskūt）和巴瓦尔姆（Bāwarm）在内，同样没有讲坛。赛义夫·阿尔·艾比·祖海尔（Saif Āl Abī Zuhair）没有讲坛。

4 刷米坎（al-Ṣamīkān），可能与刷伊米坎（al-Ṣaimikān）指同一地。

赛义夫·伊玛拉（Saif ‘Imāra）又称朱兰迪（al-Julandī），也没有讲坛。基兰（Kirān）的城市为基兰。锡拉夫有三座讲坛，分别坐落在其首府锡拉夫、纳吉伦（Najīrum）和建姆（Jamm）。达什特巴林地区（Dasht Bārīn）的首府是甘德坎（al-Ghandkān），法赫拉克（al-Fahlaq）也是这一地区的城市。达什特达斯塔甘（Dasht al-Dastaqān）的城市是苏法拉（al-Ṣuffāra）。淘瓦基（Tauwaj）的城市是淘瓦基。阿噶尔斯坦（al-Agharstān）的城市是哈尔白格（al-Kharbaq）。基尔（Kīr）的城市是基尔。卡尔津（Kārzīn）的城市是卡尔津。阿布扎尔（Abzar）的城市是阿布扎尔。塞米兰（Samīrān）的城市是塞米兰。卡瓦尔（Kawār）的城市是卡瓦尔。卡赫拉詹（al-Kahrajān）没有城市。阿尔达希尔胡拉区的岛屿，其中白尼·卡万岛（Jazīra Banī Kāwān），又被称为拉斐特岛，岛上建有城市。另一座岛屿是阿瓦勒岛，同样岛上有城市。此外，还有哈尔克岛，岛上设有讲坛。

达拉布吉尔德区的情况。卡尔姆（Karm）有两座讲坛，分别坐落在阿巴扎赫（Abādhah）和卡尔姆布吉尔德（Karmbjird）。马沙地区（Al-maṣ）的城市是马沙。法萨地区（Fasā）的城市是法萨。塔门斯坦（Ṭamstān）拥有一座讲坛，穆豪瓦拉（al-Muḥauwala）没有讲坛，库尔德班（al-Kurdbān）有讲坛。阿兹巴拉赫（Azbarāh）的城市是阿兹巴拉赫，斯南（Sinān）的城市为斯南，朱约姆地区的城市是朱约姆，贾赫卢姆（Jahrum）的城市是贾赫卢姆。福斯图詹（al-Fustujān）、达尔坎（al-Dārkān）、伊季（Ij）和埃斯塔赫巴纳特（Iṣṭahbānān）均有讲坛。内里兹（Nairīz）的城市为喀亚尔（Khayār）。马力兹詹（al-Marīzjān）和马拉万（al-Mārawān）设有讲坛。卡苏瓦（Khassūwā）的城市是卢班吉（Rūbanj）。卢斯塔格卢斯塔格（Rastāq al-Rastāq）有讲坛。甘塔拉（Qanṭara）、萨万詹（Sawānjān）、法拉吉（Faraj）、塔拉姆（Tāram）、马斯卡纳特（al-Māskānāt）、夏克卢斯塔格（Shaqq al-Rastāq）、夏克道兹（Shaqq al-

Raudh)、塔拉特（Tālāt）和夏克马斯南（Shaqq al-Masnān）均无讲坛。拉姆夏赫里亚尔（Ram Shahriyār）的城市是拉姆（al-Ram）。

沙普尔区的情况。沙普尔区的城市是沙普尔，卡泽伦的城市为建詹（al-Janjān）。卡萨坎、达兹巴兹莱伊斯（Dazbazlais）、朱鲁吉（Jurūj）和基什特（Khisht）都没有讲坛。卡马拉吉（Kāmaraj）设有讲坛，沙普尔的亨迪詹（Hindījān Sābūr）和泰伊尔马尔丹（al-Tair Mardān）也没有讲坛。扎米詹（al-Zāmijān）的城市是扎米詹，胡比冉（al-Khūbidhān）的城市是胡比冉，努班詹（al-Nūbanjān）的城市是努班詹。什布巴万（Shi'b Bawwān）没有讲坛，坦布克莫尔斯坦（Tanbūk al-Mūrstān）有讲坛。朱外伊汗（al-Juwaikhān）、达尔锡德（Darkhīd）、安布兰（Anbūrān）、君布兹马勒詹（Junbudh Maljān）、马密甘（al-Māmighān）、阿斯克、法尔塔斯特（Farṭāst）、白因（Bain）、盖鲁（Karū）、巴迪萨特（Bādisat）、巴赫鲁（Bahlū）、巴赫布斯坎（al-Bahbuskān）、阿扎尔吉尔德（Azārjird）和卡姆法伊鲁兹（Kām Fairūz）均没有讲坛。沙普尔区下辖 5 片郊区（Rastāq），分别是阿尔兹（Arz）、巴兹尔（Bāzr）、伊什塔丹（Ishtādān）、卡坎（Kākān）和阿提什贾赫（Atishjāh）。穆斯提詹（al-Mustijān）、赞詹（Zanjān）、班达尔希班（Bandar Hibān）、上卡马亚詹（Khamāyajān al-'Ulyā）、希斯坎（Sīskān）、穆力克（Mūriq）、达贞（Dādhīn）和迪湾（Diwān）均没有设讲坛。赫拉地区（Kharra）的城市是赫拉。刷兰（Ṣarām）无讲坛。

阿拉詹区的情况。阿拉詹的城市为阿拉詹。巴兹兰基（Bāzranj）没有讲坛，比拉德沙普尔（Bilād Sābūr）和里沙赫尔（Rīshahr）设有讲坛。班彦（Banyān）、卡赫卡布（Kahkāb）、代伊尔阿尤布（Dair Ayūb）、马勒詹（Maljān）、苏勒詹（al-Suljān）、贾拉德詹（al-Jalādjān）和代伊尔欧麦尔（Dair al-Umar）均无讲坛。费尔扎克（Firzak）设有讲坛，阿拉詹的亨迪詹没有讲坛。梅赫卢班、建拿巴和施尼兹三地设有讲坛，斯万纳贾斯（Ṣiwān al-Najas）则没有讲坛。

祖穆（赞穆的复数形式）的情况。每个赞穆都涵盖了城镇和聚集在其周边的村庄，在这些地区，土地税的征收由库尔德人的领导者负责。祖穆不仅具备安排保护贸易车队和保护道路的能力，还能协助解决苏丹面临的问题，其架构就像王国一样。吉鲁亚赞穆，又被称为扎米詹赞穆，位于伊斯法罕附近，横跨伊什塔克尔区、沙普尔区和阿拉詹区。其边界的一侧延伸至贝达，一侧接壤伊斯法罕，另一侧则与胡齐斯坦相邻，还有一段边界位于沙普尔地区。这一赞穆内所有的城市和村庄都归属于它。与之接壤的是伊斯法罕的巴赞詹赞穆，其居民主要是沙赫尔亚尔赞穆的一支巴赞詹人。尽管巴赞詹人在法尔斯拥有许多村庄和田庄，但他们不隶属于法尔斯。迪万赞穆，又被称为侯赛因・本・萨利赫赞穆，这一赞穆属于沙普尔区，其一侧边界与阿尔达希尔胡拉相接，其余三面则被沙普尔区环绕。这个赞穆中的所有城市和村庄都归属于它。拉瓦勒詹赞穆是艾哈迈德・本・莱伊斯的领地，坐落于阿尔达希尔胡拉区。它的一侧边界临海，另外三面则被阿尔达希尔胡拉环绕。这个赞穆中的所有城市和村庄都属于这个赞穆。卡里彦赞穆边界的一处与赛义夫・白尼・萨法尔地区相接，一处毗邻克尔曼边界，还有一处边界则与阿尔达希尔胡拉紧密相连。这个赞穆完全属于阿尔达希尔胡拉区。法尔斯地区的库尔德人生活区，包括克尔曼尼亚生活区（al-Kirmāniyya）、拉曼尼亚生活区（al-Rāmāniyya）、穆达什尔生活区（Mudaththir）、穆罕默德・本・比什尔生活区（Muḥammad bin Bishr）、巴其里亚生活区（al-Baqīliyya）、班达德马赫里亚生活区（al-Bandādmahriyya）、穆罕默德・本・伊斯哈格生活区、刷巴黑亚生活区（al-Ṣabāḥiyya）、伊斯哈其亚生活区（al-Isḥāqiyya）、阿兹坎尼亚生活区（al-Adhrakāniyya）、沙赫拉基亚生活区（al-Shahrakiyya）、塔赫玛达赫尼亚生活区（al-Ṭahmādahniyya）、扎巴迪亚生活区（al-Zabbādiyya）、沙赫拉维亚生活区（al-Shahrawiyya）、班达德基亚生活区（al-Bandādkiyya）、胡斯尔维亚生活区（al-Khusrwiyya）、赞吉亚生活区（al-Zanjiyya）、斯福里亚生活区（al-Ṣifriyya）、沙伊哈里亚生活区（al-Shaihāriyya）、米赫拉基亚生活区（al-Mihrakiyya）、穆巴拉基亚生活区（al-Mubārakiyya）、阿什塔马赫里亚生活区（al-Ashtāmahriyya）、沙胡尼亚生活区（al-Shāhūniyya）、菲拉提亚生活区（al-Firātiyya）、萨拉姆尼亚生活区（al-Salamūniyya）、塞伊里亚生活区（al-Ṣayriyya）、阿扎达德哈提亚生活区（al-Azādadkhatiyya）、巴拉扎德哈提亚生活区（al-Barāzadkhatiyya）、穆塔利比亚生活区（al-Muṭṭalibiyya）、玛玛里亚生活区（al-Mamāliyya）、沙哈坎尼亚生活区（al-Shāhākāniyya）、卡加提亚生活区（al-Kajatiyya）以及加里里亚生活区（al-Jalīliyya）。这些是我所知道的一些生活区名称。这些生活区的具体数量，只有布施迪万才了解。据说，他们的家庭总数超过 50 万户，每个生活区的人口规模大致在 100 至 1000 名法尔斯人之间浮动，有的可能更多，有的则可能少一些。这些库尔德人过着冬夏逐水草而居的生活，只有少数人选择在热带和寒带的边界地区定居，他们不轻易迁徙。库尔德人拥有武器、力量、人口、牲畜和牛羊资源，这使得任何试图统治他们的势力都会面临挑战。这些库尔德人自称是阿拉伯人，他们饲养着羊群和马匹，而骆驼的数量则相对较少。只有巴赞詹的库尔德人拥有马匹，且已经迁移到了伊斯法罕的边界地带。他们的主要牲畜为一种品质优良的驮马（Birdhaun）。和阿拉伯部落以及突厥部落一样，这些库尔德人也习惯携带行李和帐篷迁徙。据说，这些生活区的数量超过了 100 个，我在这里仅提到了其中的三十余个。

波斯的堡垒。部分城市增设了堡垒，这些堡垒或是位于城市内部，其周围环绕着田地，或是作为城中堡城（Quhunduz），还有一些堡垒则坐落于险峻山脉之中，独立于其他建筑物。伊什塔克尔便是加设堡垒的城市之一，这座城市设有堡垒，堡垒周围是城郊。卡莎也是一座有堡垒和城郊的城市。贝达同样有堡垒和城郊。萨尔马克不仅有堡垒和城郊，还有堡城。埃克利德有堡城和城郊。阿斯村庄有堡城和城郊。设拉子的堡城被称为沙赫姆巴兹城堡（Qal‘at Shahmūbadh），此外，设拉子还拥有城郊。朱尔是一座拥有堡垒但无城郊的城市。卡尔津有堡城和城郊。基尔、阿布扎尔和塞米兰这三座城市均拥有堡城和城郊。法萨、达拉布吉尔德和卢班吉拥有堡垒和城郊。沙普尔虽然拥有城墙，但却没有城郊。赞詹是一座有堡垒无城郊的城市。贾法特哈（Jafath）同样拥有堡垒。至于城堡，据我所知，法尔斯地区拥有超过 5000 座城堡，这些城堡分布在山区、城市周边和城市内部。只有相关迪万才能掌握城堡的具体数量，对于之前提到的那些增设堡垒的城市，我无法一一列举，但我已经提供了我所知道的所有信息。在这些城堡中，有一些城堡难以被武力攻占。其中，伊本・伊玛拉城堡（Qal‘at Ibn ‘Imāra），被称为雅克丹城堡（Qal‘at al-Yakdān），属于朱兰迪家族所有。这座城堡地势险要，难以攀登，只能借助一些工具从海面接近它。这座城堡曾是伊玛拉家族在海上的一个瞭望塔，他们利用它来观测船只动向。卡里彦城堡坐落于亭山（Jabal Ṭīn），穆罕默德・本・瓦绥勒的军队曾试图占领了这个地方，然而，艾哈迈德・本・辛・阿兹迪（Aḥmad bin al-Ḥīn al-Azdī）在此设防，因此，这座城堡未被攻陷。赛义德阿巴兹城堡（Qal‘at Sa‘īd Abādh）位于伊什塔克尔区的拉姆吉尔德，它是一座建在陡峭山脊上的城堡，与地面相距 1 法尔萨赫。沙拉克（al-Sharak）拥有的城堡被称为阿斯凡达巴兹城堡（Qal‘at Asfandabādh）。为伊斯兰时期的齐亚德・本・阿比赫（Ziyād bin Abīh）所有，齐亚德在阿里・本・艾比・塔里布（‘Alī bin Abī Ṭālib）（祝愿他平安）统治时期，对这座城堡进行了设防。之后，在伍麦叶王朝后期，法尔斯长官曼苏尔・本・贾法尔

（Manṣūr bin Ja‘far）对其进行了修缮加固，因此，这座城堡归属于他，并以曼苏尔城堡著称。这座城堡曾一度被废弃，然后由当时的法尔斯长官穆罕默德·本·瓦绥勒·汉扎利（Muḥammad bin Wāṣil al-Ḥanẓalī）重建，城堡因此被归属于他。当雅库布·本·莱伊斯到来时，他无法征服这座城堡，最终，在穆罕默德·本·瓦赛勒的协助下，才成功攻克了这座城堡。然而，他毁坏了这座城堡。后来，在需要时，他又重新建造了它，并将其用作对付反叛者的监狱。伊什坎万城堡（Ishkanwān），坐落于马因郊区，难以攻克。这座城堡非常坚固，内有泉眼和流动水源。朱兹拉兹城堡（Qal‘at Jūdhraz）属于凯伊胡斯鲁（Kaikhusrū），它坐落于卡姆法伊鲁兹的苏外伊卡（al-Suwaiqa），是一座非常坚固的城堡。贾斯城堡（Qal‘at al-Jaṣṣ）位于阿拉詹，城堡中居住着一些拜火教徒。巴德卡扎拉特（Bad Kadhārāt）则是法尔斯人的城堡，他们在城堡中举行各种研讨会，这座城堡非常坚固。伊拉吉（Qal‘at Īraj）同样是一座很坚固的城堡。法尔斯地区还有很多难以强攻的坚固城堡，其数量之多，远超我能掌握的范围。法尔斯地区的拜火庙数量繁多，几乎遍布每个城镇、郊区和地区，仅少数地方例外。部分拜火庙声名远扬，其中卡里彦拜火庙便是一个典型的例子，它又被称为巴尔努瓦（Bārnūwā）拜火庙。胡拉的拜火庙归属于大流士，即达尔·伊本·达拉（Dār ibn Dārā），这里是拜火教徒宣扬其信仰的地方。朱尔巴拉卡（Jūr Baraka）的拜火庙被称为巴林（Bārīn）。有人告诉我，他曾亲眼目睹其内部用巴列维语书写的内容，其耗资高达 30000 迪尔汗。沙普尔门口的拜火庙，被称为什布尔卡辛（Shibrkhashīn）。而位于沙普尔门口和萨珊门口的拜火庙被称为君巴兹卡维斯（Junbadh Kāwis）。此外，卡泽伦的拜火庙被称为贾法特哈，该地还有一家被称为卡拉赞（Kalāzan）的拜火庙。设拉子的拜火庙则分别被命名为卡尔尼延和霍尔木兹。设拉子门附近的布尔坎（al-

Burkān）村庄，有一座名为马苏班（al-Masūbān）的拜火庙。拜火教的教义认为，孕期和经期的女性是不会自洁的，只有到拜火庙中裸露部分身体，并浇上牛尿，才能变得洁净。

法尔斯的河流。塔布河，源自布尔吉（al-Burj）附近的伊斯法罕山脉，最终汇入米散河（Nahr Misann）。米散河，自伊斯法罕的边界发源，流经萨尔顿地区，这两条河流在米散村庄交汇。随后从塔坎桥（Qanṭara Takān）下穿越，流经阿拉詹门。塔坎桥位于法尔斯与胡齐斯坦之间。随后，河流灌溉了里沙赫尔的郊区，最终在舒什塔尔的边界处汇入大海。谢林河，源自巴兹兰基地区的第纳尔山（Jabal Dīnār），灌溉着费尔扎克和贾拉德坎（al-Jalādkān）的土地。穿过这些区域后，到建拿巴附近注入海中。夏兹坎河，发源于巴兹兰基地区的山脉，流经坦布克莫尔斯坦和汗汗马德客栈（Khān Ḥammād），灌溉兹赞扎德（Zīzānzad）、纳因、卡赫卢坎（al-Kahrukān）的土地，然后，经过达什特达斯塔甘，最终注入大海。达尔锡德河，则是从朱外伊汗山脉流出，最终注入达尔锡德湖。胡布冉河，从胡布冉地区流出，灌溉胡布冉和安布兰（Anbūrān）的土地，然后蜿蜒曲折地流经贾拉德詹，最终汇入大海。拉汀河，则从上卡马亚詹发源，逐渐壮大，并汇入沙普尔河，随后从沙普尔河流出，流经淘瓦基及其城门，最终流入海中。伊赫辛河，起源于达贞山脉，在君甘（al-Juqān）汇入淘瓦基河。塞坎河，源自莱伊汗（al-Raiḥān）郊区的沙兹法里村庄（Qarya Shādhfarī），它灌溉着这一地区的田地。之后，流经并灌溉西亚赫（Siyāh）郊区、卡瓦尔、喀巴尔、刷米坎（al-Ṣamīkān）[5]和卡尔津地区。然后，它流向萨克（Sak）村庄，这片谷地属于萨克。最后，汇入大海。塞坎河是法尔斯沿岸建筑最为繁多的河流。贾尔什克河，它从马萨尔姆（Māṣarm）郊

[5] 刷米坎（al-Ṣamīkān），可能与刷伊米坎（al-Ṣaimikān）指同一地。

区流出，穿过米什詹（al-Mishjān）郊区，从一座被称为萨布克桥（Qanṭara Sabūk）的普通石桥下流过，随后流经并灌溉赫拉郊区，之后，流经达贞，汇入伊赫辛河。库拉河，源自阿尔德边界的库兰（Kūrān）地区，这条河属于库兰。它从什布巴万涌出，灌溉着卡姆法伊鲁兹的郊区。接着，它流经并灌溉拉姆吉尔德村庄、卡萨坎和塔苏季，最后注入贾福尔（Jafūr）的湖泊，即布赫塔坎湖。据说这条河有一条源泉，从某个地方涌出，流经伊什塔克尔门附近的呼罗珊桥，最后汇入库拉河。库拉河有一条支流叫做提尔扎河，这条河流源自达尔詹西亚赫（Dārjān Siyāh），灌溉着贾尼菲甘（al-Janīfighān）[6]和朱尔的郊区，经过阿尔达希尔胡拉郊区并注入大海。在法尔斯地区，规模比这些河流小的河流更是数不胜数。法尔斯的海洋。波斯湾，它是印度洋的一部分，位于海域覆盖中国边界和瓦格瓦格地区（al-Wāq Wāq）[7]的环海之中，是其中的一个海湾。周边接壤着印度地区、克尔曼地区和法尔斯。这片海域虽然流经其他王国，但归属于法尔斯，因为没有比波斯王国更为古老的王国，而波斯国王在古时便是最为强大的统治者。至今，他们依然掌控着这个海湾的每一个角落。法尔斯湖泊中，有一些湖泊被村庄和建筑物环绕。例如，布赫塔坎湖，它是库拉河注入的湖泊。湖泊自贾福兹（Jafūz）[8]延伸至克尔曼附近，长度约为 20 法尔萨赫。湖水为咸水，可凝结为盐。四周的郊区和村庄呈七边形环绕湖面，此湖坐落于伊什塔克尔区。达什特阿尔赞湖位于沙普尔区，长度约为 10 法尔萨赫。尽管有时可能干涸，仅留下少量水分。但在其他时候，水量充沛，湖泊面积可达 10 法尔萨赫。湖泊周围同样环绕着村庄和建筑，湖内有设拉子鱼。图兹湖位于沙普尔区，靠近卡泽伦，其长

[6] 贾尼菲甘（al-Janīfighān），可能与卡尼菲甘（al-Khanīfighān）指同一地。
[7] 瓦格瓦格，亦称瓦克瓦克。
[8] 贾福兹（Jafūz），可能与贾福尔（Jafūr）指同一地。

度约为 10 法尔萨赫，延伸至穆力克周边。湖水咸涩，渔利及其他资源丰富。建坎湖是一个咸水湖，长度约为 12 法尔萨赫。湖畔盐层较厚，周围环绕着卡赫拉詹村庄。湖泊源头位于阿尔达希尔胡拉，距离设拉子两法尔萨赫处，终点则位于胡齐斯坦边界。巴斯夫韦亚湖（Buḥaira al-Bāsfuwiyya）的湖畔建有巴斯夫韦亚修道院，湖泊长约 8 法尔萨赫。湖水为咸水，渔利丰富，湖泊四周丛林茂密，生长着芦苇、莎草和其他对设拉子居民有用的资源。这个湖泊位于伊什塔克尔区，毗邻赫拉特郊区的扎尔甘（al-Zarqān）。

对大多数城市特点的介绍包括城市规模、建筑和其他事物等方面。伊什塔克尔，这座中等规模的城市，其规模为 1 里，这是法尔斯最古老且最著名的城市之一。过去，它曾是波斯国王的居所，一直到阿尔达希尔国王将居所迁至朱尔。据说，苏莱曼·本·大卫（Sulaimān bin Dāwūd）（祝愿他平安）曾从提比利亚长途跋涉来到此处，整个行程从早晨持续至晚上。在这座城市中，坐落着一座名为苏莱曼清真寺的清真寺，有一些法尔斯人声称，查哈克之前的国王就是苏莱曼，但这是一种未经证实的观点。古代的伊什塔克尔城墙已不复存在，城市的建筑多采用泥土、石头和石膏为材料，具体建筑材料因建筑者的能力而异。呼罗珊桥位于城外城门处，可通往呼罗珊，桥的另一侧，是一些年代不太古老的建筑和民居。沙普尔是沙普尔国王修建的城市，其规模与伊什塔克尔相近，但是它的历史更为悠久，建筑更为密集，居民也更为富足。城内的建筑风格与伊什塔克尔颇为相似，且同样遭受疫病侵扰，城外的空气则较为清新怡人。达拉布吉尔德是大流士修建的城市，因此这座城市被称为达拉布吉尔德，意味着“大流士的建筑”。它有一座类似于朱尔城墙的新城墙，有壕沟可供水流和泉水流出。然而，这水中生长着茂密的草丛，一旦人或动物踏入其中，便会被缠得难以脱身，除非经过一场激烈的挣扎。达拉布吉尔德共有四道城门，城市的中心位置矗立着一座宛如圆顶的石山，与其他山脉互不相连。城内的建筑主要由泥土构建。现在，这座城市没有留下太多波斯人的痕迹。朱尔，是一座由阿尔达希尔修建而成的城市。据说，这里曾是一片静止的水域，如同一个湖泊。阿尔达希尔曾立下誓言，要在战胜敌人的地方建立一座城市，并在其中修建拜火庙。当他在这里取得胜利后，便开掘水道，将这里的水排出，最终建成了朱尔。朱尔的城市规模可与伊什塔克尔、沙普尔和达拉布吉尔德相媲美。城墙由泥土和壕沟共同构筑。这座城市拥有四道城门，分别是东门马赫尔门（Bāb Mahr）、西门巴赫拉姆门、北门霍尔木兹门和被称为南门的阿尔达希尔门。在城市中心，有一座建筑宛如长凳，被称为塔尔巴勒（al-Ṭarbāl），波斯语中称为伊万（Īwān）。此外，还有一座被称为卡亚胡拉（Kayākhura）的建筑，也是阿尔达希尔所建。据说，这座建筑很高，其高度足以让人俯瞰整个城市及其周边郊区。在其最高处，矗立着一座拜火庙。山脚的水流被引至塔尔巴勒的顶峰，像喷泉般洒落，然后汇入另一条水道。这座建筑以石膏和石头为主要材料构建而成，曾在过去频繁使用，但如今已废弃，仅留下些许原貌。城市内有流动的水源，这是一座非常宜人的城市。自每座城门出发，步行至花园和宫殿均约为 1 法尔萨赫的距离。设拉子，这是一座伊斯兰城市，这座城市不算古老，它建造于伊斯兰时期。其建造者系哈查吉・本・优素福的堂兄弟穆罕默德・本・卡西姆・本・艾比・阿奇勒（Muḥammad bin al-Qāsim bin Abī ‘Aqīl）。因其形似狮腹，故得名设拉子。通常，各地的米尔[9]均会前往设拉子，而非自设拉子至其他地方。在穆斯林征服伊什塔克尔时，设拉子曾是他们的驻扎地。征服伊什塔克尔后，他们在此地设立了法尔斯的军事营地，并建造了这座城市。这座城市的规模约为 1 法尔萨赫，虽无

[9] 米尔（al-Mīr），波斯语词汇，指国王、埃米尔和苏丹。

城墙，但建筑紧凑，人口众多。它长期作为法尔斯的军队驻地，以及法尔斯的行政机构、工作人员和战争领导人的所在地。卡泽伦是一座规模相对较小的城市，仅为伊什塔克尔的三分之一，城内有一座规模不大的城堡。此地的军事力量不值得特别提及，之所以提及此地，仅因它是喀瓦德胡拉地区的首府。规模仅次于呼罗珊的伊什塔克尔区，坐落着若干大城市，其中包括卡莎，它是亚兹德的首府，以及阿巴尔古、克尔曼地区的鲁赞、希里亚（Hiriyya）[10]以及伊斯法罕的萨尔顿和库尔德。卡莎是亚兹德的首府，这是一个位于沙漠边缘的城市。它拥有清新的野外空气，居民健康状况良好，还拥有肥沃的土地、众多城镇以及肥沃且廉价的郊区。城市中的建筑多以泥砖砌成，城内设有堡垒。堡垒有两扇铁门：一扇名为亚兹德门，另一扇则因临近清真寺而被称为清真寺门，清真寺坐落于城郊。此地水源既有运河供水，又有一条不是从城堡一侧流出的河流。村庄附近蕴藏着铅矿，此处风景秀丽，有许多广阔肥沃的郊区。郊区盛产水果，因产量可观，常送往伊斯法罕等地。此地山脉的树木和植物资源丰富，这些资源被运往远方。城外是一片郊区，这里有建筑和完备的市场。居民普遍具有文学素养，许多人都能流畅地书写。阿巴尔古是一座坚固而人口密集的城市，其规模大约是伊斯塔克尔的三分之一，建筑紧凑。此地和亚兹德的大部分建筑一样，建筑风格以拱形建筑为主。这里是一片没有树木和花园的荒地，只有在远离城市的地方才能有所不同。阿巴尔古是一个土地肥沃而物价低廉的地方。鲁赞的情况与阿巴尔古颇为相似，与我之前介绍的情况相近。赫拉特比阿巴尔古更大，建筑等方面的情况与阿巴尔古相近。赫拉特拥有丰富的水源和广受欢迎的水果，并销往各地。库尔德的规模比阿巴尔古更大，物价更为低廉，土地更为肥沃，这座城

[10] 希里亚（Hiriyya），可能是赫拉特（Harāt）的误写。

市主要为泥筑建筑，拥有许多宫殿。萨尔顿，则比库尔德更为富饶，价格更为低廉，这里还生长着繁茂的树木。贝达，这座伊斯塔克尔地区最大的城市，其名称在阿拉伯语中意为“白色”，得名于城中的一座城堡，从远处眺望时，这座城堡呈现为一片白色。在穆斯林军队征服伊什塔克尔时，这里曾是他们的驻扎地。在波斯语中，它被称为纳什图克（Nash’tuk）。贝达与伊什塔克尔在规模上不相上下，其建筑主要以泥土为材料修建而成。这座城市建筑完善，而且非常富饶，此地所产的粮食足以供应给设拉子的居民。沙普尔区的大城市有卡泽伦、赫拉和努班詹。这些城市大多采用泥筑建筑，也使用石膏和石材等建筑材料。该地区的建筑交错且完善，土地肥沃，空间宽敞。卡泽伦和努班詹在规模上相近，但卡泽伦的建筑更为坚固，宫殿更多，土地和空气更为宜人。在法尔斯地区，没有哪座城市的空气和土地比卡泽伦更为优良。卡泽林的水源来自井水，这是一个富饶且果实丰盛的城市，它是沙普尔区最为富饶的城市。努班詹的规模比它更大。达拉布吉尔德区的情况。这一地区最大的城市是法萨，这是一座建筑紧凑、街道宽阔的城市。它的规模可与设拉子相媲美，但空气更为清新，建筑更为宽敞。法萨的建筑主要为泥筑建筑，并以柏树为主要建筑木材。这是一座古老的城市，城内有堡垒、壕沟和郊区，市场便设在郊区。这座城市不仅有寒带气候，也有热带气候，既有下雪天，也有湿润的天气。法萨盛产核桃、佛手柑等果实。达拉布吉尔德地区的其他城市同样人口密集、土地肥沃。在阿尔达希尔胡拉地区，我之前已经提及了朱尔和设拉子两座城市。除了设拉子之外，这一地区最大的城市是锡拉夫。其规模与设拉子相近，建筑为多层结构，这些建筑主要使用从津芝运来的柚木和木材。锡拉夫位于海边，建筑紧凑，人口众多。居民在建筑上的开支相当大，商人们在自己住宅上的花费甚至超过了 3 万第纳尔。锡拉夫周边没有花园和树木。城市的名气、水果和最纯净的水都源自能俯瞰整个城市的君姆山（Jabal Jum），这是此地最高的山峰，山峰周边的气候与寒带地区相似。锡拉夫是这些城市中最为炎热的城市。阿拉詹是一座拥有丰富资源的大城市，拥有许多椰枣树、橄榄树和各种热带水果。这座城市同时拥有沙漠、海洋、平原和山地等地理景观，水资源丰富，此地与海洋的距离为 1 程。阿拉詹是这一地区最大的城市，规模紧随其后的是淘瓦基、沙普尔、伊什塔克尔、卡萨、达拉布吉尔德、朱尔、建拿巴、努班詹和甘德詹（al-Ghandjān）[11]，它们的城市规模相近。淘瓦基是一座坐落于在山谷中的城市，非常炎热。其建筑主要为泥筑建筑，拥有众多椰枣树。努班詹是一座炎热的城市，拥有少量椰枣树。其附近是一个名为什布巴万的地方，其规模为两法尔萨赫，拥有众多村庄和连通的水源。村庄隐藏在树木之中，只有深入其中，才能看到村庄。这是法尔斯地区最宜人的地方，它位于寒带。建拿巴、斯尼兹（Sīnīz）[12]和梅赫卢班则位于海边，气候炎热，这些城市均拥有椰枣树和热带水果。

法尔斯的距离。设拉子至卡夫拉赫村庄的路程为 5 法尔萨赫，接着从卡夫拉赫至巴赫尔（Bakhr）村庄的距离为 5 程。再从巴赫尔至卡瓦尔噶勒瓦（Kawār Ghalwa），此地为卡瓦尔的水面界线。随后，巴赫尔至布恩贾曼（al-Bunjamān）村庄为 4 法尔萨赫，布恩贾曼至朱尔城 6 法尔萨赫，朱尔至达什特苏拉布（Dasht Sūrāb）为 5 法尔萨赫，从那里至阿扎德穆尔客栈（Khān Āzādmur）为 6 法尔萨赫。这是一座位于沙漠中的客栈，其规模为 3 法尔萨赫，四周种满了水仙。阿扎德穆尔客栈至吉兰德（Kīrand）村庄为 6 法尔萨赫，吉兰德至梅伊（May）村庄也是 6 法尔萨赫，梅伊至拉斯阿卡巴巴达尔坎（Ra's al-'Aqaba Bādarkān）客栈为 6 法尔萨赫，巴达

---

[11] 甘德詹（al-Ghandjān），可能与甘德坎（al-Ghandkān）指同一地。

[12] 斯尼兹（Sīnīz），可能与施尼兹（Shīnīz）指同一地。

尔坎客栈至布尔卡纳（Burkāna）客栈为4法尔萨赫，布尔卡纳至锡拉夫城为7法尔萨赫。整段路线总计60法尔萨赫。

设拉子至亚兹德首府卡莎的路线，这也是呼罗珊大道的路线。设拉子至扎尔甘村庄为6法尔萨赫，扎尔甘至伊什塔克尔城为6法尔萨赫，伊什塔克尔至白伊尔（Bair）村庄为4法尔萨赫，白伊尔至卡汉德（Kahand）村庄为8法尔萨赫，卡汉德至白伊德（Baid）村庄为8法尔萨赫，白伊德至阿巴尔古城为12法尔萨赫，阿巴尔古至阿萨德村庄为13法尔萨赫，阿萨德村庄至朱兹（al-Jūz）村庄为6法尔萨赫，朱兹村庄至拜火教城堡（Qal'at al-Majūs）村庄为6法尔萨赫，拜火教城堡至亚兹德首府卡莎城为5法尔萨赫。亚兹德至一个名为安吉扎赫（Ānjīzah）的地方为6法尔萨赫，安吉扎赫并非村庄，而是一片有无花果树的沙漠，这是法尔斯的最后一个地方。整条路线总计80法尔萨赫。

设拉子至建拿巴的路线。设拉子至塞坎河畔的阿萨德客栈为6法尔萨赫，客栈至达什特阿尔赞客栈为4法尔萨赫，达什特阿尔赞至提赫（Tīh）村庄为4法尔萨赫，提拉赫（Tīrah）[13]至卡泽伦城为6法尔萨赫，卡泽伦至达兹巴兹（Dazbaz）村庄为4法尔萨赫，达兹巴兹至拉斯阿卡巴客栈为4法尔萨赫，拉斯阿卡巴至淘瓦基城为4法尔萨赫，淘瓦基至建拿巴城为12法尔萨赫。这条路线总计44法尔萨赫。

设拉子至锡尔詹（al-Shīrjān）的路线。设拉子至伊什塔克尔为12法尔萨赫，伊什塔克尔至朱尔郊区的齐亚德阿巴兹（Ziyād Abādh）村庄为8法尔萨赫，齐亚德阿巴兹至卡卢扎尔（Kalūdhar）村庄为8法尔萨赫，这是一座瞭望台。卡卢扎尔至有湖泊的朱巴南（al-Jūbānān）村庄为6法尔萨赫，朱巴南至阿卜杜拉赫曼村庄

---

[13] 提拉赫（Tīrah），可能与提赫（Tīh）指同一地。

为 6 法尔萨赫，这是一个名为阿巴兹赫（Abādhh）的城市。阿卜杜拉赫曼村庄至阿斯村庄为 6 法尔萨赫，此处是一个名为布单詹的城市。阿斯村庄至大刷黑克城为 8 法尔萨赫，刷黑克至萨尔玛甘（al-Sarmaqān）驿站为 8 法尔萨赫，萨尔玛甘至比什特坎姆（Bisht kham）驿站为 9 法尔萨赫，比什特坎姆至克尔曼的锡尔詹城为 9 法尔萨赫。萨尔玛甘驿站属于法尔斯，其后就是克尔曼地区。从设拉子至萨尔玛甘边界为 62 法尔萨赫。设拉子至克尔曼热带地区的路线。设拉子至密姆（Mīm）客栈为 7 法尔萨赫，这是一个位于卡赫拉詹郊区的村庄。从此地再至胡尔斯坦城为 7 法尔萨赫，胡尔斯坦至拉巴特（al-Rabāṭ）客栈为 4 法尔萨赫，拉巴特至卡尔姆城为 4 法尔萨赫，卡尔姆至法萨城为 5 法尔萨赫。法萨至塔门斯坦城为 4 法尔萨赫，塔门斯坦至朱麻福斯图詹（Jūma al-Fustujān）城为 6 法尔萨赫，福斯图詹至达尔坎为 4 法尔萨赫，达尔坎至马力兹詹城为 4 法尔萨赫，马力兹詹至斯南城为 4 法尔萨赫，斯南至达拉布吉尔德城为 1 法尔萨赫。达拉布吉尔德至迈赫迪赞穆城为 5 法尔萨赫，赞穆至卢斯塔格卢斯塔格城为 5 法尔萨赫，卢斯塔格卢斯塔格至法拉吉城为 8 法尔萨赫，法拉吉至塔拉姆城为 14 法尔萨赫。因此，从设拉子至塔拉姆的路线总计 82 法尔萨赫。设拉子至伊斯法罕的路线。设拉子至哈扎尔城为 7 法尔萨赫，哈扎尔至马因城为 6 法尔萨赫，马因至坎萨（Kansā）瞭望台为 6 法尔萨赫，坎萨至卡纳尔（Kanār）村庄为 4 法尔萨赫，卡纳尔至噶斯尔阿云（Qaṣr A'yun）村庄为 7 法尔萨赫，噶斯尔阿云至伊什塔克兰（Iṣṭakhrān）村庄为 7 法尔萨赫，伊什塔克兰至汗武外伊斯（Khān Uwais）村庄为 7 法尔萨赫，汗武外伊斯至库尔（Kūr）村庄为 7 法尔萨赫，库尔至库拉赫（Kurah）为 8 法尔萨赫，库拉赫至汗兰詹（Khān Lanjān）村庄为 7 法尔萨赫，汗兰詹至伊斯法罕为 7 法尔萨赫。法尔斯边界为设拉子至汗武外伊斯，其距离为43法尔萨赫。

设拉子至伊斯法罕的路线总计 72 法尔萨赫。

设拉子至胡齐斯坦的路线。设拉子至朱约姆为 5 法尔萨赫，朱约姆至黑兰（Khillān）村庄为 4 法尔萨赫，黑兰至喀拉拉（al-Kharrāra）为 5 法尔萨赫，这是一个水源较少的大村庄。喀拉拉至卡尔坎（al-Karkān）村庄为 5 法尔萨赫，卡尔坎至大城市努班詹为 6 法尔萨赫，努班詹至胡尔万（al-Khūrwān）村庄为 4 法尔萨赫，胡尔万至达尔锡德村庄为 4 法尔萨赫，达尔锡德至汗汗马德村庄为 4 法尔萨赫，汗汗马德至班迪克（Bandik）村庄为 8 法尔萨赫，班迪克至被称为希尔（Hīr）的阿卡里布（al-‘Aqārib）村庄为 4 法尔萨赫，希尔至拉辛（Rāsīn）为 4 法尔萨赫，拉辛至阿拉詹为 7 法尔萨赫，阿拉詹至舒克桑比勒为 6 法尔萨赫，两地之间的界限是距阿拉詹一箭之遥的塔坎桥。因此，设拉子至阿拉詹的路线总计 60 法尔萨赫。法尔斯各大城市之间的距离。法萨至卡泽伦为 18 法尔萨赫，它至贾赫卢姆的距离为 10 法尔萨赫，法萨至卡泽伦的距离为 8 法尔萨赫。设拉子至伊什塔克尔为 12 法尔萨赫，设拉子至卡瓦尔为10法尔萨赫，设拉子至朱尔为20法尔萨赫，设拉子至法萨为 27 法尔萨赫，设拉子至贝达为8法尔萨赫，设拉子至达拉布吉尔德为 50 法尔萨赫，设拉子至锡拉夫为 60 法尔萨赫，设拉子至努班詹为 25 法尔萨赫，设拉子至亚兹德为 74 法尔萨赫，设拉子至淘瓦基为32法尔萨赫，设拉子至建拿巴为 54 法尔萨赫，设拉子至阿拉詹为 60 法尔萨赫。然后，设拉子至沙普尔为 25 法尔萨赫，设拉子至卡泽伦为 20 法尔萨赫，设拉子至胡拉为 25 法尔萨赫，设拉子至卡尔玛为 14 法尔萨赫，设拉子至贾赫卢姆为 30 法尔萨赫。朱尔至卡泽伦为 16 法尔萨赫，设拉子至纳吉伦为 12 法尔萨赫。梅赫卢班至波斯海岸的伊本・伊玛拉堡垒约为 160 法尔萨赫。克尔曼边界和伊斯法罕边界之间的沙漠地带。鲁赞至阿班为 18法尔萨赫，阿班至法赫拉季（al-Fahraj）为 25 法尔萨赫，法赫拉季至卡莎为 5 法尔萨赫，卡莎至梅博德为 10 法尔萨赫，梅博德至乌科达（'Uqda）为 10 法尔萨赫，乌科达至纳因为 15 法尔萨赫，纳因至伊斯法罕 45 为法尔萨赫。因此，鲁赞至纳因的路线总计 83 法尔萨赫。与克尔曼相接的各边界距离。赛义夫地区的边界以伊本·伊玛拉堡垒为起点，经过塔拉姆，再经过鲁赞，最终到达呼罗珊荒野。这段边界和海边边界的距离一样。从海边出发，经过设拉子到呼罗珊沙漠的距离为 120 法尔萨赫。另一条边界则经过胡齐斯坦、梅赫卢班、阿拉詹、沙普尔和萨尔顿，最终到伊斯法罕的边界起点，这段边界总计 60 法尔萨赫。

法尔斯的土地以阿拉詹、努班詹、卡泽伦、赫拉、赛义夫边界、卡兹林（Kāzrīn）、祖穆、达拉布吉尔德、法拉吉和塔拉姆为界线划分开来。界线以南，是热带地区，界线以北，则为寒带地区。热带地区内的城市包括阿拉詹、努班詹、梅赫卢班、施尼兹、建拿巴、淘瓦基、达什特达斯塔甘、赫拉、达贞、穆力克、卡泽伦、达什特巴林、吉卜林（Jibrīn）、达什特（Dasht）、拉瓦勒詹、基尔津（Kīrzīn）[14]、阿布拉兹（Abraz）[15]、塞米兰、卡马亚詹、哈尔白格、基兰、锡拉夫、纳吉伦和伊本·伊玛拉堡垒等地。

位于寒带地区的城市，则包括伊什塔克尔、贝达、马因、伊拉吉、卡姆法伊鲁兹、库尔德、卡拉尔（Kalār）、萨尔韦斯坦、奥斯班詹、阿尔德、劳恩、刷拉姆（Ṣarām）、巴兹兰基、萨尔顿、卡尔玛、希拉赫、内里兹、马斯卡纳特、伊季（al-Ῑj）、埃斯塔赫巴纳特、巴拉姆、利合南、布万、塔尔卡尼善、朱白尔甘、埃克利德、萨尔马克、阿巴尔古、亚兹德、贾林和纳因等城市。位于热带和寒带边界处的城市，比如法萨、朱尔、设拉子、沙普尔、努班詹和卡泽伦，生长着椰枣树和核桃树。在寒带地区，一些地方因严寒而无

---

14 基尔津（Kīrzīn），可能与卡尔津（Kārzīn）指同一地。

15 阿布拉兹（Abraz），可能与阿布扎尔（Abzar）指同一地。

法生长除农作物外的水果，例如阿尔德、劳恩、位于伊什塔克尔郊区的库尔德和利合南。而热带地区，由于夏季的酷热，鸟类难以在那里停留。阿噶尔斯坦便是这样一个地方，它是一片郊区。有人告诉我，他曾在能俯瞰山谷中石头的房屋内目睹到这样的景象，在正午时分，山谷中的石头会像在火焰中那样爆裂开来。寒带地区的空气都很好，热带地区的空气质量则不尽人意，空气颜色也发生了变化。在法尔斯地区，达拉布吉尔德是疾病最多的城市，其次是淘瓦基。热带地区中，空气最好的城市是阿拉詹、锡拉夫、建拿巴和施尼兹。这些城市中，空气质量相对居中的城市，则是设拉子、法萨、卡泽伦、朱尔和其他城市。在整个法尔斯地区中，空气最好的是卡泽伦，此地居民的健康和皮肤状况也最好。这个地区水质最好的水源，则是库拉河河水，水质最差的是达拉布吉尔德的水源。

接下来将介绍法尔斯地区居民的外貌、服饰、语言和宗教信仰。外貌方面，热带地区的居民往往身材瘦削，头发稀疏，肤色偏黑。寒带地区的居民则体格魁梧，毛发旺盛，肤色偏白。这一地区共使用三种语言，他们使用波斯语进行交流，这是整个法尔斯地区居民共同使用的语言，尽管在部分词汇上存在差异，但居民们仍能相互理解。巴列维语作为记录波斯人、波斯人历史及其时代、拜火教书写文书的语言，是一种需要解释才能为波斯人所理解的语言。阿拉伯语则用于苏丹、政府机构、官员和一般民众的文书书写。服饰方面，苏丹的服饰为圆帽，宽袍，其衣领比书记官服饰的衣领更宽，口袋也更深。头巾下面是高冠，腰间佩有剑带，所穿鞋子比呼罗珊人的鞋更高。法官的装束为顿亚特（al-Dunyāt），这是一种露出耳朵的冠帽，搭配披肩、衬衫和长袍，法官不穿宽袍，也不穿系带的鞋或戴盖住耳朵的冠帽。书记官的服饰则为宽袍和头巾，如果头巾下需要戴冠帽，冠帽会做得更轻便以防止弄脏。他们所穿的鞋是比苏丹的鞋更为轻便的系带鞋，但不戴圆帽也不穿长袍。至于贵族、商人和国王，他们的服装款式一致，包括长袍、头巾、拖鞋、衬衫、外袍和里衣，但服装品质上有所不同。这种服饰与伊拉克居民的服饰相似。在道德品行方面，国王、贵族和与苏丹保持往来的政府官员等人都表现出行事谨慎的特点，始终避免可能引发负面议论的行为。他们在住宅装潢、服装和食物方面都倾向于追求极致，并在这些领域相互竞争。他们举止和仪态都展现出文雅的风度。至于商人，他们通常热衷于追求财富。居住在锡拉夫和海岸的居民，他们经常在海上航行，有些人甚至可能终其一生都在海上度过。我听说，有位深谙海洋之道的锡拉夫人，他在船上的岁月长达40 年，几乎从未离开过船只。每当船只靠近岸边，其友人便会为他带来所需的物品。他们乘船穿梭于各个城市之间，如果遇到船只损坏或需要修理，他们就会帮助维修船只，并因此获得了丰厚的财富，甚至有人积累了高达四百万第纳尔的财富。而现在，我听说他们的财富已经远超这个数字。他们的服饰与船员没有差别。卡尔伦（Kalrūn）、法萨等地的居民，则主要从事陆地贸易活动，同样积累了可观的财富。他们中的一些人富甲一方，热衷于踏上异乡的土地，追求更多的财富，无论身在何处，都透露出富有的气质。定居于非海洋城市的法尔斯人，也就是那些定居在陆地城市的法尔斯人，他们大多是城市中的贵族，通常富有、正直且贞洁。

宗教信仰方面，沿海地区，即锡拉夫、梅赫卢班、阿拉詹和大部分热带地区的居民主要信仰巴士拉派，而信奉穆尔太齐赖派则相对较少。贾赫卢姆的居民主要遵循穆尔太齐赖派的教义，而胡拉地区的居民则是什叶派。寒带地区中的设拉子、伊什塔克尔和法萨等城市的居民主要属于巴格达派，大部分法尔斯人在教义上倾向于圣训派。除了这些主要的宗教派别，法尔斯地区的居民还信仰犹太教、基督教和拜火教，这里没有拜星教、撒马利亚教或其他异教的教徒。这些宗教中，拜火教在法尔斯地区的信徒占多数，其次是基督教徒，而犹太教徒数量最少。拜火教的书籍、拜火庙和宗教传统自诸王时期以来一直得到传承、保护和信仰。法尔斯是拜火教徒最多的地区，因为这里不仅是他们的国王和宗教中心，还是他们的典籍保存地。

# 波斯人的等级

波斯人的等级（Ṭabaqāt）。依据波斯古代文献的记载，波斯曾有“万王之王”的称号，查哈克、费里顿和贾姆希德等是最后几位持有此称号者。“大地之王”的称号一直持续到费里顿将土地分封给他的子嗣。其后，“波斯之王”逐渐转变为伊朗沙赫尔的居民。双角者杀了大流士国王之后，曾经统一的王国走向分裂，众多小王国涌现。直到阿尔达希尔时期，这些分散的王国才得以重新统一。沙普尔、巴赫拉姆、喀瓦德（Qubādh）、法伊鲁兹和霍尔木兹等科思鲁相继执掌着这片土地的统治权。随着伊斯兰教的兴起，国王的权力被剥夺。后期，科思鲁们定居巴比伦，他们将家园从波斯地区迁至罗马和阿拉伯地区的邻近地带，类似于泰巴比阿人从也门迁到他们统治的地区，也类似于伊斯兰王室从阿拉伯地区迁移到巴比伦以协调和监察各地事物的情况。此处不会过多介绍波斯国王，因为他们的事迹和时代已经广为人知。在伊斯兰时期，部分国王采用酋长国制度，而另外一些则选择独立统治，满足于在波斯的统治。阿拉伯人定居波斯之后，逐渐成为了波斯社会的一部分。那些离开波斯的人中就包括阿萨维拉（al-Asāwira）的霍姆赞（al-Hurmuzān），他在欧麦尔时期被俘，后来被带到了欧麦尔面前，欧麦尔不仅释放了他，还给予了他安全保障。此后，霍姆赞皈依伊斯兰教，并与艾卜·塔里布家族建立了姻亲关系。然而，他被控告与阿布·卢卢阿·阿卜杜（Abū Lu’lu’a ‘Abd）一同为穆吉拉·本·舒巴（al-

Mughīra bin Shu‘ba）杀害了欧麦尔·本·赫塔布。在欧麦尔去世后，霍姆赞被欧贝德拉·本·欧麦尔（‘Ubaid Allah bin ‘Umar）杀死。有说法称，萨勒曼·法尔西是阿萨维拉人士，他是一个虔诚的宗教追求者，他一直在追求信仰的道路上前行，直到他抵达麦地那并在先知（愿安拉祝福及赐他平安）到来时皈依了伊斯兰。此外，还有一个被称为乌玛拉（‘Umāra）[1]的家族，又被称为朱兰尼迪（al-Julannidī）家族，他们在波斯湾沿岸拥有广阔的领土，包括大量郊区和城堡，其领地与克尔曼接壤。据他们所言，早在穆萨（祝愿他平安）之前，他们的土地上便有一个国王，这位国王正是古兰经中所提及的“他们面前有一个国王要强征一切船只”[18:79]那位，也就是朱兰尼迪。他们是也门的阿兹德（Azd）部落的一个分支，直到今天，他们仍然拥有威望、力量和战斗力，且人数众多。即便苏丹也无法征服他们，因为他们掌握着海边的瞭望台和船只。阿麦尔·本·莱伊斯曾与哈姆丹·阿卜杜拉（‘Abd Allah Ḥamdān）交战两年之久，却依然未能征服他们。直至他向堂兄弟阿拔斯·本·艾哈迈德·本·哈桑（al-‘Abbās bin Aḥmad bin al-Ḥasan）和艾哈迈德·本·哈桑（Aḥmad bin al-Ḥasan）寻求援助。这两者来自于卡里彦赞穆，而这个赞穆正属于阿兹德部落的朱兰尼迪家族。他的儿子哈贾尔·本·艾哈迈德（Ḥajar bin Aḥmad）一直统治这个赞穆，直至今日，这个赞穆仍然武力强大。萨法尔家族，作为朱兰迪家族的一支，统治着赛义夫·白尼·萨法尔地区。这个家族的历史比法尔斯地区的伊斯兰国王还要悠久，一直以来都保持着独立，不受其影响。其中，艾布·祖海尔·米迪尼（Abu Zuhair al-Midīnī）家族管辖着白尼祖海尔海湾（Sīf Banī Zuhair）。他们的家族谱系可追溯至萨马·本·卢埃伊（Sāma bin Lu’aiy），即这片海湾曾经的国王，

[1] 乌玛拉（‘Umāra），可能是伊玛拉的误写。

这一家族拥有战斗力和众多人口。阿布·萨拉（Abū Sāra）曾一度占领了法尔斯地区，自立为王。当麦蒙（Ma'mūn）从呼罗珊派遣穆罕默德·本·阿什阿施(Muḥammad bin al-Ash'ath)前来征讨时，两军在设拉子的卡斯（Kas）沙漠展开了激战。最终，阿布·萨拉的军队被击溃，他本人也被杀害。那时，法尔斯的长官是耶齐德·本·伊卡勒（Yazīd bin 'Iqāl）。贾法尔·本·艾比·祖海尔（Ja'far bin Abī Zuhair）曾受到拉希德的赞赏。在他出使波斯面见波斯国王时得到了波斯国王的青睐，假若他没有耳聋的缺陷，就会被任命为大臣。穆扎法尔·本·贾法尔（al-Muẓaffar bin Ja'far），曾统治着达斯塔甘的大部分地区，他执掌下的赛义夫王国领土范围从建拿巴一直延伸到纳吉伦。其他属于艾比·祖海尔家族的领地则从纳吉伦延伸至乌玛拉家族的边界。艾比·祖海尔家族的居所位于库兰，穆扎法尔的住所则位于临海的萨法尔。此外，还有一个名为汗扎拉·本·塔米姆（Ḥanẓala bin Tamīm）家族，他们是乌尔瓦·本·欧迪亚（'Urwa bin Udiyya）的后代，在伍麦叶时期，他们从巴林迁至法尔斯地区。在乌尔瓦·本·欧迪亚被杀后，这个家族定居在伊什塔克尔及其周边地区，他们拥有丰富的财富和繁荣的村庄。其中，有个名为阿麦尔·本·乌亚伊纳（'Amr bin 'Uyaina）的人，据他手下人透露，他曾花费高达1000迪尔汗购买《古兰经》，并将其捐赠给了伊斯兰城市。这个位于郊区的家族，所缴纳的人口赋税大约为 1 万迪尔汗。麦蒙曾派遣欧麦尔·本·伊卜拉欣（'Umar bin Ibrāhīm）参与对卡塔尔的海上军事行动。他的儿子米尔达斯·本·欧麦尔·穆卡尼（Mirdās bin 'Umar al-Mukkanī），别名艾卜·比莱勒（Abū Bilāl），其财富之多，税额就高达3百万迪尔汗。他堂兄弟穆罕默德·本·瓦绥勒的财产与之一样，税额也相差无几，两者之间的差距微乎其微。这个家族中最杰出的人物是阿麦尔·本·乌亚伊纳。这个家族的强大之处在于，当突厥人夺取了哈里发的权力后，哈里发失去对其家族的控制，他们便分散在了这片广袤的土地上。为了躲避中央政府的统治，他们投靠了法尔斯。其中约有 40 位埃米尔是突厥人，他们的领导人是毛里德（al-Maulid）。由于遭受不公待遇，他们奋起反抗并寻求庇护。最终，米尔达斯·本·欧麦尔成为了他们的庇护者，并引导他们前往巴格达。伊卜拉欣·本·斯马（Ibrāhīm bin Sīmā）被选为他们的领导人。欧贝德拉·本·叶海亚（'Ubaid Allah bin Yaḥyā）将米尔达斯的行为上报给穆尔台米德（al-Mu'tamid），并提议消灭这些埃米尔，但这个提议遭到了拒绝。随后，他写信给了穆罕默德·本·瓦绥勒，后者随即召集兵马和支持者，对这些埃米尔展开追捕。最终，除了伊卜拉欣·本·斯马和 4 名士兵外，其余埃米尔均被消灭。在毛里德之后，突厥领导人开始统治法尔斯地区，穆罕默德·本·瓦绥勒就成为了法尔斯的新统治者。阿拔斯王朝统治者派遣阿卜杜·拉赫曼·本·穆弗里赫（'Abd al-Raḥmān bin Mufliḥ）率领大军从巴格达出发，其中有一位名为塔什穆（Ṭāshim）的将领。然而，阿卜杜·拉赫曼的军队在战斗中遭受挫败，塔什穆阵亡，而阿卜杜·拉赫曼本人也被俘并遭到杀害。自此，穆罕默德·本·瓦绥勒便控制了法尔斯。直至他的表兄弟米尔达斯派人去绞杀他，他担心自身安全，便寻求雅库布·本·莱伊斯的帮助。雅库布·本·莱伊斯进入法尔斯，与米尔达斯展开激战，直到穆罕默德·本·瓦绥勒从与阿卜杜·拉赫曼·本·穆弗里赫的对战中撤回，转而参与进贝达马卢萨丹（Marūsadān）的作战。在这场战斗中，雅库布·本·莱伊斯战胜了穆罕默德·本·瓦绥勒，他不仅遣散了对方的军队，还在海边的锡拉夫俘获了穆罕默德·本·瓦绥勒。穆罕默德·本·瓦绥勒向雅库布投降，随后被送到一座城堡中关押了两年。直至雅库布进入沙普尔军队的时候，他和一些囚犯占据了这座城堡。雅库布下令击杀他们，这场变故中仅有少数人幸免于难。法尔斯的君主，除了来自法尔斯本土的家族之外，还有一部分来自于萨曼家族（Āl Sāmān），萨曼家族是巴赫拉姆的后裔。巴赫拉姆是阿尔达希尔胡拉地区的喀巴尔人士，定居于雷伊（al-Rayy）。后来，他领导了对突厥人的战斗，并抵达巴尔赫（Balkh），摧毁了突厥人的军队。这一壮举增强了他的威望和实力，使得当时的科斯鲁们都对他心生畏惧。于是，科斯鲁们在战斗中击败了巴赫拉姆，剥夺了他的国王之位。面对失势，巴赫拉姆不得不向罗马王国寻求庇护，无奈放弃了他的王国，最终返回故土。他的言行事迹被载入史册。萨曼家族作为巴赫拉姆的后裔，是巴尔赫河（即阿姆河）以东地区的国王，王权在他们手上世代相传，直至王位最终传至伊斯玛仪・本・艾哈迈德・本・阿萨德（Ismā'īl bin Aḥmad bin Asad）。在他统治期间，他凭借着勇猛、才干和力量，成功地摧毁了阿麦尔・本・莱伊斯的统治，并瓦解了其全部势力。这一行动的难度之大，即使是对于穆阿台迪德来说，也堪称一项艰巨的挑战。当他将整个呼罗珊、河中地区、戈尔甘、塔巴里斯坦、赫卡通皮洛斯（Qūmis）、雷伊、加兹温（Qazwīn）、阿布哈尔（Abhar）和赞詹纳入统治之下时，整个王国的科斯鲁们全部由他一人统领。他和这个王国共同镇压了突厥人，并迫使他们屈服，更将他的势力和威望扩展到中国的边境。突厥国王对他心生畏惧，直到突厥地区的安全程度逐渐变得与伊斯兰王国一样，如同伊斯兰之家。他的儿子，本・伊斯玛仪继承了他的王位，并进一步扩大了王国的领土。他征服了锡吉斯坦，并收编了西杰兹的残余势力。通过改善对子民的管理，王国的声誉日隆。随后，他的儿子纳赛尔・本・艾哈迈德（Naṣr bin Aḥmad）继位，他英勇无畏，对反对统治者的镇压果断有力，国力的强大使得他的王国中无人敢反抗，在他的统治下，一切尽在他的掌控之中。非法尔斯血统的法尔斯国王中，有一位统治者曾战胜了纳赛尔，他就是阿里・本・侯赛因・本・巴什尔（'Alī bin al-Ḥusain bin

Bashīr）。他是阿兹德人，曾定居于布哈拉（Bukhārā），后来迁移到法尔斯。在穆阿台兹（al-Mu‘tazz）和穆斯塔因（al-Musta‘īn）的统治时期，他建立一支强大的军队，并征服了法尔斯地区。他勇猛且有威望，直到他与雅库布·本·莱伊斯的交锋。在设拉子附近的塞坎桥，阿里与雅库布·本·莱伊斯交战，他被雅库布击败并俘虏，并在关押了一段时间后被杀害。祖穆的国王，祖穆的城门处有常年驻扎着规模不等的军队，人数介于 1000 至 3000 人之间。其中，扎米詹赞穆被称为吉鲁亚·米赫拉詹·本·卢兹巴赫赞穆（Zamm al-Jīlūya al-Mihrajān bin Rūzbah）。他比吉鲁亚更为古老和强大，他的兄弟萨拉马·本·卢兹巴赫（Salma bin Rūzbah）仅次于他。吉鲁亚的领地位于伊什塔克尔区的下卡马亚詹与他俩领地的之间，吉鲁亚为萨拉马效命，在萨拉马去世之后，吉鲁亚接管了这个祖穆，壮大了自己的势力。以至于直到今天，人们仍将这个地区称为吉鲁亚祖穆。随着吉鲁亚势力的日益增强，他对艾卜·杜拉夫家族（Āl Abū Dulaf）发起挑战。他杀害了艾卜·杜拉夫的兄弟马齐勒·本·尔萨（Ma‘qil bin ‘Īsā），艾卜·杜拉夫亲自寻仇，不仅杀死了吉鲁亚，还带走了他的头颅，这个头颅一直保留在杜拉夫家族的手中，直至家族消亡。在战争中，他的头颅被长矛举起。当他的头颅落入阿麦尔·本·莱伊斯手中时，对方在其头骨中注入了银浆。最终，在艾哈迈德·本·阿卜杜·阿齐兹（Aḥmad bin ‘Abd al-‘Azīz）攻占扎尔甘时，打碎了这个头颅。时至今日，这个赞穆的领导权仍掌握在吉鲁亚后代的手中。迪万赞穆的领导者，库尔德人阿扎马尔德·本·库什哈德（Āzādmard bin Kūshhādh）曾统治过该地区一段时间。然而，他的统治最终因叛乱而告终，他遭到苏丹的追捕，随后，逃往阿曼并在那里去世。其后的继任者是库尔德人侯赛因·本·萨利赫，他接管了这个赞穆的统治权，之后传递到他的后代手中。一直到阿麦尔·本·莱伊斯时期，其后代被库尔德人萨珊·

本·贾兹万（Sāsān bin Ghazwān）杀死。自此，萨珊家族一直统治着迪万赞穆至今。拉瓦勒詹曾为萨法尔家族的领地，这一状况一直持续到穆罕默德·本·伊卜拉欣·塔希里（Muḥammad bin Ibrāhīm al-Ṭāhirī）接管了法尔斯，并将其转变为库尔德人艾哈迈德·本莱伊斯的统治区域。直至今日，拉瓦勒詹便一直在其后裔的统治之下。穆罕默德·本·伊卜拉欣正是那位在战场上与阿扎马尔德·本·库什哈德交锋，并最终迫使其落荒而逃的人。卡里彦赞穆这片土地始终掌握在萨法尔家族的手中，其统治权一直延续至今。目前，此赞穆的统治者是胡吉尔·本·艾哈迈德·本·哈桑（Ḥujr bin Aḥmad bin al-Ḥasan）。巴赞詹赞穆的统治者是库尔德人沙赫尔亚尔（Shahrayār），该赞穆之名即源于他，他与吉鲁亚有姻亲关系。沙赫尔亚尔之后，卡西姆·本·沙赫尔亚尔（al-Qāsim bin Shahrayār）接掌了统治权，随后是穆萨·本·卡西姆（Mūsā bin al-Qāsim）。两个巴赞詹都位于伊斯法罕边界，他们都是源于这个赞穆，后来迁到了法尔斯地区。这个赞穆在法尔斯拥有众多田庄，其统治者是穆萨·本·阿卜杜·拉赫曼（Mūsā bin ‘Abd al-Raḥmān）。随后，统治权传到穆萨·本·米赫拉布（Mūsā bin Mihrāb）手中，接着是他的儿子艾卜·穆斯林·穆罕默德·本·穆萨（Abū Muslim Muḥammad bin Mūsā）。然后是艾卜·穆斯林的兄弟法尔斯·本·穆萨（Fārs bin Mūsā），之后传给了艾哈迈德·本·穆萨（Aḥmad bin Mūsā）。这个家族对此地的统治一直持续到今天。

迪万（行政机构）杰出的书记官、工作人员以及出色的学者群体中，都能见到波斯人的身影。其中，阿卜杜·哈米德·本·叶海亚（‘Abd al-Ḥamīd bin Yaḥyā）效忠于伍麦叶王朝，他的写作和独立精神广受盛誉。阿卜杜拉·本·穆卡法（‘Abd Allah bin al-Muqaffa‘）是一位法尔斯人士，他居住在巴士拉。在曼苏尔时期，他被杀死在巴士拉。在为曼苏尔效命时，他曾给阿卜杜拉·本·阿里（‘Abd

Allah bin ‘Alī）写过一份保证书，他在里面说到，如果他背信弃义，他将与穆斯林世界断绝关系。曼苏尔发现了这封文书，遂命令巴士拉的工作人员秘密杀死他。还有一位名叫西伯威（Sībawaih）的学者，据说他是伊什塔克尔人。他定居在巴士拉，最终在法尔斯辞世，他的坟墓位于设拉子的伊布拉兹门（Bāb Ibradh）附近，墓地所在地被称为马兹达坎（al-Mazdakān），其成就是关于语法的著作。

波斯人在哈里发政府的各个迪万部门及工作中扮演着举足轻重的角色，他们是政治舞台上的核心力量，担任维齐尔（al-Wuzarā’）和其他部门的职务。这些波斯人包括巴尔马克家族（al-Barāmika）和至今仍担任统治者的马达拉因家族（al-Mādarā’īyīn）、费亚比因家族（al-Fīryābiyīn）等，以及其他为哈里发服务的波斯后裔。在科斯鲁时期，他们迁至塞瓦杜，并在奈伯特地区（al-Nabaṭ）定居下来。这些波斯家族的领导者是同族之人，都是波斯后裔。在伊斯兰的各个迪万中，法尔斯迪万的工作无疑是最为复杂且多样化的。这是源于其地域的差异、种植业的丰富性以及财政门类的多样性。这些工作依照原有工作制度进一步细化为各类专业职责，使得几乎无人能够独立处理所有事务，仅有个别人能一手处理所有事务。鲜有人能全面掌握各个迪万部门中的所有事务。这类能人包括穆阿里·本·纳迪尔（al-Mu‘allī bin al-Naḍir）。身为哈桑·本·拉贾（al-Ḥasan bin Rajā’）的书记官，他是一名伊拉克人，定居于西亚兹（Shiyāz），直至辞世。哈桑·本·拉贾经手了战争和各个迪万的工作内容，他同样在西亚兹去世，他的坟墓位于马拉（al-Māra）的达尔哈达卜本迪拉尔马兹尼（Dār Hadāb bin Ḍirār al-Māzinī）。这个地方是麦蒙所建，其选址落在法尔斯曾引起了轰动。穆阿里被称为艾卜·阿里（Abū ‘Alī），他在迪万中工作了约 50 年，在哈桑·本·拉贾去世之后，还活了大约 6 年的时间。马汗·本·巴赫拉姆（Māhān bin Bahrām）是锡拉夫人，他是阿里·本·侯赛因·本·比什尔（‘Alī bin al-Ḥusain Bishr）[2]和穆罕默德·本·瓦绥勒的书记官，他精通各个迪万的事务，可独立处理政务。他的兄弟卡米勒·本·巴赫拉姆（Kāmil bin Bahrām）被称为艾卜·莱伊斯（Abū al-Laith），仅能独立处理信件部门的政务。哈桑·本·阿卜杜拉（al-Ḥasan bin ‘Abd Allah）被称为艾卜·赛义德（Abū Sa‘īd），全名为阿卜杜拉·巴扎尔詹哈尔·本·卡达亚达德·本·马尔祖班（‘Abd Allah Bazarjamhar bin Khadāyadād bin al-Marzubān）。他来自法萨，定居于设拉子，他的母亲拥有麦尔旺家族的血统。穆罕默德·本·雅库布（Muḥammad bin Ya‘qūb）则是亚兹德人，能独立处理法尔斯的政务，定居于布哈拉。法尔斯的一些显贵家族世代相传地继承着迪万中的工作。其中，哈比布家族（Āl al-Ḥabīb）是一个典型的例子，马德拉克谢赫（Madrak）、艾哈迈德谢赫和法德勒谢赫都出自这个家族，他们的祖先来在卡姆法伊鲁兹，后来到了设拉子，他们传承着这些光荣的工作。哈里发麦蒙曾将马德拉克·本·哈比布召至巴格达，委以重任，处理会计以及其他事务。在麦蒙的麾下，他赢得了尊重与赞誉，最终在穆阿台绥姆时期于巴格达辞世。尽管叶海亚·本·阿克山（Yaḥyā bin Aktham）对他有所控诉。艾卜·萨菲亚家族（Āl Abū Ṣafīya）家族是巴西拉部落（Bāhila）的首领，其成员如叶海亚、阿卜杜·拉赫曼、阿卜杜拉等，都是穆罕默德·本·伊斯玛仪的后裔。他们在麦蒙时期定居巴格达，并负责处理政务。马尔祖班·本·扎迪亚家族（Āl al-Marzubān bin Zādiyya）来自设拉子。哈桑·本·马尔祖班（al-Ḥasan bin al-Marzubān）曾任穆罕默德·本·瓦绥勒的律例官（Band），后转而为雅库布·本·莱伊斯效力。贾法尔·本·萨赫勒·本·马尔祖班（Ja‘far bin Sahl bin al-Marzubān）是该家族的另一成员，曾担任

2 阿里·本·侯赛因·本·比什尔（‘Alī bin al-Ḥusain Bishr），可能与阿里·本·侯赛因·本·巴什尔（‘Alī bin al-Ḥusain bin Bashīr）指同一人。

艾卜·哈里施·本·法里衮（Abū al-Ḥārith bin Farīghūn）的书记官。阿里·本·马尔祖班（'Alī bin al-Marzubān）则在阿麦尔·本·莱伊斯的审计部门效命。据说，马尔祖班·本·卡达亚达德家族的祖籍在法萨，他们是这些家族中最古老且人数最多的勋贵家族。其中包括艾卜·赛义德·哈桑·本·马尔祖班、卡达亚达德·本·马尔达沙尔·本·马尔祖班（Khadāyadād bin Mardashār bin al-Marzubān）和艾哈迈德·本·卡达亚达德（Aḥmad bin Khadāyadād）等人，其余的人此处不提，这些家族成员一直执掌行政事务直至今日。马尔达沙尔·本·尼斯巴家族（Āl Mardashār bin Nisbat）的阿里·本·马尔达沙尔（'Alī bin Mardashār）及其后代哈桑、侯赛因以及艾哈迈德，一直负责货币方面的政务。他们和其他一些未提及的家族都是从家族中继承这些工作。

在法尔斯人中，存在着一部分信仰与传统教派有所偏离的群体。他们信奉并传播着自己的信仰。尽管这些信仰在某些方面显得偏执，需要极具忍耐力才能坚守，在这里，我将只提及他们的优点而不深究其他负面行为，比如一些恶行或骇人听闻的事件。而是关注他们的事迹和行为，去探寻那些或许好坏参半但绝非可憎的经历。这些人中，有一位名为侯赛因·本·曼苏尔（al-Ḥusain bin Manṣūr）的贝达人，他被称为哈拉吉（al- Ḥallāj）。他原本是一名棉纺工，奉行隐士生活。通过不断的修行，他的境界得到了一次又一次地提升。他声称，他通过顺强健了体魄，通过行善而纯洁了心灵，通过忍受舍弃享乐、控制欲望，最终，他达到了穆卡拉布（al-Muqarrab）的境界。此后，他继续净化自身，直至人性被净化。当他的人性不再存在时，安拉的精神意识便降临在他身上。有位叫做尔萨·本·玛利亚（'Īsā bin Maryam）的人，也是这一教派的信徒，他坚信一切都应遵循安拉的旨意，他所做的一切都是真主所为，都是真主的命令。他的行动和呼吁都是为了实现这一目标。因此，他吸引了众多追随者，包括维齐尔、苏丹亲信、各地王公、伊拉克、贾兹拉和沙姆地区的国王等统治者。他担忧他人会因其信仰而伤害他，因此他选择不返回法尔斯，也不期望法尔斯人接受他。他一直留在巴格达的苏丹宫殿中，随着他影响力的扩大，人们开始担心他可能会迷惑更多哈里发宫殿中的侍从和仆人，最终他被活生生地钉在十字架上直到去世。还有一位叫做哈桑·建拿比（al-Ḥasan Jannābī）的人，他被称为艾卜·赛义德（Abū Sa'īd），是建拿巴人士。他有明显的盖拉米塔派倾向，并因此被放逐出建拿巴。离开建拿巴之后，他前往苏丹的军营基斯拉（Kisra），并对阿曼人民以及其他阿拉伯地区造成了伤害，其恶行传遍了各地。最终，他被杀死，安拉对他的命运作出了裁决。后来，他的儿子苏莱曼·本·哈桑（Sulaimān bin al-Ḥasan）继位，后被朝觐者杀死。他统治期间，不仅在前往麦加的道路上发动战争，还亵渎圣地，并掠夺天房的宝藏。此外，他还杀害了麦加的隐士们，这些恶行都是广为人知的。当朝觐者们反抗他的恶行时，他的叔叔即艾卜·赛义德的兄弟和亲属们因他而被关在了设拉子。他们反对他的行为，最终，他们回归了正义和正道，并选择脱离盖拉米塔派，这一决定让他们备受称赞，因此他们被释放了。安拉是伊斯兰及穆斯林的保护者，任何违背安拉命令的人都会受到应有的惩罚。

接下来将介绍这个地区的特点。在伊什塔克尔，有一栋巨大的石筑建筑，其内有雕像、廊柱以及普通建筑的遗迹。根据法尔斯人的记载，这座建筑被称为苏莱曼·本·大卫清真寺（愿安拉祝福及赐他平安），他们认为这是精灵建造的杰作。其规模之宏大，与我在巴勒贝克、沙姆和埃及所见的大型建筑不相上下，如今已无法复制。此外，伊什塔克尔还有一种苹果，这种苹果口感独特，一部分酸涩，另一部分则甘甜可口。米尔达斯·本·欧麦尔曾向哈桑·本·拉贾提及此事，并在他的脸上看到了怀疑的痕迹，为了证实这一点，米尔达斯带哈桑前往，直到他亲眼目睹这种苹果。阿卜杜拉赫曼村庄有一口很深的井，这口井常年干枯，在特定时间才会出水，水位逐渐升高直到溢出地面。其水流可带动水车，灌溉庄稼等，之后，水位逐渐消退。沙普尔地区有一座山，山上刻画着波斯人所熟知的所有国王和统治者，以及拜火教礼拜堂司事和法官等知名人物的雕像。每幅雕像下面都记录着他们的生平和事迹，这些都镌刻在台阶之上，这些雕像受到了阿拉詹贾斯城堡居民的保护。在朱尔通往设拉子的巴拉德城门（Bāb al-Balad）附近，有一个名为纳兹（Nazz）水塘。这个水塘底部被一只巨大的铜罐所覆盖，并从铜罐顶部一个狭窄的孔洞中涌出大量的水。若非亲眼所见，实在难以想象那么多的水是如何从那么窄的孔洞里流出来的。阿巴尔古附近有一座巨大的灰烬山，有人认为那是宁录之火，为了焚烧伊卜拉欣（祝愿他平安）而燃起，这种说法是不准确的。实际上，正确的信息是宁录曾居住在巴比伦，而迦南国王的生活年代远在波斯诸王之前。我先前已对达拉布吉尔德所产的药物姆米亚伊（al-Mūmiyāy）做了简要介绍。在阿拉詹地区，有一个名为刷黑克的村庄，村庄西侧有一口井，当地人曾用重物和缰绳探测其深度，但始终未触及井底。这口井常年涌水，不仅足以驱动水车，还能灌溉这个村庄的土地。在沙普尔区的亨迪詹郊区，也有一口井。它位于两座山之间，从井中冒出的烟雾温度极高，以至于无人敢靠近。若有鸟儿飞经其上空，就会坠落并被高温烟雾烧死。达什特巴林的朱尔村庄是个不吉利的地方，这里几乎没有树木生长。村庄中有一户人家被疑与巫术有关，关于这户人家的各种传闻甚嚣尘上，我的书中记录了一些与之相关的可怕故事。在阿尔达希尔胡拉区的设拉子门附近，有一处泉眼，饮用之后，能够清洁五脏六腑。有人仅饮一杯，便能从行动不便变得能站立。然而，一旦超过一杯，却会失去行走的能力。卡姆法伊鲁兹的穆尔詹村庄（al-Mūrjān）坐落在陡峭的山间，那里有一个山洞。山洞内有一个水槽，顶部的水滴落其中。人们认为这里蕴藏着魔法之力。据说，走进山洞的人，都会带着他心中所求之物出来。即便有一千个人进入山洞，他们的愿望也都能得以实现。在通往胡齐斯坦的阿拉詹门旁边，有一座横跨塔布河的大桥。这座大桥由代伊拉姆·塔比卜·哈贾吉（al-Dailamī Ṭabīb al-Ḥajjāj）所建，是一座单孔桥。两根桥柱之间的桥洞宽度约为 80 步，高度则足以容纳骑骆驼的人手举旗帜通过。基兰地区有一种绿泥，其质地宛如肉羹，且可食用。据我所知，这种绿泥在其他地方并无类似发现。在建拿巴地区的海洋中，有个名为哈尔克的地方蕴藏着珍珠矿，据说这里出产的珍珠珍稀无比，没有任何地方的珍珠能与之媲美，此地的大珍珠品质很好。设拉子地区，生长着一种香草，名为扫散纳尔吉斯（Sausan Narjis），其叶片如同百合叶，内部构造与水仙相似。达贞地区有一条淡水河，名为伊赫辛河，河水供当地居民饮用和灌溉。然而，在河水里洗涤的衣服，拿出来后，会变成绿色。达什特巴林的群山之间，有一个名为比尔（Birr）的村庄。这里有一眼泉水，被称为努哈泉，泉水稀少。据说可以治愈各种疾病和眼疾。据说，这些泉水可能曾经因其卓越疗效而被运往中国边境供人们使用，呼罗珊和其他遥远地区的人们都对其趋之若鹜。

法尔斯各地的产物，被运往其他地区，其品质往往超越了其他地区的同类产品。朱尔所产的玫瑰水，其品质在同类产品中首屈一指，销往海外的希贾兹、也门、沙姆、埃及、马格里布、胡尔斯坦、呼罗珊和吉巴勒地区等地。朱尔出产的大部分器具也比其他地方优质。花粉水（Mā' al-Ṭal'）和菊花水（Mā' al-Qaiṣūm）仅朱尔出产。朱尔出产的藏红花水（Mā' al-Za'farān al-Masūs）和柳枝水（Mā' al-Khilāf）的品质也远胜其他地区。沙普尔出产的各种香膏比其他城市所产的香膏品质更好，但是库法地区所产的紫罗兰香膏品质则更好。从这些作物中提炼出的香料销往世界各地。

施尼兹、建拿巴、卡泽伦和淘瓦基盛产亚麻服饰。除了卡泽伦地区外，其他地区还为苏丹特别定制独特款式的服饰，这些服饰被销往伊斯兰世界各个地区。法萨出产各类服饰，并销往世界，也为苏丹提供刺绣服饰、头饰以及苏桑吉尔德刺绣制品。法萨所制作的镶金刺绣服饰在品质上超越了其他地区的同类产品。非镶金的头巾，则是贾赫卢姆出产的品质更好，产量也更丰富。为苏丹定制的头饰设计精巧，而且制作繁琐、价格昂贵，其中包括高冠等多种样式。苏丹专用的帷幕采用丝绸制作，法萨出产的丝绸服饰和各类头饰，销往许多伊斯兰地区。法萨地区出产的苏桑吉尔德刺绣制品优于库尔库布、淘瓦基和塔拉姆的产品。此外，此地还生产价值贵重的丝绸袋。贾赫卢姆出产的高级刺绣服饰、地毯、长毯、祷席、毛毯等，均被誉为贾赫卢米（即贾赫卢姆制品）。亚兹德和阿巴尔古两地所生产的棉布服饰，销往世界各地。达什特巴林的首府甘德坎出产地毯、帷幕及类似产品，其品质可与亚美尼亚的制品相提并论，同时，甘德坎还生产苏丹的服饰，并销往世界各地。法萨的苏桑吉尔德刺绣制品之所以优于库尔库布的产品，原因在于库尔库布的刺绣制品主要使用丝绸制成，而使用羊毛制成的刺绣制品会更优质。锡拉夫运来的商品是从海上获取的各种商品，包括沉香、龙涎香、樟脑、珠宝、竹子、象牙、黑檀、胡椒、檀香以及各种药物、器具和香料等。这些货物经由锡拉夫运往到法尔斯乃至世界各地。锡拉夫作为这一地区的港口，其居民是法尔斯地区最为富有的群体，其中不乏身价高达 6000 万迪尔汗的巨贾，他们都是通过海上贸易积累了巨额的财富，他们掌控了这片海岸的城市和海洋贸易。阿拉詹的阿斯克出产椰枣酒。阿斯克还曾发生过阿扎里卡派战役（Waq‘a al-Azāriqa），阿扎里卡派的 40 人，在面对约 2000 名巴士拉追击者时，成功击杀了每一名追击者。此处椰枣酒的品质超越了伊拉克和其他城市的同类产品，唯有锡兰（al-Sīlān）的椰枣酒比之更优，那里的椰枣酒不含汁液，因此品质更好。阿拉詹还出产销往各地的橄榄油，这种橄榄油比其他地方的同类产品更为优质。卡泽伦独有的基兰达尔（al-Jīlāndār）椰枣，仅在卡泽伦地区生长，伊拉克、希贾兹、克尔曼和努尔（al-Nūr）等其他地区都无法找到，其产量丰富，且被运往伊拉克。

环绕达拉布吉尔德的壕沟中，有一种鱼类。这种鱼无刺、无骨头、无脊椎，是最美味的鱼之一。达拉布吉尔德还生产与塔巴里斯坦相似的塔巴莱伊（al-Ṭabalāy）。卡泽伦生产的亚麻服饰销往世界各地。达拉布吉尔德的一个村庄盛产药物姆米亚伊，并上贡给苏丹。这种药物产自山洞之中，有专人看守，每年仅在特定时间开放。当水流汇聚于石洞之中，水底的沉积物便是姆米亚伊。一旦姆米亚伊积聚至石榴般大小，山洞便会封存起来，在苏丹派遣的官员、邮政人员和调解者等权威人士的见证下，取出一小块进行验证，以确保其纯正品质。除此之外，所有上贡给苏丹的姆米亚伊都是伪造品，仅形似姆米亚伊，不是正品。山洞附近有一个村庄名为阿宾（Ābīn），因此，姆米亚伊又被称为“阿宾村的蜡”。达拉布吉尔德地区坐拥白色、黄色、绿色、黑色和红色的盐山，从这些盐山上开采出的盐制品以及其他相关产品被运往各个城市。与其他城市主要依赖地下或结冰水源提取盐分不同，达拉布吉尔德的盐是从盐山的地表上开采出来的。达拉布吉尔德出产一种茉莉花香膏，据说这种香膏在其他地方难以找到类似产品，它被运往各地。法尔斯土地上的矿藏，包括银、铁、铅、硫和石油等其他地区居民使用的矿物。此地的银矿相对较少，仅存在于亚兹德地区的纳因。据我所知，法尔斯地区并无金矿。萨尔顿地区有铜矿，铜矿及其产品被运送至巴士拉和其他地方。铁矿产自伊什塔克尔山脉，伊什塔克尔区有个叫做达拉布吉尔德的村庄蕴藏着水银矿。法尔斯地区生产的黑色墨水可以用于制作墨盒和染料，其品质优于其他同类产品。设拉子地区生产的斗篷运往世界各地。伊什塔克尔地区贾纳特（Jānāt）生产的优质棉布被称为贾纳特布，非常柔软舒适。

法尔斯地区的货币与度量衡。法尔斯地区所有的交易活动均使用迪尔汗（Dirham）作为交易货币，第纳尔（Dīnār）则主要用于显示价值。自西杰兹时期至今，法尔斯的迪尔汗和第纳尔货币上均印有信士长官的称谓。法尔斯的重量单位为每 10 个迪尔汗相当于 7 个砝码（Mathāqīl），这一标准与也门和其他地区有所不同，迪尔汗的重量标准也有所不同。货物的重量单位，设拉子使用的重量单位是麦那（Manā），分为大小两种规格。其中，大麦那的重量相当于 1040 迪尔汗，除了阿尔达比勒（Ardabīl）之外，我未曾见过或听说过其他地方使用这种重量单位。另一种麦那，即巴格达麦那，重量为 260 迪尔汗。这个重量单位不仅在整个法尔斯地区得到广泛使用，而且还扩展到了其他采纳这一标准的穆斯林地区。除此之外，法尔斯地区还存在许多重量单位。贝达的麦那重量为 800 迪尔汗，伊什塔克尔则为 400 迪尔汗，胡拉地区的麦那则是 280 迪尔汗，沙普尔的麦那为 300 迪尔汗，在阿尔达希尔胡拉的部分地区则为 240 迪尔汗。法尔斯地区的量器。设拉子使用的量器被称为加里布（Jarīb），1 加里布为 10 卡非兹（Qafīz），1 卡非兹的重量为 16 磅。然而，当这种容器用于测量小麦时，其重量会略有变动。1 磅的重量为 130 迪尔汗。卡非兹配备了自己的量器，还存在半卡菲兹和四分之一卡菲兹，这两个重量同样配有相应量器。更小的量器为二十四分之一卡菲兹。伊什塔克尔同样使用加里布和卡菲兹作为量器，但此地的卡菲兹容量仅为设拉子加里布的一半。贝达的度量比伊什塔克尔的度量多出了约十分之一点五，卡姆法伊鲁兹的度量则比贝达多五十分之一。阿拉詹的度量比设拉子多了四分之一。沙普尔和卡泽伦的度量则比设拉子的度量多十分之六。法萨的度量比设拉子少了十分之一。

# 财政类别

国库针对居民和各祖穆征收各类税款，这些税收的征收行为由财政部门负责执行。税收种类包括土地税（Kharāj）、布施税（al-Ṣadaqāt）、船只什一税（A‘shār al-Sufun）、矿产五一税（Akhmās al-Ma‘ādin）、牧场税（al-Marā‘ī）、人头税（al-Jizya）、造币税（Ghalla Dār al-Ḍarb）、监管税（al-Marṣad）、田庄税（al-Ḍayā‘）、粮食税（Mustaghallāt）、水税（Athmān Mā’）、航运税（Ḍarā’ib al-Milāḥāt）以及林地税（al-Ājām）。土地税分为三种类型：按面积征收、按分配征收以及依法征收。依法征收适用于已知区域，其土地范围不可增减，无论是否种植农作物，都需要缴纳相应的税款。按面积征收和按分配征收是指，若土地种植了农作物，则需要缴纳相应税款；如果未种植，则无需缴纳。在法尔斯地区，除了祖穆地区实行依法征收以及一小部分按分配征收外，土地税通常采用按面积征收的方式。各地区的税率根据土地面积的不同而有所差异。其中设拉子的税赋最为繁重，每种作物都有相应的税率标准，在拥有流水的大农场（Jarīb）中种植大麦和小麦，农户需要缴纳 190 迪尔汗的税款。在拥有流水的土地上种植树木，每块地需要缴纳 192 迪尔汗作为土地税。对于有流水的大农场，若种植黄瓜或椰枣，则需缴纳 237.5 迪尔汗；若种植棉花，需要缴纳 256 迪尔汗以及 4 达尼克（Dāniq）。若流水的大农场用作果园，则需缴纳 1425 迪尔汗的土地税。大农场的定位是，大小相当于 3 个农场加三分之二个小农场，其尺寸为 60 腕尺（Dhirā‘）乘以 60 腕尺，以国王腕尺（Dhirā‘ al-Malik）为计算标准，每腕尺等于 9 格卜达（Qabḍa）。以上就是设拉子针对于有流水土地的土地税。卡瓦尔的土地税是根据之前所述税额的三分之二来计算的，这是因为贾法尔·本艾比·祖海尔·萨米（Ja‘far bin Abī Zuhair al-Sāmī）与拉希德协商后，将税额减至原来的三分之二。伊什塔克尔农作物方面的土地税比设拉子低一些，这主要适用于有流水的土地。对于非灌溉地（al-Bakhūs），其土地税为有流水地税额的三分之一。而柔软地、渗水地和潮湿地则按照其三分之二的税额来征收。若土地仅进行浇水而未进行灌溉，税额将减少四分之一。当土地经过两次灌溉后，即被视为有流水的土地。至此，关于土地税的部分已介绍完毕。达拉布吉尔德地区、阿拉詹地区和沙普尔地区的农业种植状况和税收状况与上述地区有所不同，具体税额可能因地区差异而有所增减。按分配征收主要涵盖两种情况。一种是祖穆地区及其相关人员手中的田庄，这些人员与哈里发，如阿里·本·艾比·塔里布（祝愿他平安）、欧麦尔·本·赫塔布（望安拉满意）等，存在盟约关系。根据盟约，田庄的收益会按照十分之一、三分之一、四分之一等比例进行分配。另一种是国库所持有村庄的分配情况。在这些村庄中，人们直接在这些土地上进行耕种。田庄税的类别，苏丹的田庄不属于这一范畴，苏丹田庄的税额是通过苏丹的分配或者划分方式来收取，这些地区的居民需要缴纳一定数额的迪尔汗作为税收。布施税、船只什一税、矿产五一税、人头税、造币税、监管税、航运税、林地税、水税和牧场税，其税额与其他地区相似。在法尔斯地区，只有设拉子征收造币税。粮食税则是设拉子地区和非设拉子地区市场收入的主要来源，市场为人们提供建筑，人们向苏丹支付土地租金和水车费用，以及制作玫瑰水装备的租金。在法尔斯古代的税收政策中，法尔斯的每个首府城市都享有免缴果园土地税的特权，同样，法尔斯各地的树林也无需纳税。直到阿里・本・尔萨（'Alī bin 'Īsā）于 302 年接任长官，他要求所有地区和个人都必须缴纳税款。法尔斯的田庄主们为了寻求保护和利益，将他们的田庄托付给了苏丹身边的大人物。因此，这些田庄得以在大人物的名义下，享受四分之一税款的减免。这些土地也在这些大人物的手中，以其名义进行买卖和继承。

# 克尔曼

克尔曼的东部是莫克兰和一片沙漠地带，这片沙漠位于莫克兰和巴鲁斯（al-Balūs）背后的海洋之间。其西部与法尔斯地区相邻，北部与呼罗珊沙漠和锡吉斯坦相连，南面则是波斯湾。在沙里詹（al-Sharījān）与法尔斯边界的交汇处，有一道宛如衣袖的入口。随后是曲折的海岸线和克尔曼地区。克尔曼地区既包括热带地区，也有寒带地区。这里的寒带地区相较于法尔斯的寒带地区要温和一些，热带地区完全没有寒带地区的作物，然而，寒带地区可能会发现一些热带的作物。

位于此省区的城市，包括沙里詹、吉罗夫特（Jīruft）、巴姆（Bam）和霍尔木兹，以及位于法尔斯与吉罗夫特之间的城市鲁宾（Rūbīn）。一部分人认为鲁宾属于克尔曼，而另一部分人则持不同观点。此外，还有喀什斯坦（Kashistān）、吉鲁甘（Jīrūqān）、马尔扎甘（Marzaqān）、苏尔甘（al-Sūrqān）、拉什卡尔德（Lāshkard）和穆衮（Mughūn）等城市。位于吉罗夫特与沙里詹之间的纳加特（Nājat）和凯伊尔（Khair）。在沙里詹和巴姆之间，则有沙玛特（al-Shāmāt）、巴哈尔（Bahār）、基纳布（Khināb）、戈贝拉（Ghubairā）、库衮（Kūghūn）、拉因（Rā'īn）、萨尔韦斯坦以及达尔金（Dārjīn）等城市。吉罗夫特和巴姆之间有一个城市名为霍尔木兹，也被称为卡尔亚焦兹（Qarya al-Jauz）。沙里詹和法尔斯之间的城市包括乌纳斯（Unās）、库尔德坎（Kurdkān）和白伊曼德（Baimand）。在沙里詹和法尔斯之间，一直延伸到达拉布吉尔德的城市有哈萨纳巴兹（Ḥasanābādh）和卡浑（Kāhūn）。沙里詹与沙漠之间的城市包括巴尔达什尔（Bardashīr）、詹扎尔卢兹（Janzarūdh）、扎兰德（Zarand）、法伊尔贞（Fairzīn）、马罕（Māhān）、卡比斯（Khabīṣ）。巴姆与沙漠之间的城市有纳尔玛沙赫尔（Narmāshahr）、法赫拉季和萨尼季（Sanīj）。萨尼季虽然位于沙漠中央，并不在克尔曼边界内，但仍属于克尔曼的管辖范围，我将其绘制在法尔斯、呼罗珊和阿赫瓦什（al-Akhwāsh）之间的沙漠地区中。尽管有人认为阿赫瓦什属于锡吉斯坦，但我将其绘制在克尔曼的边界之内。巴里兹山脉（Jabal Bāriz）周边有里甘（al-Rīqān）、卡菲尔（Qafīr）城和库西斯坦（Quhistān）的首府艾比噶尼姆（Abī Ghānim）。在霍尔木兹和吉罗夫特之间，有库敏（Kūmīn）城、纳赫鲁赞詹（Nahruzanjān）和马努詹（Manūjān）。沙赫鲁瓦（Shahrawā）位于海边，那里没有讲坛。以上就是我所知道的关于克尔曼省区的信息。克尔曼省区坐拥数座著名的险峻山脉，其中包括卡法斯山脉（Jabal al-Qafaṣ）、巴里兹山脉以及银矿山脉。克尔曼地区除了波斯湾以外，既没有大河，也没有海洋。该地区有一条名为吉尔（al-Jīr）的海湾，它源自波斯湾并穿过霍尔木兹，它是一片咸水海湾，船只从海洋通过这一海湾进入克尔曼。克尔曼的城市周围，沙漠广布，这里的建筑物不像法尔斯地区那样紧密相连。卡法斯山脉的南部濒临海洋，北部与吉罗夫特、卢兹巴尔（al-Rūdhbār）和库西斯坦的艾比噶尼姆相邻，东部则与阿赫瓦什、卡法斯和莫克兰之间的沙漠地带相连，西部与巴鲁斯、马努詹的边界以及霍尔木兹地区相接。据说，卡法斯山脉由7座山峰组成，这里生长着许多椰枣树，土地肥沃，适合种植农作物和放牧。这些山脉坚固耸立，每座山峰都有一位领袖，他们难以收服，苏丹为了赢得他们的忠诚，不惜给予一定的补贴。尽管如此，他们仍会封锁克尔曼大部分地区通往锡吉斯坦沙漠和法尔斯边界的道路。这里的居民蓄养牲畜，他们大多身材瘦小、皮肤黝黑，外貌俊朗。他们自称是阿拉伯人，据说，他们拥有令人难以置信的财富和宝藏。他们的生活方式与贝都因人相似，拥有牲畜，居住在毡房之中。他们不封锁道路，也不会受到他人的伤害。巴里兹山脉是一座丰饶的山脉，生长着许多寒带树木，此处有降雪，这里的山峰非常险峻。当地居民不为外界所动，一直坚守着拜火教的信仰。对于伍麦叶王朝而言，他们始终是一股难以驯服的力量，他们比卡法斯人更加难以对付。当阿拔斯王朝掌权时，他们皈依了伊斯兰教。但在西杰兹时期，他们反抗激烈，这使得雅库布和阿麦尔・艾比・莱伊斯采取行动，控制了他们的首领和国王，并将这些家族驱逐出了这片山脉。巴里兹山脉比卡法斯山脉更为肥沃，这里还蕴藏着铁矿。银矿山脉则蕴藏有银矿，从吉罗夫特背后出发，经过达尔巴伊（Darbāy）小道，抵达银矿山的路程为两程。达尔巴伊是一个肥沃的地方，有许多花园和村庄，景色十分宜人。克尔曼省区热带地区所占的面积大于寒带地区。寒带地区大约占整个省区的四分之一，主要包括沙里詹及其向法尔斯和沙漠方向延伸的周边地区，以及延伸至巴姆的区域。热带地区从霍尔木兹边界一直延伸到莫克兰边界和法尔斯边界，涵盖了霍尔木兹、马努詹、吉罗夫特、卡法斯山脉、达什特卢外伊斯特（Dasht Ruwaist）和巴什特汗（Basht Kham）等多个地区，以及其他城市和郊区。此外，热带地区还包括巴姆地区及其与沙漠之间的地带，以及延伸至莫克兰边界和卡比斯之间的区域。克尔曼的居民由于受到长期高温的影响，普遍身材瘦削，肤色黝黑。吉罗夫特和巴姆以东没有寒带地区，而吉罗夫特以西则属于寒带地区。从银矿山至达尔巴伊一带，直至吉罗夫特邻近区域，均有降雪现象。巴里兹山脉前、吉罗夫特附近的地方，名为米詹（al-Mījān），是吉罗夫特的主要水果供应来源。米詹和达尔巴伊为吉罗夫特提供柴火和雪。此地有巴德余鲁兹河流（Nahr

Badyūrūdh）穿越，该河水流湍急，河中有石头，唯有站在岩石上才能涉足其中。这条河流的水流量之大，足以与二十个磨坊的水流量相提并论。霍尔木兹是克尔曼地区的商贸集散地，是海港和市场的所在地。这里有大清真寺和驿站，居民住房并不密集，商人们的住宅主要位于郊区，散布在距离城市约两法尔萨赫的村庄中。这片土地收成颇丰，以种植玉米为主。

吉罗夫特的长度约为两里，它是呼罗珊和锡吉斯坦的贸易中心。这里汇聚了来自寒带和热带地区的货物，包括雪、椰枣、核桃以及佛手柑。此地的水源来自巴德余鲁兹河，土地非常肥沃，主要为灌溉农业。至于巴姆，那里椰枣树繁茂，村庄众多，空气质量相较于吉罗夫特更胜一筹。巴姆有一座著名的坚固城堡，矗立于城中。巴姆拥有三座主麻清真寺，其中一座属于哈瓦利吉派（al-Khawārij），坐落在市场上曼苏尔·本·哈尔丁（Manṣūr bin Khardīn）的宅邸旁。另一座大清真寺位于巴扎津（al-Bazāzīn），主要用于主麻礼拜。还有一座大清真寺坐落于城堡之内。在哈瓦利吉派的清真寺中，有一个房间被用作布施财库，尽管他们的财富有限，但他们悠然自得。巴姆的规模比吉罗夫特更大。法赫拉季是一个小城市，主要植物为水仙花和鸢尾花，当地居民所需的柴火都来自阿斯。锡尔詹的水源主要依赖于城内的运河，而郊区的水源则依赖于井水。作为克尔曼地区最大的城市，锡尔詹因木材资源稀缺，其建筑多采用泥砖建造而成。锡尔詹的居民多为圣训派，吉罗夫特的居民则主要为拉伊派（al-Ra'y）。卢兹巴尔、库西斯坦的艾比噶尼姆、巴鲁斯和马努詹等地的居民则多数信奉什叶派。从穆衮边界、拉什基尔德（Lāshjrd）[1]至霍尔木兹地区，这片土地上种植着蓼蓝和小茴香，这些作物被销往各地。此外，他们还种植香草和甘

[1] 拉什基尔德（Lāshjrd），可能与拉什卡尔德（Lāshkard）指同一地。

蔗。玉米是大多数人的主食。锡尔詹拥有许多椰枣树，吉罗夫特和其他热带地区可以 1 迪尔汗的价格可以购买 100 颗椰枣。当地居民有一种良好的传统，即不收集被风刮落的椰枣，而是留给他人拾取。有时，因风力强劲，他人拾取的椰枣数量甚至超过主人的采摘量。居民只需向苏丹交纳什一税，这一做法与巴士拉相似。卢外伊斯特地区则是一个相对贫瘠的地方，其居民大多信奉苏菲派。沙赫鲁瓦是一个位于海边的村庄，有一些渔民生活在此。实际上，这个地方是为法尔斯至霍尔木兹的旅人提供的旅馆，此处没有设立讲坛。克尔曼居民主要使用波斯语进行交流，但是卡法斯拥有自己的语言，称为卡法斯语，尽管他们也使用波斯语。同样，巴鲁斯和巴里兹的人们也有自己的语言，但在日常生活中则使用波斯语。

巴姆出产的棉布可远销四方。扎兰德地区所制的毯子，远销法尔斯和伊拉克。哈瓦什（Khawāsh），就是阿赫瓦什，那里如同一片旷野，居民是拥有骆驼、羊和牧场的贝都因人。他们拥有独特的生存技能，能在这片土地上定居，此处生长着很多椰枣树。阿赫瓦什出产的香草，则运往锡吉斯坦。

在克尔曼地区，迪尔汗是主要的交易货币，而非金币或其他硬币。第纳尔则主要被用作价格标示，不用于交易。

克尔曼城市之间的距离。锡尔詹至法尔斯边界的卢斯塔格卢斯塔格的路线。锡尔詹至卡浑为两程，卡浑到哈萨纳巴兹约为两法尔萨赫，哈萨纳巴兹至卢斯塔格卢斯塔格为 1 程。锡尔詹至法尔斯的鲁赞：锡尔詹至白伊曼德为 4 法尔萨赫，白伊曼德至库尔德坎为两法尔萨赫，库尔德坎至乌纳斯是辛苦的 1 程，乌纳斯至法尔斯边界的鲁赞为轻松的 1 程。锡尔詹至法尔斯边界的萨尔玛甘驿站是辛苦的两程，两地之间没有设立讲坛。巴什特汗客栈，坐落于锡尔詹和萨尔玛甘驿站之间。锡尔詹至巴姆的路线。锡尔詹至巴姆的第一程是沙玛特，也称为库西斯坦（Qūhistān）。沙玛特至巴哈尔是轻松的 1 程，巴哈尔至基纳布是轻松的 1 程，基纳布至戈贝拉是轻松的 1 程，戈贝拉至库衮为 1 法尔萨赫，库衮至拉因为 1 程，拉因至沙赫鲁瓦是轻松的 1 程，沙赫鲁瓦至达尔金为 1 程，达尔金至巴姆为 1 程。锡尔詹至吉罗夫特的路线。如果走巴姆路线至萨尔韦斯坦，随后向右转，到霍尔木兹（即卡尔亚焦兹）为 1 程，此地至吉罗夫特为 1 程。如果从锡尔詹至纳加特为两程，纳加特至凯伊尔为 1 程，凯伊尔至银矿山为 1 程，银矿山至达尔巴伊为 1 程，达尔巴伊至吉罗夫特为 1 程。锡尔詹至卡比斯的路线。锡尔詹至法伊尔贞为两程，法伊尔贞至马罕为 1 程，马罕至卡比斯为 3 程。锡尔詹至扎兰德的路线：锡尔詹至巴尔达什尔为两程，巴尔达什尔至詹扎尔卢兹是辛苦的 1 程，詹扎尔卢兹至扎兰德是辛苦的 1 程。扎兰德至沙漠边缘是辛苦的 1 程。巴姆至沙漠的路线。巴姆至纳尔玛沙赫尔为 1 程，从纳尔玛沙赫尔经沙漠路线，抵达法赫拉季，同样为 1 程。巴姆至吉罗夫特的路线。巴姆至达尔金为 1 程，接着从达尔金至霍尔木兹，同样为 1 程，从霍尔木兹至吉罗夫特也为 1 程。吉罗夫特至法尔斯的路线。吉罗夫特至沙赫运河（Qanāt al-Shāh）为 1 程，沙赫运河至穆衮为 1 程，穆衮至拉什卡尔德为 1 程，拉什卡尔德至苏尔甘为 1 程，苏尔甘至马尔扎甘为 1 程，马尔扎甘至吉鲁甘为 1 法尔萨赫，吉鲁甘至喀什斯坦为轻松的 1 程，喀什斯坦至鲁宾为轻松的 1 程，鲁宾至法尔斯为轻松的 1 程。吉罗夫特至霍尔木兹的路线。首先，需抵达拉什卡尔德，然后在那里向左转，至库敏，这是辛苦的 1 程。接着，从库敏到赞詹河为 1 程，赞詹河至马努詹为 1 程，马努詹至霍尔木兹为两程。霍尔木兹至法尔斯的路线。霍尔木兹是海边的沙赫鲁瓦为 1 程，沙赫鲁瓦至卢外伊斯特为 3 程，卢外伊斯特至塔拉姆为 3 程。以上便是克尔曼地区的全部距离。

# 信德

我将信德及其周边地区绘制在一幅地图中，这幅地图涵盖了信德、印度、莫克兰、图兰（Ṭūrān）和白德哈的部分地域。信德地区东侧毗邻波斯湾，西部则与克尔曼、锡吉斯坦沙漠和锡吉斯坦地区相接，北部与印度地区相连，南部则延伸至莫克兰与卡法斯之间的沙漠地带。这片沙漠之后，便是波斯湾。波斯湾不仅环绕着信德地区的东侧，还延伸至沙漠背后的南部，从东边的赛伊穆尔（Ṣaimūr）延伸到莫克兰泰兹（Taiz），随后转向沙漠，并以曲线延伸至克尔曼和法尔斯地区。

莫克兰的城市包括提祖基兹（al-Tīzūkīz）、甘兹布尔（Qanzbūr）、达尔克（Dark）、拉萨克（Rāsak），即胡鲁基之城（Madīna al-Khurūj）。此外，巴赫（Bah）、班德（Band）、甘德堡（Qaṣr Qand）、伊斯法格（Iṣfaqh）、法赫拉法赫拉（Fahlafahrah）、米什基（Mishkī）、甘巴里（Qanbalī）以及阿尔玛伊勒（Armā'īl）也一并被囊括在这一地区。

图兰的城市包括马哈里（Maḥālī）、基兹卡南（Kīz Kānān）、苏拉（Sūra）、和库斯达尔（Quṣdār）。白德哈的城市为甘达比尔（Qandābīl）。信德地区的城市包括曼苏尔（Manṣūr），其信德名称为巴尔汗纳巴兹（Barhamnābādh），提飏、比伦（al-Bīrūn）、噶利里（Qālirī）、安里（Anrī）、贝拉里（Balarī）、穆斯瓦希（al-Muswāhī）、巴赫拉吉（al-Bahraj）、巴尼亚（Bāniyya）、曼哈塔里（Manḥātarī）、萨杜散（Sadūsān）和鲁尔（al-Rūr）。

印度地区的城市，有噶穆胡勒（Qāmuhul）、坎巴亚（Kanbāya）、苏巴拉（Sūbāra）、散丹（Sandān）、赛伊穆尔、木尔坦、君德拉瓦尔（Jundrāwar）和巴斯马德（Basmad）。这些就是我所知的位于这些地区的城市。从坎巴亚至赛伊穆尔的区域是巴勒赫拉剌（Balhlarā）地区的一部分，属于印度国王的领地。尽管这是一个异教徒地区，但这些城市中也有穆斯林的存在。巴勒哈尔（Balhar）[1]只居住着穆斯林，城中还有用于举行聚礼的清真寺，巴勒哈尔是马奈基尔（Mānakīr）的定居地，他拥有一个广阔的王国。

曼苏拉，这座长宽均约 1 里的城市，被梅赫兰河（Nahr Mihrān）的河湾所环绕，宛如一座岛屿。居民为穆斯林，而其统治者则是古莱氏人。据说，这位统治者是哈巴尔・本・阿斯瓦德（Habbār bin al-Aswad）的后裔，他和他的祖先征服了这座城市，他们对哈里发致辞。曼苏拉气候炎热，土地上生长着椰枣树，这里没有葡萄、苹果、西黄耆或核桃等水果。此地种植甘蔗，并且有一种与苹果大小相近的水果，名为柠檬，味道极其酸涩。此外，这里还有一种类似桃子的水果，名为芒果，味道与桃子相近，水果价格低廉。此处土壤肥沃。曼苏拉采用开罗的货币体系，每个迪尔汗约合 5 个迪尔汗。这种迪尔汗在当地被称为塔塔里（al-Ṭāṭarī），而每个迪拉姆的重量约为一又三分之二迪尔汗。此外，他们也使用第纳尔作为货币单位。在服饰方面，曼苏拉人的服饰与伊拉克人相似。然而，国王的头饰和噶拉提格（Qarāṭiq）服饰则更接近印度国王的服饰风格。木尔坦，这座规模约为曼苏拉一半的城市，被誉为“金宫胜地”。这里矗立着尊备受印度人崇拜的神像，吸引着印度各地远道而来的朝圣者，每年都需要投入巨额资金维护这尊神像及其殿宇和寮房。

[1] 巴勒哈尔（Balhar），可能与巴勒赫拉剌（Balhlarā）指同一地。

木尔坦这座城市的名字正是源自这尊神像。这座神像的殿宇坐落于历史悠久的木尔坦市场，木尔坦市场位于象牙市场和铜匠铺之间。殿宇中央是一座圆顶建筑，神像便安坐于其中。圆顶四周是供奉神像者及其仆人们的住所。在木尔坦，除了这些宫殿中的神像外，并无其他印度和信德崇拜的偶像。这尊神像以人类形象呈现，端坐于一把由石膏和砖制成的座椅上，神像全身覆盖着一层宛如红色皮革的材料。这尊神像除了双眼外，其余部分均难以辨识其材质。有人认为其躯干是木制，也有人则持不同观点。然而，神像的真实躯干始终未曾显露出来，唯一能确认的是，神像的双眼是由宝石雕琢而成。神像头戴一顶金色高冠，端坐于椅子上，双臂伸展至双膝，双手手指张开，仿佛正数到四的手势。这尊神像所带来的财富，通常都被木尔坦的埃米尔所掌管，用于维护这座殿宇。当印度进犯此地并意图夺取神像时，他们就会搬出神像并对其进行破坏和焚烧，如此，对方就会撤退。如果没有这样做，印度军队则可能摧毁木尔坦。木尔坦拥有堡垒和屏障，土地肥沃，但是，曼苏拉比木尔坦更加肥沃和宽广。木尔坦被誉为“金宫胜地”，是源于伊斯兰初期征服此地的历史。当时，伊斯兰世界正面临经济困境，然而，正是在这片土地上，他们发现了丰富的黄金资源，从而实现了扩张与壮大。在木尔坦之外，大约半法尔萨赫之遥的地方，坐落着许多建筑，这是一个名为君德拉瓦尔的埃米尔军营。埃米尔仅在聚礼日进入木尔坦，并会骑着大象参加聚礼礼拜。埃米尔是古莱氏人萨马・本・卢埃伊的后裔，他们征服了木尔坦，尽管曼苏拉的统治者未臣服于他们的统治，但曼苏拉统治者仍对哈里发致辞。巴斯马德是一座小城，与木尔坦和君德拉瓦尔都坐落于梅赫兰河的东岸，每座城市与梅赫兰河的距离均为 1 法尔萨赫。巴斯马德的水源为井水，土地很肥沃。提飏则位于梅赫兰河西岸的海滨，它是本地区和周边地区的大型市场和港口，这里的农业为非灌溉农业，树木不多，没有椰枣树，土地相对贫瘠，其地位源自其贸易中心角色。

在提颬和曼苏拉之间，坐落着一座名为比伦的城市，它大约位于两地的中点，但更接近曼苏拉。曼哈塔里在梅赫兰河西岸，它位于提颬至曼苏拉的必经之路上，紧邻曼苏拉。穆斯瓦希、巴赫拉吉和萨杜散也均位于梅赫兰河西岸。安里和噶利里两座城市则坐落于梅赫兰河东岸，它们位于曼苏拉通往木尔坦的道路上，距离梅赫兰河稍远。贝拉里则位于梅赫兰河西岸，紧邻曼苏拉背后的梅赫兰河河湾。巴尼亚则是一个小城市，它是欧麦尔·伊本·阿卜杜·阿齐兹·哈巴里·古拉什（‘Umar ibn ‘Abd al-‘Azīz al-Habārī al-Qurashī）的故乡，这位历史人物是曼苏拉征服者的后裔。噶穆胡勒是从印度边境通往赛伊穆尔道路上的一个城市，赛伊穆尔至噶穆胡勒之间的区域均属于印度地区。噶穆胡勒至莫克兰、白德哈等地和木尔坦边界之间的地区，都属于信德地区。在信德地区，异教徒主要指的是白德哈人，他们是一个被称为麦伊德（al-Maid）的群体。

白德哈这片土地，位于图兰、莫克兰、木尔坦和曼苏拉等城市之间，坐落在梅赫兰河西岸。这里的居民畜养骆驼，其双峰驼销往呼罗珊、法尔斯等遥远之地，再从这些地方运往其他地方，那些地方畜养的是非阿拉伯双峰驼。白德哈的城市甘达比尔是一个商贸中心，居民们的生活方式与贝都因人相似，拥有众多棚舍和丛林。麦伊德人则居住在木尔坦至海边的梅赫兰河岸边，他们在梅赫兰河与噶穆胡勒之间的荒漠中建立了许多牧场和定居点，人口众多。噶穆胡勒、散丹、赛伊穆尔和坎巴亚均拥有大清真寺，在这些城市中，穆斯林所遵循的规定明显可见。这些城市肥沃且广阔，种植有水烟、香蕉和芒果，主要农作物为稻米，蜂蜜产量丰富，但并未种植椰枣树。拉胡克（al-Rāhūq）、卡勒万（Kalwān）及其邻近郊区位于基兹（Kīz）和阿尔玛伊勒之间。卡勒万隶属于莫克兰，而拉胡克则坐落于曼苏拉边界。虽然这里土地贫瘠，水果稀缺，但牲畜资源丰富。

图兰的首府库斯达尔是一座融合了郊区和市区的城市。这里的领导者穆基尔·本·艾哈迈德（al-Mughīr bin Aḥmad）仅对哈里发致辞。他的驻地在基兹卡南城，那里土地肥沃、广阔，且物价低廉，盛产葡萄、石榴和其他寒带水果，没有椰枣树。巴尼亚和噶穆胡勒之间、噶穆胡勒和坎巴亚之间均为沙漠，而坎巴亚至赛伊穆尔之间则是一连串的印度村庄和建筑。在这里，穆斯林和非穆斯林不仅服饰相同，他们的发型也颇为一致。为应对酷热气候，他们穿着长袍和罩袍，木尔坦人的服饰也是长袍和罩袍。曼苏拉、木尔坦及其周边地区的人们以阿拉伯语和信德语为日常交流语言，莫克兰人则使用波斯语和莫克兰语，他们的服饰为典型的噶拉提格服饰。商人穿着与法尔斯人和伊拉克人相似的衬衫、长袍等服饰。

莫克兰是一个广阔的地区，主要由沙漠构成，干旱且资源匮乏。此地的征服者是一位名为尔萨·伊本·马丹（ʻĪsā ibn Maʻdān）的人，当地人用方言称他为米赫拉季（Mihrāj）。他的驻地位于基兹，这座城市的规模约为木尔坦的一半，此地椰枣树繁茂。莫克兰和该地区的港口设在泰兹，也被称为莫克兰泰兹。莫克兰最大的城市是甘兹布尔，而巴赫、班德、甘德堡、达尔克和法赫拉法赫拉则都是小城市，它们都位于热带地区。此地有一个名为胡鲁基（al-Khurūj）的郊区，其城市是拉萨克，郊区又被称为居德冉（Judrān）。这里盛产甜食、椰枣树和甘蔗，甜食销往世界各地，马斯坎（Māskān）的商品运送到这里，雅克萨达尔（Yaqṣadār）也出产甜食。马斯坎是沙腊的郊区。与克尔曼相连的地方被称为米什基，这座城市曾经被穆塔哈尔·本·拉贾（Muṭahhar bin Rajā'）征服，他只对哈里发致辞，并未向其他邻近的国王俯首称臣。此处的边界线绵延大约 3 程，虽然这片区域位于热带地区，却仍可见少量的椰枣树和一些寒带水果。阿尔玛伊勒、甘巴里，这两座大城市相距约两个驿站，共同坐落于提飏和莫克兰之间。阿尔玛伊勒离海岸线约有半法尔萨赫之遥。甘巴里是一座大城市，没有椰枣树，坐落于荒漠之中，属于白德哈地区。基兹卡南和甘达比尔之间，有一片被称为伊勒（Īl）的郊区，这里既有穆斯林居民，也有白德哈的非穆斯林居民。这片土地以非灌溉农业为主，拥有果园和牲畜，是一片肥沃的土地。伊勒这个名字，源于一位征服这片土地的人物，因此，这片土地便以他的名字命名。

此地区的距离。泰兹至基兹约为 5 程，基兹至甘兹布尔为两程。如果从甘兹布尔至莫克兰泰兹，会途经基兹。甘兹布尔至达尔克为 3 程，达尔克至拉萨克为 3 程，拉萨克至法赫拉法赫拉为 3 程，法赫拉法赫拉至伊斯法格是轻松的两程，伊斯法格至班德为 1 程，班德至巴赫为 1 程，巴赫至甘德堡为 1 程。基兹至阿尔玛伊勒为 6 程，阿尔玛伊勒至甘巴里为两程，甘巴里至提飏为 4 程。曼苏拉至提飏为 6 程，曼苏拉至木尔坦为 12 程，曼苏拉至图兰为 15 程。库斯达尔至木尔坦约为 20 程。库斯达尔为图兰的城市。曼苏拉至白德哈的边界为 4 程。基兹（尔萨・伊本・马丹的住所）至白德哈约为 10 程，白德哈至泰兹约为 15 程。莫克兰地区的长度为泰兹至库斯达尔约为 12 程。木尔坦至伊斯坦（al-Istān）的第一处边界巴巴利索斯为 10 程。如果想从曼苏拉前往白德哈地区梅赫兰河畔的萨杜散，则需渡过梅赫兰河。甘达比尔至巴巴利索斯的城市穆斯坦吉（Mustanj）为 4 程，库斯达尔至甘达比尔约为 5 程，甘达比尔至曼苏拉约为 8 程，甘达比尔经沙漠至木尔坦约为 10 程。曼苏拉与噶穆胡勒相距 8 程，噶穆胡勒至坎巴亚为 4 程，坎巴亚距海 1 法尔萨赫。坎巴亚至苏巴拉约为 4 程，苏巴拉距海半法尔萨赫，苏巴拉与散丹相距 5 程，散丹距海也是半法尔萨赫。赛伊穆尔与散丹相距约为 5 程，赛伊穆尔距萨兰迪布（Sarandīb）约为 15

程。木尔坦与巴斯马德相距约为两程，巴斯马德与鲁尔相距 3 程，鲁尔至安里为 4 程，安里至噶利里为两程，噶利里至曼苏拉为 1 程。提飏至比伦为 4 程，比伦至曼哈塔里为两程。噶利里至贝拉里约为 4 法尔萨赫。巴尼亚位于曼苏拉与噶穆胡勒之间，距曼苏拉 1 程。此地区的河流。此处有一条被称为梅赫兰的河流，据闻其源头位于一处山脊之中，与阿姆河（Nahr Jayḥūn）等河流共同发源于此。梅赫兰河穿越木尔坦地区，先后流经巴斯马德、鲁尔和曼苏拉，最终汇入提飏东部的海洋。这是一条巨大的淡水河，据说河中还有尼罗河中那样的鳄鱼。其河流规模和流量堪比尼罗河，高于地面的部分河床会干涸，人们可在其上种植作物，与我提到的埃及尼罗河情形相似。木尔坦的散德鲁兹河（Nahr al-Sandrūdh）长约 3 程，也是一条大淡水河，据我所知，它汇入了梅赫兰河。莫克兰地区多为荒漠和非灌溉地，河流相对较少。但在曼苏拉和莫克兰之间有些许梅赫兰河水，就像河谷一样，其周围生活着信德地区的贾特人。水边分布着他们居住的草屋，他们以鱼为食，同时水鸟也是他们的食物来源之一。而在他们居住的这片土地之后，那里的居民生活在荒漠中，就像库尔德人一样。

我已经完成了对伊斯兰世界最东部边界的讨论，接下来将转向介绍西侧罗马边界的情况。这个地区以伊斯兰世界为其东部边界，我的介绍将从亚美尼亚、阿兰和阿塞拜疆开始，我将其视作一个区域。

# 亚美尼亚、阿兰和阿塞拜疆

我将亚美尼亚、阿兰、阿塞拜疆绘制在一张地图中，并将它们视为一个区域。这个区域的东部由吉巴勒地区、德莱木以及里海以西的地区构成，里海环绕着这一地区。其西部是亚美尼亚边界、阿兰边界以及贾兹拉的部分边界。北部接壤拉林季（al-Lārinj）和高加索山脉（Jibāl al-Qabq），而南部则与伊拉克边界和贾兹拉的部分边界相连。

阿塞拜疆最大的城市是阿尔达比勒，这座城市拥有军营和王宫。其规模约为三分之二法尔萨赫乘以三分之二法尔萨赫，四周环绕着一道三扇门城墙。阿尔达比勒的建筑以泥筑为主，这是一个富饶的城市，物价低廉。这座城市不仅拥有郊区和城镇，还矗立着一座名为撒巴兰（Sabalān）的高山，其高度约为两法尔萨赫。这座高山冬夏都有积雪，山上并未建造任何建筑。在城市规模上，紧随阿尔达比勒之后的是马拉盖（al-Marāgha）。在古代，马拉盖曾是军营和王宫的所在地。这座城市风景怡人，土地肥沃，拥有花园、郊区和田地。虽然马拉盖曾拥有城墙，但被伊本・艾比・萨吉（Ibn Abī al-Sāj）摧毁了。城市规模排在马拉盖之后的是乌鲁米耶（Urmiyya），这是一个肥沃、富饶且物价低廉的怡人城市，它坐落于沙腊湖畔。米亚尼基（al-Miyānij）、洪季（al-Khūnj）、阿詹（Ajan）、达赫拉甘（Dakhrāqān）、霍伊（Khūy）、萨勒曼（Salmān）、马兰德（Marand）、大不里士（Tabrīz）、巴尔赞德（Barzand）、瓦尔善

（Warthān）、穆甘（Mūqān）、贾巴尔万（Jābarwān）和阿莎纳赫（Ashanah）等城市，都是规模相近的小城市。贾巴尔万、大不里士和阿莎纳赫祖里亚（Ashanah al-Dhurrīya）这三座城市及其周边地区共同构成了鲁代伊尼（al-Rudainī）地区。巴尔达（Bardha'a）是一座规模宏大的城市，其占地面积超过 1 法尔萨赫乘以 1 法尔萨赫。这是一座富饶的怡人城市，农作物和水果繁多。在伊拉克与呼罗珊之间的城市中，除了雷伊和伊斯法罕，没有其他地方能与巴尔达的规模、富饶和适宜性相提并论。距离巴尔达不到 1 法尔萨赫的地方，坐落着一座名为安达拉布（al-Andarāb）的城市，它位于吉尔纳（Kirna）、卢苏布（Luṣūb）和亚克谈（al-Yaqṭān）之间，其规模超过 1 日行程。安达拉布到处都是郁郁葱葱的果园和花园。这里的榛子质量上乘，比撒马尔罕（Samarqand）的榛子相比更胜一筹。同样，此地的板栗也优于沙姆地区的板栗。此外，这里有一种名为鲁噶勒（al-Rūqāl）的水果，大小与花椒相近。当它成熟时，味道甜美；而在成熟之前，却带有苦味。板栗的大小约为半个黑核桃，口感与榛子和熟枣颇为相似。巴尔达所享用的无花果产自卢苏布，其品质上乘。伊布莱伊萨姆（al-Ibraisam）地区的野生桑树产量颇丰，其果实被大量运往法尔斯和胡齐斯坦地区。距离巴尔达三分之一法尔萨赫的地方，流淌着库拉河。这条河流中盛产的咸鱼石（al-Sarmāhī）销往远方。同时，库拉河中生活着扎拉津（al-Zarāqin）和乌舒卜（al-'Ushūb）两种鱼类，其品质远超该地区的其他鱼类。巴尔达门，又被称为阿克拉德门（Bāb al-Akrād），其门前有一个市场，名为卡拉基市场（Sūq al-Karakī）。这个市场占地面积为 1 法尔萨赫乘 1 法尔萨赫，每逢星期日，人群如织，甚至吸引了来自伊拉克各地的人们前来交易。其规模之大，远胜库勒萨拉市场（Sūq Kūlsarah）。正因为如此，星期日在这个城市中被称为“卡拉基日”。当人们在谈论日期时，除了星期五，他们习惯于将一周内的其他日子分别称为星期六、卡拉基日、星期一和星期二，直至星期五。财库的设置遵循沙姆地区的传统，被安置在大清真寺内。沙姆的财库亦位于清真寺之内。财库是一座有屋顶的建筑，配备着铁门和 9 根柱子。王宫则坐落城中的大清真寺之旁，而市场则位于郊区。杰尔宾特（Bab al-Abwāb）是一座海滨城市。城中有船舶码头，码头与大海之间，建造了两道堤坝，确保船只可以进出。入口部分被设计成弯曲形状，并装有铁链，确保只有经过许可的船只才能顺畅通行。这两道堤坝以岩石和铅为主要建筑材料。杰尔宾特位于塔巴里斯坦海滨，其规模超过阿尔达比勒。尽管这里农业活动繁荣，但水果资源相对稀少，需要从外地运来。这座城市还拥有一道由石头、砖和泥土建成的城墙。杰尔宾特不仅是塞林等异教徒地区在里海的港口，也是戈尔甘、塔巴里斯坦和亚力德（Yalid）的港口。杰尔宾特出产亚麻服饰，是整个阿兰、亚美尼亚和阿塞拜疆地区唯一生产亚麻服饰的城市。这座城市种植有藏红花，还可见到从异教徒地区运来的奴隶。第比利斯（Taflīs）是一座规模不如杰尔宾特的城市，它拥有两道泥筑城墙和三扇城门。这座城市土地肥沃，盛产水果且农作物丰富。第比利斯还是一个关隘，这里有许多与提比利亚浴池相似的公共浴池，这些浴池的水无需火焰加热，便能自然地维持着适宜的温度。阿兰地区没有比巴尔达、杰尔宾特和第比利斯更大的城市。贝拉甘（Bailaqān）、瓦尔善、巴尔蒂基（Bardīj）、巴尔津基（Barzinj）、沙玛黑亚（al-Shamākhiyya）、希尔凡（Shirwān）、伊贾兹（al-Ījāz）、沙布兰（al-Shābrān）、奇布拉（Qiblah）、舍基（Shakī）、詹扎（Janzah）、山姆库尔（Shamkūr）以及黑南（Khinān）等城市，都是规模相仿的城市。这些城市不仅拥有肥沃且广阔的土地，还配备了完善的设施。代碧勒（Dabīl）是一座规模超过阿尔达比勒的城市，是亚美尼亚的首府，城中有王宫。其情形与阿兰的王宫坐落于巴尔达，阿塞拜疆的王宫矗立在阿尔达比勒相似。这座城市拥有城墙，城内生活着许多基督教徒，大清真寺与基督教堂相邻而建。代碧勒出产羊毛地毯、枕头、座垫等亚美尼亚特产。这里有一种名为洋红（Qirmiz）的染料，主要用于染色羊毛。据说这种染料是由一种类似蚕的虫子产出的，而这种虫子在兹赞（Zīzan）地区尤为丰富。作为亚美尼亚的首府，孙巴特·本·阿舒特（Sunbāṭ bin Ashūṭ）曾驻于代碧勒，如今此地仍由基督教的权贵掌控。这里的居民以亚美尼亚人为主，这里便是亚美尼亚王国。该王国与罗马接壤，边界线广泛延伸，一部分延伸至巴尔达，一部分延伸至贾兹拉，还有一部分延伸至阿塞拜疆。从亚美尼亚通往罗马的关隘名为噶里噶拉（Qālīqālā），这里是入侵阿塞拜疆、吉巴勒地区和雷伊居民及其辖区的战略要地。通往罗马的入口名为塔拉布赞达赫（Ṭarābuzandah），商人们在这里汇聚，并经此进入罗马开展贸易活动。罗马绸缎、丝绸和服饰等商品都是自塔拉布赞达赫运往其他地区。纳沙瓦（Nashawā）、巴尔卡里（Barkarī）、阿赫拉特（Khallāṭ）、马纳兹库尔德（Manāzkurd）、比特利斯（Bidlīs）、噶里噶拉、埃尔津（Arzin）、锡尔万（Mayyāfāriqīn）以及斯拉基（Sirāj）这些小城镇，规模相近，均拥有肥沃的土地、繁荣的经济和丰富的资源。锡尔万虽然位于底格里斯河之后，却是贾兹拉地区人群的聚居地，由于其地理位置紧邻贾兹拉地区的边界，我将其绘制在两河流域的地图中，并将其放在此处介绍。

在这一地区，能够通航的河流主要有库拉河和阿拉斯河（Nahr al-Ras）。萨比兹鲁兹河（Nahr Sabīdhrūdh）流经阿尔达比勒和赞赞（Zanzān）之间，但由于其规模较小，并不适宜行船。库拉河是一条清澈、水流平缓的淡水河，起源于山姆库尔和詹扎地区的山脉，流经第比利斯附近，随后穿过异教徒地区。阿拉斯河是一条水质良好的淡水河，它从亚美尼亚流出，经过杰尔宾特、瓦尔善，绕过穆甘后部以及库拉河河口后侧，最终汇入大海。

这一地区的湖海。阿塞拜疆境内有一个名为乌鲁米耶湖（Buḥaira Urumiyya）的咸水湖。湖中生活着鱼类和体型较大的水獭。湖泊周边分布着建筑、村庄和郊区。从乌鲁米耶湖到瓦拉噶（Warāgha）的距离为 3 法尔萨赫，从湖边到乌鲁米耶的距离则为两法尔萨赫，湖岸距离达赫拉甘的距离约为 4 法尔萨赫。湖泊的长度相当可观，骑马行进大约需要四天时间。夜晚，湖面有时会吹来微风。亚美尼亚的湖泊名为埃尔吉斯湖（Buḥaira Arjīsh），湖中盛产鲑鱼并被运往世界各地。这一地区还拥有塔巴里斯坦海，杰尔宾特和巴库拉（Bākūra）就坐落在其岸边，巴库拉地区蕴藏着石油。底格里斯河的一小部分河流也流入了亚美尼亚。我已将底格里斯河绘制在贾兹拉和伊拉克的地图中。巴尔达地区出产的商品大多销往世界各地，其中，茜草被运往印度和其他地区。

阿兰的边界起始于杰尔宾特，延伸经过第比利斯，直至抵达阿拉斯河附近的胡加伊冉（Ḥujairān）。阿塞拜疆的边界则穿过塔尔姆（al-Ṭarm）的背后，经过赞詹边界、迪纳瓦尔（al-Dīnawar），随后绕过胡尔万背后，沿着沙赫尔祖尔、底格里斯河附近前行，最终转向亚美尼亚的边界。关于亚美尼亚的边界，我已在之前的介绍中详细阐述过了。这些城市物价低廉，有的地方购买一只羊仅需两迪尔汗，有些地区蜂蜜的价格仅为 3 迪尔汗。这里土地肥沃，若仅凭描述，未曾亲眼目睹这片土地的人可能难以相信其广阔无垠。这一地区生活着众多王国的国王，类似于诸侯国，他们各自掌握着辽阔的领土和富饶的财富。希尔凡国王被称为希尔万沙阿（Shirwān Shāh），阿布哈兹（al-Abkhāz）的国王被称为阿布哈兹沙阿。阿塞拜疆、亚美尼亚和阿兰地区多山地。代碧勒地区有一座巍峨大山，名为哈里施（al-Ḥārith）。这座山因其陡峭的山路、常年积雪以及极高的海拔而令人生畏，无人能攀上其顶峰。除了哈里施山，还有一座名为胡外伊拉斯（al-Ḥuwairath）的小山。哈里施山脉不仅为周边地区提供了水源、柴火资源，更在防御方面发挥着重要作用。据传，它是这一带城市中最高的山峰。阿尔达比勒的1040迪尔汗相当于设拉子的1麦那，设拉子称其为麦那，但在阿尔达比勒则称之为磅。阿塞拜疆、亚美尼亚和阿兰地区使用的语言主要为波斯语和阿拉伯语。代碧勒及其周边地区的人们使用亚美尼亚语，而巴尔达地区则使用阿兰语。这一地区有座名为高加索的山脉，其周边居民使用的则是各种异教徒语言。阿塞拜疆、阿兰和亚美尼亚的货币以金币和银币为主。

此地区的距离。巴尔达至阿尔达比勒的路线：巴尔达至郁南（Yūnān）为7法尔萨赫，郁南至贝拉甘7为法尔萨赫，贝拉甘至瓦尔善同样为7法尔萨赫，瓦尔善至巴勒噶布（Balkhāb）为7法尔萨赫，巴勒噶布至巴尔赞德为7法尔萨赫，巴尔赞德至阿尔达比勒15法尔萨赫。

巴尔达至杰尔宾特的路线：巴尔达至巴尔津基为18法尔萨赫，巴尔津基经玛巴尔库尔（Ma‘bar al-Kur）至沙玛黑亚为14法尔萨赫，沙玛黑亚至希尔凡需3日，希尔凡至阿布哈兹需两日，阿布哈兹至散穆尔桥（Jisr Sammūr）为12法尔萨赫，散穆尔桥至杰尔宾特为20法尔萨赫。

巴尔达至第比利斯的路线。巴尔达至詹扎城为9法尔萨赫，詹扎至山姆库尔为10法尔萨赫，山姆库尔至黑南城为21法尔萨赫，黑南至伊本·坎德曼城堡（Qal‘at Ibn Kandmān）为10法尔萨赫，从城堡至第比利斯为12法尔萨赫。

巴尔达至代碧勒的路线。巴尔达至噶勒噶图斯（Qalqāṭūs）为9法尔萨赫，噶勒噶图斯至马特里斯（Matrīs）为13法尔萨赫，马特里斯至杜米斯（Dūmīs）为1法尔萨赫，杜米斯至凯伊勒卡瓦（Kail Kawā）为16法尔萨赫，凯伊勒卡瓦至西斯詹（Sīsjān）城为16法尔萨赫，西斯詹至代碧勒为16法尔萨赫。这是从巴尔达至亚美尼亚代碧勒的路线，途经的村庄都属于孙巴特·本·阿舒特王国。

阿尔达比勒至赞詹的路线。阿尔达比勒至萨比兹鲁兹桥为两程，桥至萨拉（Sārā）需 1 日，萨拉至纳瓦（Nawā）为 1 日，纳瓦至赞詹 1 日。

阿尔达比勒至马拉盖的路线。阿尔达比勒至米亚尼基为 20 法尔萨赫，米亚尼基至洪季城为 7 法尔萨赫，洪季至库勒萨拉郊区为 3 法尔萨赫，库勒萨拉郊区有一座大型市场，无讲坛。库勒萨拉至马拉盖为 10 法尔萨赫。

阿尔达比勒至阿米达的路线。阿尔达比勒至马拉盖为 40 法尔萨赫，马拉盖至有讲坛的达喀尔坎（Dakharqān）为两程，再至乌鲁米耶城为两程，乌鲁米耶至萨勒马斯（Salmās）为两程，萨勒马斯至霍伊为 7 法尔萨赫，霍伊至巴尔卡里为 30 法尔萨赫，巴尔卡里至埃尔吉斯需两日，埃尔吉斯至阿赫拉特为 3 日，阿赫拉特至比特利斯为 3 日，比特利斯至锡尔万需 4 日，锡尔万至阿米达需两日。

马拉盖至代碧勒的路线。马拉盖至乌鲁米耶为 30 法尔萨赫，乌鲁米耶至萨勒马斯为 14 法尔萨赫，萨勒马斯至霍伊为 7 法尔萨赫，霍伊至纳沙瓦需 3 日，纳沙瓦至代碧勒为 4 程。马拉盖至迪纳瓦尔为 60 法尔萨赫，两地之间无讲坛。

# 吉巴勒地区

吉巴勒地区涵盖马赫库法（Māh al-Kūfa）、巴士拉及其毗邻地区，我将这些地区放在此区域介绍。该地区的东部边界与呼罗珊沙漠、法尔斯和伊斯法罕相接，而其东部则是胡齐斯坦地区。其西侧边界延伸至阿塞拜疆，北部则与德莱木、加兹温和雷伊相邻。阿布哈尔、赞詹两地被一道弧形山脉环绕，因此我将它们从吉巴勒地区划分出来，并将其划归至德莱木地区进行介绍。至于南部边界，则与伊拉克和胡齐斯坦接壤。

吉巴勒地区的著名城市中，规模较大的城市包括哈姆丹（Hamadhān）、迪纳瓦尔、伊斯法罕以及库姆（Qum）。还有一些规模较小的城市，比如卡尚（Qāshān）、纳哈万德（Nahāwand）、劳尔（al-Laur）、卡拉季（al-Karaj）以及布尔吉等。在适当的时候，我将对这些城市进行介绍。

吉巴勒地区的距离。

哈姆丹至胡尔万的路线。哈姆丹至阿斯达巴兹（Asdābādh）城为 7 法尔萨赫，阿斯达巴兹至噶斯尔卢苏斯（Qaṣr al-Luṣūṣ）为 7 法尔萨赫，此处留有穆阿尼斯（Mu'nis）所建的讲坛。噶斯尔卢苏斯至马兹兰（Mādhrān）为 7 法尔萨赫，此地无讲坛。马兹兰至艾卜・努阿曼桥（Qanṭara Abī al-Nu'mān）为 5 法尔萨赫，艾卜・努阿曼桥至艾卜・阿尤布村庄（Qarya Abī Ayyūb）为 4 法尔萨赫，再至比苏屯（Bīsutūn）为两法尔萨赫，这个村庄也被称为萨萨尼彦

（Sāsāniyān）。比苏屯至噶尔玛辛（Qarmāsīn）为 8 法尔萨赫，噶尔玛辛至祖拜伊迪（al-Zubaidī）驿站同样是 8 法尔萨赫，祖拜伊迪至马尔吉城堡（Qal'at Marj）为 9 法尔萨赫，马尔吉至胡尔万的距离为 10 法尔萨赫。

哈姆丹经迪纳瓦尔到达马兹兰的路线，马兹兰至萨赫内（Ṣaḥna）为 4 法尔萨赫，萨赫内至迪纳瓦尔为 4 法尔萨赫。哈姆丹至雷伊的路线，哈姆丹至萨韦（Sāwa）城为 30 法尔萨赫，萨韦至雷伊为 30 法尔萨赫。哈姆丹至阿塞拜疆的路线，哈姆丹至纳里斯坦（Nāristān）为 10 法尔萨赫，纳里斯坦至乌兹（Ūdh）为 8 法尔萨赫，乌兹至加兹温需两日，加兹温和哈姆丹之间无城市。加兹温至阿布哈尔为 12 法尔萨赫，阿布哈尔至赞詹 20 为法尔萨赫。若对选择该路线的安全性有所顾虑，可以选择从哈姆丹经苏赫拉瓦尔德（Suhraward）到达赞詹，这段路程的距离为 3 法尔萨赫。

哈姆丹至伊斯法罕的路线。哈姆丹至拉敏（Rāmin）为 7 法尔萨赫，拉敏至伯鲁杰尔德（Burūjird）为 11 法尔萨赫，伯鲁杰尔德至卡拉季为 10 法尔萨赫，卡拉季至布尔吉为 12 法尔萨赫，布尔吉至浑詹（Khūnjān）驿站为 10 法尔萨赫，浑詹至伊斯法罕 30 为法尔萨赫，这段路线之间并无城市。

哈姆丹至胡齐斯坦的路线。哈姆丹至卢兹拉瓦尔（Rūdhrāwar）为 7 法尔萨赫，卢兹拉瓦尔至纳哈万德为 7 法尔萨赫，纳哈万德至拉什塔尔（Lāshtar）为 10 法尔萨赫，拉什塔尔至沙巴尔哈斯特（Shābarkhāst）为 12 法尔萨赫，沙巴尔哈斯特至劳尔为 30 法尔萨赫，这段路程既无城市也无村庄。劳尔经过甘塔拉因达米什（Qanṭara Indāmish）城，抵达贡迪沙布林的距离为两法尔萨赫。

吉巴勒地区的城市间距离如下：哈姆丹至萨韦为 30 法尔萨赫，萨韦至库姆为 12 法尔萨赫，库姆至卡尚为 12 法尔萨赫。雷伊至加兹温为 30 法尔萨赫，哈姆丹至迪纳瓦尔则大约是二十几法尔萨赫。迪纳瓦尔至沙赫尔祖尔为 4 程，迪纳瓦尔至塞伊马拉为 5 程，迪纳瓦尔至塞伊拉万（al-Sairawān）为 4 程。塞伊拉万至塞伊马拉需行一日，劳尔至卡拉季为 6 程。伊斯法罕至卡尚为 3 程，库姆至卡尚为两程。

位于吉巴勒地区的城市：哈姆丹、卢兹拉瓦尔、拉敏、伯鲁杰尔德、法拉万达（Farāwanda）、扎扎甘（Zādhaqān）、沙巴尔哈斯特、拉什塔尔、纳哈万德、噶斯尔卢苏斯、阿斯达巴兹、迪纳瓦尔、噶尔玛辛、马尔吉、塔扎尔（Ṭazar）、胡尔玛（Ḥūrmah）、苏赫拉瓦尔德、赞詹、阿布哈尔、塞姆南（Simnān）、库姆、卡尚、鲁扎（Rūdhah）、布斯纳（Būsinnah）、卡拉季、布尔吉、萨拉伊（Sarāy）、达万（Dawān）和伊斯法罕，伊斯法罕即时伊斯兰城市又是犹太城市。以及汗兰詹（Khān Lanjān）、帕韦（Bawah）、塞伊马拉、塞伊拉万、道尔白尼拉斯（Daur Banī al-Rāsī）和塔利甘（Ṭaliqān）。

城市特点。哈姆丹是一座规模宏大的城市，占地约为 1 法尔萨赫，拥有城区和郊区。这座城市拥有四道铁制城门，城内建筑为泥土构筑而成。哈姆丹拥有水源、花园以及发达的农业，土地肥沃。迪纳瓦尔的富饶程度达到了哈姆丹的三分之二，这座城市拥有丰富的水果和农业，土地同样肥沃。迪纳瓦尔居民品性优良，甚至超越了哈姆丹的居民。此外，这座城市还拥有水源和游览胜地。伊斯法罕是一座由犹太城市和穆斯林城市共同构成的城市，两地之间的距离为两里。这两座城市中，各有一座大清真寺，其中犹太城市规模较大，甚至超过了哈姆丹，而穆斯林城市则相对较小，规模不到犹太城市的一半。两城内的建筑均为泥土构筑。伊斯法罕不仅是吉巴勒地区中最富有、最广阔、最有能力的城市，还是法尔斯地区、吉巴勒地区、呼罗珊地区和胡齐斯坦的港口，其承载量在吉巴勒地区无出其右。这座城市盛产的阿塔比（al-‘Attābī）、刺绣以及丝质、棉质服饰，运往伊拉克、法尔斯、呼罗珊和其他城市。此外，伊斯法罕还盛产藏红花和水果，这些产物被运往伊拉克和其他地区。在伊拉克至呼罗珊之间，除了雷伊之外，伊斯法罕无疑是规模最大、最富裕的城市。卡拉季是一座分散的城市，没有城市集会场所。这座城市也被称为艾卜·杜拉夫的卡拉季（Karaj Abī Dulaf），这里曾是艾卜·杜拉夫及其子辈的居所，一直持续到他们统治时期结束。卡拉季拥有诸王宫殿和各种宽敞独立的建筑，还有田地和牧场，但没有花园和游览地。这座城市的水果供应主要依赖于伯鲁杰尔德等地，其建筑为泥土构筑，整个城市长约 1 法尔萨赫。这座城市拥有两个市场，其中一个位于大清真寺门口，而另一个市场则与这个市场相隔一个大广场。伯鲁杰尔德中有一座维齐尔艾卜·杜拉夫所建的讲坛，这是一座非常美好的城市。这里的水果被运往卡拉季等地。该城市的长度大于宽度，大约为半法尔萨赫，此处出产藏红花。纳哈万德，这座坐落在山上的城市，城内为泥筑建筑，拥有众多河流、花园，此地果实丰硕，并因其品质优良、产量丰富而被运往伊拉克。纳哈万德还拥有两座清真寺，一座较为古老，另一座则是近年新建的。同样，这座城市也出产藏红花。卢兹拉瓦尔是一片郊区，其讲坛属于卡拉季，这里被称为卡拉季卢兹拉瓦尔。这座小城以泥筑建筑为主，土地肥沃，拥有水源、河流和田地。这里出产的藏红花以其产量和品质之优，成为了吉巴勒地区其他城市无法比拟的瑰宝，为伊拉克等地提供藏红花供应。胡尔万是一座位于山脚下的城市，这座山可以俯瞰伊拉克，因此，我将其绘制了在伊拉克地图中。这座城市以泥土和石料共同修建而成，其规模约为半个迪纳瓦尔大小。尽管胡尔万与冰雪相距仅 1 程，但这里的气候却很炎热。此处生长着许多椰枣树、无花果树和石榴树。塞伊马拉、塞伊拉万是两座小城市，建筑主要由石头和石膏构成，这两个城市生长着椰枣、核桃和其他寒带以及热带地区的作物。城市中水源充沛、树木葱茏、农庄遍布，水流从屋檐和小巷中流过，为人们的休闲娱乐之地。沙赫尔祖尔是一座小城，居民以库尔德人为主，地理位置靠近伊拉克。这座城市并不受埃米尔或是官员的统治，完全由库尔德人自治。苏赫拉瓦尔德同样是一座以库尔德人为主的小城。加兹温拥有堡垒和内城，大清真寺位于城内。加兹温还是德莱木地区的港口，与德莱木王宫之间的距离为两程又12法尔萨赫。塔利甘相较于加兹温更接近德莱木。加兹温城内没有流动的水源，仅有供饮用的水，这些饮用水流入大清真寺的管道。尽管这里的水质不够良好，但加兹温的树木、果园和农产品却因其纯净与甘甜，被运往各地。库姆是一座拥有城墙的城市，土地肥沃，水源主要依赖于井水，花园的灌溉则依赖于萨万（Siwān）的供水。这座城市种植着各种水果和树木，其中就有开心果和榛子。整个吉巴勒地区只有拉什塔尔出产榛子，而椰枣树仅在塞伊马拉、塞伊拉万、沙巴尔哈斯特这几个地方少量生长。库姆的居民均信仰什叶派，且多为阿拉伯人。卡尚是一座规模较小的城市，与库姆一样，其建筑多采用泥筑。至于我前面提到的吉巴勒地区的其他城市，除了雷伊之外，它们的规模都大致相当。

吉巴勒地区缺乏海洋资源，无论是大海还是小湖，都无法进行航行。整个地区几乎被连绵的山脉所覆盖，仅哈姆丹至雷伊和至库姆之间的区域，山脉相对较少。山脉自沙赫尔祖尔边界开始，环绕着这一地区，一路延伸至胡尔万、塞伊马拉、塞伊拉万、劳尔，直至伊斯法罕和法尔斯的边界。随后，转向卡尚、哈姆丹，继续延伸至加兹温、阿塞拜疆边界的苏赫拉瓦尔德，最终又回到沙赫尔祖尔。整个地区都是连绵的山脉，几乎难寻见不到山峰的大片开阔之地。我将雷伊放在德莱木地区介绍，是因为这座城市孤悬于吉巴勒地区之外，只有一条路线与之相连，缺乏明显的分界线来界定其边界。有时，雷伊被归为吉巴勒地区，有时又被视为呼罗珊地区的一部分。在巴格达以东地区，没有比雷伊更为繁荣的城市。尽管内沙布尔（Naisābūr）在规模上比它更为广阔，但在建筑、花园、肥沃度和繁荣程度上，雷伊无疑更胜一筹。这座城市的规模为 1.5 法尔萨赫，建筑多为泥土构筑。

这个地区值得一提的山脉有达玛万德山（Jabal Dunbāwand）。这是一座高耸的山峰，据说，从 50 法尔萨赫之外都能眺望到它。其高度之惊人，以至于我未曾听闻有人成功登顶。根据波斯的传说，查哈克曾在山上生活，并吸引了各地的巫师前来投靠。比苏屯山是一座险峻、难以攀登的山峰，然而，朝圣之路就在山脚下，从山顶到山脚的路面非常平坦，就像是被雕刻出来的一样，沿途的地面凸起之处都被削平。据说，曾有一些科斯鲁设想在这座山的山腹开设一个市场，以彰显其力量和权势。在山后靠近路边的地方，有一个岩洞。洞内蓄有一眼流水，还有一幅动物的浮雕，堪称最精美的雕像之一。据说，这是科斯鲁坐骑沙布迪兹（Shabdīz）的浮雕，上面坐着的是科斯鲁和席琳（Shīrīn）。在这个地区，除了我提到的上述山脉之外，没有其他显著的山脉。尽管撒巴兰山的雄伟之势超越了达玛万德山，而代碧勒的哈里施山在规模上更是超越了两山。胡拉米亚山脉（Jibāl al-Khurramiyya）非常险峻，这里是胡拉米亚派人士的家园，巴贝克（Bābik）也坐落于此。虽然他们的村庄中建有清真寺，并且他们颂读《古兰经》，但据闻，他们的信仰中将放纵奉为圭臬。这一地区的货币为金银通用，金币更是其中的主流。该地区的重量单位，在哈姆丹和马哈特（Māhāt），一麦那相当于 400 迪尔汗。据我所知，吉巴勒地区没有金矿和银矿，但是伊斯法罕附近蕴藏着皓矾矿。吉巴勒地区的居民普遍饲养牛羊，这些牲畜所产出的奶酪被运往各地。

# 德莱木地区

德莱木地区及其毗邻区域，该地区南边接壤加兹温、塔尔姆、部分阿塞拜疆地区和部分雷伊地区。东部则与雷伊的其余部分和塔巴里斯坦相连，北部紧邻里海，而西边则与阿塞拜疆和阿兰地区相邻。我将与吉巴勒地区相邻的卢班吉山脉（Jibāl al-Rūbanj）、法都斯班（Fādūsbān）、噶冉山脉（Jibāl Qāran）以及贾詹（Jājān）并入这一地区的地图中，里海有单独地图，我在这幅地图中描绘了德莱木及其周边地区。

我会像对其他地区城市的介绍一样，详尽地介绍这一地区的城市。德莱木地区既有平原，又有山地。这里所指的平原，实际上是位于德莱木山脉山脚下，靠近海滨一带的地区。德莱木的山地包括马赫德山（Jabal al-Maḥḍ），这是一座险峻的山峰。国王的居所被称为鲁德巴尔（Rūdhbār），这里是朱斯坦家族（Āl Jasatān）的居住地，他们是德莱木地区的领导者。

有人认为，德莱木居民是达巴（Ḍabba）部落的分支。他们所居住的区域，生长着繁茂的树木和灌木丛。多数德莱木人定居在基勒（al-Jīl），即面朝海洋和塔布里斯坦的那侧。村庄散落其间，农耕和家畜饲养相对稀少，这就导致他们缺乏可供骑乘的动物。他们的语言既非阿拉伯语也非波斯语，据我了解，基勒的部分居民所使用的语言与吉巴勒地区和德莱木地区的语言存在显著差异。德莱木地区的人通常身材瘦削，毛发稀疏，行动敏捷，对事物不太在意。

德莱木地区直到哈桑·本·宰德（al-Ḥasan bin Zaid）时期都曾是异教徒的聚居地，他们甚至被人掳走作为奴隶。随着时间的推移，其中一部分人加入了阿拉维派（al-'Alawīya），部分人皈依了伊斯兰教。直到今天，吉巴勒地区的异教徒仍与德莱木地区有着千丝万缕的联系。

卢班吉、法都斯班和噶冉山脉均为险峻山脉，每座山峰都有其首领。这些山脉中生长着许多参天树木，密林丛生，水源丰富，土地肥沃。噶冉山脉并非城市，而是一片村庄，其中包括伊斯哈马尔（al-Ishamār）村庄，它坐落在距萨里（Sāriya）1程的地方。这是噶冉家族的驻地，他们的堡垒、宝藏和王权均位于此地。这座山的首领所统治的王国，其历史可追溯至科斯鲁时期，自那时起，首领便一直继承并统治着这个王国。法都斯班山脉是一个王国，其首领居住在名为阿尔姆（Arm）的村庄中，法都斯班山脉中无讲坛，同样距离萨里1程。

卢班吉山脉，曾矗立着一个王国，如今已覆灭。卢班吉山脉的居民来自雷伊和塔巴里斯坦两个地区，那些面对雷伊的居民来自雷伊，而位于塔巴里斯坦一侧的居民就来自于塔巴里斯坦。塔巴里斯坦至德莱木的入口位于萨卢斯（Sālūs），该地位于海边，设有要塞。对于德莱木人来说，运输货物经此地至塔巴里斯坦是一条充满风险的路线。这些山脉间，从德莱木边界出发，经过阿斯塔拉巴兹（Astarābādh）到达海边的距离超过一天的行程。在某些地段，道路狭窄得仿佛水与山就要相撞。一旦穿过德莱木到基勒，道路会逐渐变得宽阔，直到与海洋之间的距离超过两天的行程。

与加兹温相连的城市包括阿布哈尔、赞詹和塔利甘。与雷伊接壤的城市则有哈瓦尔、沙兰巴（Shalanba）和外伊玛（Waima）。位于赫卡通皮洛斯的城市为塞姆南、达姆甘（al-Dāmghān）和巴斯塔姆（Basṭām）。塔巴里斯坦地区则拥有阿西勒（Āhil）、纳塔勒

（Nātal）、萨卢斯、卡拉尔、拉延（al-Rayyān）、米拉（Mīla）、布尔基（al-Burjī）、艾因汉姆（'Ain al-Hamm）、马穆泰伊尔（Mā Muṭair）、萨里以及塔米萨（Ṭamīsa）。位于戈尔甘地区的有戈尔甘、阿斯塔拉巴兹、阿比斯昆（Ābiskūn）以及迪西斯坦（Dihistān）等城市。在卢班吉、法都斯班和噶冉山脉地区，我只知道萨赫马尔（Sahmār）设有一座讲坛，它位于噶冉山脉。这些城市中，雷伊是最为重要的城市。从伊拉克往东至伊斯兰边界，在建筑密集程度、建造技艺和居民富足方面，雷伊甚至超过了更为广阔的内沙布尔。雷伊的城市规模长达 1.5 法尔萨赫，其建筑以泥筑为主，也会使用石膏和砖块。这座城市的著名城门，包括通往吉巴勒地区和伊拉克的塔格门（Bāb Ṭāq），通往加兹温的巴里散门（Bāb Balīsān），通往塔巴里斯坦的库赫津门（Bāb Kūhkīn），以及通往赫卡通皮洛斯和呼罗珊的希沙姆门（Bāb Hishām）。此外，还有通往库姆的辛门（Bāb Sīn）。此处的著名市场，有卢兹（Rūdh）、巴里散、达哈克努（Dahak Nū）、纳赛尔阿巴兹（Naṣr Abādh）、萨利巴南（Sāribānān）、贾巴勒门（Bāb Jabal）、希沙姆门以及辛门。其中最为繁华的是卢兹市场，这里汇聚了大部分的贸易和旅馆，形成了一条宽阔的街道，两旁排列着密集的商店和建筑。这座城市中还拥有一座带有堡垒的城市，内部矗立着一座大清真寺。城市的大部分已经破败，建筑主要集中在郊区。这里的水源主要来自井水和运河。市内有两条用于饮水的河流，分别是流经卢兹的余尔嘎尼（Yūrqanī）和流经萨利巴南的吉拉尼（al-Jīlānī），河水可供饮用。此外，城市内还有许多运河，不仅可用作饮用水，还可灌溉农场。这座城市流通的货币以迪尔汗和第纳尔为主。居民的服饰与伊拉克人相似，他们注重修养，聪明且经验丰富。此处还伫立着教法学家穆罕默德·本·哈桑（Muḥammad bin al-Ḥasan）、古兰经背诵者吉萨伊（al-Kisā'ī）以及天文学家法扎里（al-Fazārī）的墓地。

哈瓦尔是一座小而繁荣的城市，规模约为四分之一里。这里的居民多属于谢里夫家族。城中流淌着从达玛万德流出的活水。哈瓦尔拥有城郊和郊区。外伊玛、沙兰巴位于达玛万德附近，是两座规模小于哈瓦尔的小城市，其中外伊玛稍大一些。这两座城市都拥有田地、水源和花园，种植着丰富的葡萄和核桃，它们是该地区最为寒冷的地方。除了这些城市外，雷伊地区还有许多规模远超城市的村庄，例如，萨德（Sad）、拉明（Rāmīn）、阿兰布维亚（Aranbwiyya）、瓦拉兹尼恩（Waraznīn）、达扎赫（Dazāh）以及古辛（Qūsīn）等村庄，据我所知，这些村庄的人口均超过一万人。

这里的著名郊区，包括卡斯尔安达黑勒（Qaṣr An al-Dākhil）、卡斯尔安卡里吉（Qaṣr An al-Khārij）、巴赫赞（Bahzān）、信努、巴沙维赫（Bashāwīh）、达玛万德以及古辛郊区等。雷伊出产的棉制华服、披风和斗篷等制品运往巴格达和阿塞拜疆。

整个德莱木地区都没有可供船只航行的河流。至于山脉，达玛万德山坐落于雷伊的边界，我曾从雷伊地区的卢兹城中心眺望过这座山峰，据说在萨韦附近能一睹其风采。这座山位于群山的中心，高耸入云，仿佛群山之中的一座圆顶，它比周围的山峰高出约4法尔萨赫，据我所知，尚未有人登上过其顶峰。在古代传说中，达玛万德山是查哈克国王的圈禁之地，巫师们汇聚于山顶，山顶常年烟雾缭绕。山脚下散布着少量村庄，如达比兰（Dabīrān）、达尔米亚（Darmiyya）和巴拉（Barā）等。征服阿姆河谷的阿里·本·施尔温（‘Alī bin Shirwīn）正是出自达尔米亚村庄。然而，这座荒凉的山峰树木和植被稀疏，并未孕育出物产。在吉巴勒和德莱木的其他地区，没有比达玛万德山更为高耸的山峰。

赫卡通皮洛斯地区最大的城市是达姆甘，其规模超过了雷伊的哈瓦尔，塞姆南的规模小于达姆甘，而巴斯塔姆的规模又小于塞姆南。达姆甘的水资源相对匮乏，建筑规模中等。巴斯塔姆的建筑规模比达姆甘宏大，水果也更丰富，巴斯塔姆的大量水果被运往伊拉克，此地出产的知名服饰销往各地。

加兹温是一座有堡垒的城市，内部嵌套着一座有堡垒的小城，大清真寺位于内城。这座城市的水源主要依赖于雨水和井水，虽然没有河流，却有一条饮用水渠，这座城市不适合种植农作物。尽管水源相对稀缺，加兹温的土地却很肥沃。作为德莱木的港口，加兹温种植着丰富的水果和葡萄，此地出产的葡萄干被运往各地。这座城市的规模约为 1 里乘以 1 里。阿布哈尔和赞詹是两座小城市，它们的共同特点是土地肥沃、水资源丰富、树木繁茂且农业发达。赞詹的城市规模稍大于阿布哈尔，但赞詹居民普遍比较懒散。

塔巴里斯坦地区的阿莫勒(Āmul)，不仅是该地区最大的城市，还是现任统治者的驻地，他们曾经居住在萨里。塔巴里斯坦拥有丰富的水源、果实和树木，此地既有山地，也有平原，大部分地区都被密林覆盖。建筑多采用木材和芦苇建造，由于冬夏多雨，屋顶建有房脊以应对降雨。阿莫勒的城市规模比加兹温更大，城市建筑密集，该地区没有比它更为古老的城市。塔巴里斯坦出产优质丝绸并运往各地，伊斯兰国家没有一个城市能在丝绸数量上与之匹敌比。阿莫勒拥有丰富的木材资源，以硬质木材为主，可用于雕刻器皿和餐具，并被运往各地。此地居民通常头发浓密、眉毛相连、语速快、行动迅捷。他们的食物多为米饼、鱼、大蒜和豆类，与基勒、德莱木地区的口味相似。塔巴里斯坦盛产丝绸服饰，销往世界各地，还出产羊毛、褥垫和服饰等产品。尽管整个塔巴里斯坦地区没有可以行船的河流，但都拥有水源，且该地区距海较近，至海的行程不足一天。这里的密林多位于山地，塔巴里斯坦内陆地区的水源多为露水和渗水。

戈尔甘地区最大的城市是戈尔甘，其规模超过了阿莫勒。这座城市以泥筑建筑为主，其土壤相较于阿莫勒更为干燥，降雨量与露水量比塔巴里斯坦少。此地居民品格高尚、慷慨大方。戈尔甘城市分成两个部分，一部分为城市，另一部分则是巴克拉巴兹（Bakrābādh），两地之间流淌着一条大河，足以容纳船只通行。此地盛产丝绸，戈尔甘的扎尔都达赫（Zardūdah）是塔巴里斯坦丝绸的重要来源，塔巴里斯坦本身并不出产丝绸。戈尔甘地区水资源丰富，农场广袤。自伊拉克向东的地区，没有比戈尔甘气候更综合、景色更优美的城市。因为这里不仅能欣赏雪景，还能见到椰枣树，这种独特的气候条件使得这里既有热带产物，也有寒带水果，如无花果、橄榄和其他水果。此地居民以侠义、谨慎和良好品德著称。其中不乏品质卓越之人，如麦蒙时期的首领阿玛尔吉（al-'Amarkī）就是其中的佼佼者。此处的货币体系与塔巴里斯坦一致，使用第纳尔和迪尔汗为货币单位。重量单位上，一麦那相当于 600 迪尔汗，这一标准与雷伊、塔巴里斯坦相同。赫卡通皮洛斯的一麦那仅为 300 迪尔汗。

阿斯塔拉巴兹的丝绸产量丰富。此地的海边拥有可至里海、杰尔宾特、基勒和德莱木等地的港口。在我所提及的这些地区中，没有比阿比斯昆更大的港口。此处的关隘名为迪西斯坦驿站，还设有讲坛，这是乌古斯人和突厥人的关隘。戈尔甘的边界与花剌子模（Khwārazm）之后的沙漠相连，突厥人正是从那里踏上了他们的征程。

## 该地区的距离

雷伊至阿塞拜疆边界的路线。雷伊至加兹温为 4 程，加兹温至阿布哈尔为轻松的两程，阿布哈尔至赞詹需两日，这段路程比加兹温至阿布哈尔的路程更长。如果不想进入加兹温，可以取道达斯塔比（Dastabī）郊区的亚兹达巴兹村庄（Qarya Yazdābādh）。

雷伊至吉巴勒地区的路线。雷伊至古斯塔纳（Qusṭāna）为 1 程，古斯塔纳至马什卡维赫（Mashkawīh）为 1 程，马什卡维赫至萨韦为 1 程又 9 法尔萨赫。萨韦有时归属于吉巴勒地区，有时又隶属于雷伊管辖。

雷伊至塔巴里斯坦的路线。雷伊至巴拉兹彦（Barazyān）是轻松的 1 程，巴拉兹彦至纳玛汉德（Nāmahand）是辛苦的 1 程，纳玛汉德至阿斯克（Āsk）为 1 程，阿斯克至布鲁尔（Bulūr）为 1 程，布鲁尔至卡纳兹勒（Kanāzil）为 1 程又 6 法尔萨赫，卡纳兹勒至拉里兹城堡（Qal'at al-Lāriz）为 1 程又 5 法尔萨赫，再至法尔萨特（Farsat）为 6 法尔萨赫，从法尔萨特再至阿莫勒为 1 程。

雷伊经赫卡通皮洛斯至呼罗珊的路线。雷伊至阿芙兰丁（Afrandīn）为 1 程，阿芙兰丁至卡赫达（Kahda）为 1 程，卡赫达至哈瓦尔为 1 程，哈瓦尔至米勒赫村庄（Qarya al-Milḥ）为 1 程，米勒赫村庄至拉斯卡勒布（Ra's al-Kalb）为 1 程，拉斯卡勒布至塞姆南为 1 程，塞姆南至伍勒亚巴兹（'Ulyā Bādh）为 1 程，伍勒亚巴兹至贾尔玛加维（Jarmajawī）为 1 程，贾尔玛加维至达姆甘为 1 程，达姆甘至哈达达（al-Ḥadāda）为 1 程，再至巴兹什（Badhsh）为 1 程，巴兹什至穆尔詹是辛苦的 1 程，再至哈福达尔（Hafdar）为 1 程，哈福达尔至阿斯达巴兹为 1 程，阿斯达巴兹属于内沙布尔。

塔巴里斯坦至戈尔甘的路线。阿莫勒至米拉为两法尔萨赫，米拉至布尔基为 3 法尔萨赫，这段路程总计 1 程。再至萨里为 1 程，再至马利萨特（Mārisat）为 1 程，再至艾巴丹（Abādān）为 1 程，再至塔米萨为 1 程，塔米萨至阿斯塔拉巴兹为 1 程，再至里巴特哈夫斯（Ribāṭ Ḥafṣ）为 1 程，里巴特哈夫斯至戈尔甘为 1 程。另外，还有一条更近的路线，从阿莫勒至马穆泰伊尔为 1 程，再至萨里为 1 程，这样就不需要经过布尔基，从而使行程缩短。另一条路线上设有两座讲坛。

阿莫勒至德莱木的路线。阿莫勒至纳塔勒为1程，纳塔勒至萨卢斯是轻松的1程，萨卢斯至凯莱尔为1程，再至德莱木为1程。阿莫勒经海边到艾因汉姆是轻松的1程。

戈尔甘至呼罗珊的路线。戈尔甘至第纳尔扎里（Dīnārzārī）为1程，第纳尔扎里至阿玛维塔（Amāwitā）为1程，阿玛维塔至阿加噶（Ajagh）为1程，阿加噶至塞伊巴达萨特（Saibadāsat）为1程，塞伊巴达萨特至阿斯法拉因（Asfarā'īn）为1程。戈尔甘至赫卡通皮洛斯的路线。戈尔甘至朱海纳为1程，再至巴斯塔姆为1程。

# 里海地区

里海地区的东侧为部分德莱木地区、塔巴里斯坦地区、戈尔甘地区以及戈尔甘和花剌子模之间沙漠的部分地带。其西侧紧邻阿兰、萨里尔边界、可萨诸国以及西亚库赫地区的乌古斯沙漠，南部则与基勒和德莱木接壤。这片海洋并未与地球上的其他海域相连，若有人环海而行，最终将会回到起点，除了一条注入其中的淡水河流，全程无其他障碍。它是一个咸水湖，无潮汐，水中有岛屿。这是一片呈黑色，底部覆盖着泥泞的海洋，与红海和印度洋的其他海域截然不同，在印度洋的某些地方，人们可以透过清澈的海水看到海底，甚至能辨认出海底的白色石头。这片海域并不盛产珍珠、珊瑚或其他海洋宝石，主要以鱼类资源为主。穆斯林地区的商人乘船穿越这里，从他们的土地前往可萨地区，即阿兰、基勒、塔巴里斯坦和戈尔甘之间的地带。在这片海洋之中，并无像我在印度洋和地中海区域所描述的那般，拥有建筑和居民栖息的岛屿。这里的一些岛屿上生长着茂密的灌木和树木，并拥有水源，岛上未驯养任何动物。西亚库赫岛便是其中之一，这座大岛，拥有泉水、树木和灌木，同时还栖息着各种野兽。另一座正对库拉的岛屿同样辽阔，它拥有灌木、树木和水源，并且盛产茜草。人们将巴尔达各地的产品运到这个岛上，并从岛上运走茜草。船只将巴尔达和其他地方的牲畜运到这里进行放牧，直到它们被养至膘肥体壮。

从阿比斯昆出发，向右沿着海岸线前行，通往可萨地区的旅途中，不会见到任何村庄或城市。唯一的例外是迪西斯坦，这是一个位于距离海岸约 50 法尔萨赫的地方。这里是里海的一处入口，船只可在此躲避海浪侵袭。迪西斯坦吸引了来自各方的人们，他们选择在这里定居，并以捕鱼为生，此处拥有水源。至于这个地区其他可能有人居住的地方，我目前所知仅限于西亚库赫。那里居住着一群与当地有密切关系的突厥人。由于与乌古斯人之间的矛盾，他们选择了与其断绝联系，并将西亚库赫作为他们栖身之地和牧场，他们在这里拥有泉眼和牧场。这便是阿比斯昆往里海右侧的情况。从阿比斯昆出发，向左沿着海岸线前行，通往可萨地区，沿途可见连绵不断的建筑，其中杰尔宾特和可萨之间的部分区域则是例外。若从阿比斯昆启程，途经戈尔甘、塔巴里斯坦、德莱木和吉巴勒地区，再进入阿兰地区，跨过穆甘抵达杰尔宾特，这段旅程将耗时两日。杰尔宾特位于希尔万沙王朝的领土范围内。随后，再行四天，可到达到萨曼达尔（Samandar），而萨曼达尔至伊莎勒则是一段为期 7 天的沙漠行程。里海在西亚库赫地区有一条狭窄的通道，船只进入时存在被风浪破坏的风险。一旦船只受损，便无法从突厥人手中夺回，他们将会占据这些船只。

可萨是一个地区的名称，其首府名为伊莎勒。伊莎勒这个名称源自一条从罗斯和保加尔流至此地的河流。伊莎勒地区分为两部分：西部是以这条河命名的区域，占据了较大的一部分土地。而东部则是国王的居所，国王在当地语言中被尊称为贝伊（Bik）或巴克（Bāk）。这部分区域的长度约为 1 法尔萨赫，四周被城墙包围，但这些城墙并非连贯的整体，而是由零散的建筑构成。这里的建筑被称为卡尔卡哈特（Kharkāhāt），主要以泥土建造而成，风格简朴。此处设有市场和澡堂，大量穆斯林生活在此，据说其人数超过 10000 人，他们拥有大约 30 座清真寺。国王的宫殿以砖为材料建造而成，位于远离河岸的地方。在可萨地区，除了国王的宫殿外，没有其他建筑使用砖块修建，国王不允许任何人用砖块建造房屋。城墙设有四扇城门，其中一扇通向河岸，另一扇则通向城后的沙漠。

可萨地区的国王是位犹太人，据说他拥有4000名护卫。穆斯林、基督教徒、犹太教徒以及拜物教徒共同存在于这片土地上。此地的穆斯林和基督徒占多数，尽管犹太教徒在人数上最少，但国王和贵族阶层却以犹太教徒为主。拜物教徒的道德观在当地盛行，他们通过跪拜等仪式来表达敬意，这些些古老仪式与穆斯林、犹太教和基督教的信仰存在明显差异。国王麾下的军队规模达12000人，一旦有士兵死亡，便会有新的士兵顶替其位置。这些士兵没有固定的粮饷，只有少量报酬，且往往要等待很长时间才能领取到。只有在战争爆发或者党派需要时，军队才会集结起来。国王的财富主要来源于税收和贸易的什一税，无论是陆路、海洋还是河流，都需缴纳相应的税款。可萨地区还为各地的商人和居民提供各种服务，包括食物、饮水和其他生活必需品。可萨地区的国王由七位不同信仰的统治者共同辅佐，他们分别来自犹太、基督、穆斯林和拜物教等不同背景。面对这些统治者管理的政府，民众通常直接向国王提出需求，但这些请求实际上会经过统治者们的传达和协调。在审判日，统治者与国王之间的使者承担着沟通双方的重任，他将事件的进展汇报给国王，并接收国王的指示和命令。这座城市没有村庄，仅散布着一些的农场。夏季时，他们会在约20法尔萨赫的土地上种植作物，这些土地一部分位于河边，另一部分则位于沙漠之中，他们依赖于牛和船只这两种交通工具运输庄稼。大米和鱼是当地的主食，而蜂蜜和蜡则主要来源于罗斯和保加尔。此外，从这里运往世界各地的毛皮，主要产自流经保加尔、罗斯和库亚巴赫（Kūyābah）地区的河流附近，据我所知，这些毛皮在其他地区难以见到。可萨地区的东部是商业活动中心，这里汇聚了大量商人、穆斯林和商店。相比之下，西部则主要是国王、军队以及纯正可萨人居住的区域。可萨地区的语言既不同于突厥语，也不同于波斯语，且与其他民族的语言也存在显著差异。

据我所知，伊莎勒河的发源地位于柯尔克孜附近，它流经基马克和乌古斯之间的区域，并构成了基马克和柯尔克孜的分界线。随后该河流向西流经保加尔，之后折返东部，穿越罗斯地区，再次经过保加尔和布尔塔斯（Burṭās），最终注入里海。据传，伊莎勒河分出了 70 多条支流，其干流穿越可萨地区，直至汇入海洋。据说，如果将这些河流的水量汇集到一条河中，其流量将超过阿姆河。这些丰富的水量不仅足以流入海洋，还能在海中流淌出两日行程的距离。这片海域的海水为淡水，因此在冬季时，这片海水会结冰，并与周边海水呈现出截然不同的颜色。

萨曼达尔，是一座可萨地区的城市，它位于可萨地区和杰尔宾特之间。这座城市拥有丰富的花园，据说此地拥有大约 4000 座果园，一直延伸到萨里尔的边界，果实多为葡萄。萨曼达尔生活着穆斯林，他们在城市中建造了清真寺。这座城市的建筑为木材交错而成，屋顶上涂有油脂。这一地区的国王是犹太人，与可萨国王有着亲属关系。萨曼达尔距萨里尔的边界为两法尔萨赫，他们与萨里尔的统治者保持着停战状态。

萨里尔地区的居民主要是基督教徒，据说，萨里尔曾一度是某些波斯国王的领土。这里曾有一张为波斯国王特别制作的黄金床，每当国王离世，其遗体便会安放在此床上，这张床曾被多位波斯国王使用。据我所知，这张床是由巴赫拉姆·楚宾（Bahrām Jūbīn）的后裔打造，而现在萨里尔的国王正是他们的后裔之一。据说，萨里尔在许多年间曾隶属于不同的科斯鲁。现今的萨里尔和穆斯林之间维持着停战状态。除了已知的萨曼达尔外，我不了解可萨地区的其他人口聚居地。

布尔塔斯人是与可萨相邻的一个族群，没有其他族群居于两者之间。布尔塔斯人主要分布在伊莎勒河谷地区。布尔塔斯是这一地区的名称，而罗斯、可萨和萨里尔则是各自王国的名称，而非城市或族群的称谓。

可萨人与突厥人在外观上有所不同，他们的头发呈现为黑色。他们分为两大族群：古拉可萨（Qurākhazar）和另一种肤色更白皙的类型。古拉可萨人的肤色如同印度人一般黑，甚至更为黝黑。而那些肤色白皙、外表美丽的可萨人则多为奴隶身份，他们信仰拜物教，并存在着买卖孩童和相互奴役的现象。与此相对，犹太人和基督徒，与穆斯林一样，都严禁奴役他人。在可萨地区，除了噶里（al-Gharī）之外，并没有地区能够生产出可供外销的商品，水银、蜂蜜、蜡、皮毛和绒毛等都是从其他地方运来的。他们的服饰主要由皮毛衣物、噶拉提格和圆帽构成，他们不穿戴其他的服饰，这些物品都来自戈尔甘、塔巴里斯坦、亚美尼亚、阿塞拜疆和罗马等地。政治体系或王国政务方面，可萨人的最高领袖被称为可萨可汗，其地位凌驾于可萨国王之上，然而，可萨可汗的推选权掌握在可萨国王手中。要想成为可汗，候选人需要经历一个特殊的仪式。可萨国王们会用绸带紧紧勒住他，直到他几乎窒息，这时，国王们会问他："你希望统治多长时间？"他会回答自己想要统治的年数。如果他在那个期限之前去世不会有影响，但如果他活到了所说的年限，他就会被处死。可汗制度仅在可萨人中的显贵家族内部实施。可汗并不发布命令或制定禁令，而是在觐见他人时，接受他人的敬意与跪拜。仅国王及其少数同等地位的人有资格拜见可汗，而国王也仅在必要时才会前去参拜。当国王参见可汗时，他会匍匐在地、顶礼膜拜，之后方可起身，并等待获准接近可汗。若某一派的势力强大，并从中产生了一位可汗，那么突厥人及其异教徒的追随者除了可汗离世之外，将无法见到可汗。出于对可汗的敬意，他们不会攻击他。当一位可汗去世并被埋葬后，任何人经过他的坟墓时都必须下马并跪拜，只有在离开坟墓后才能再次上马。民众对国王的服从程度极高，即便是贵族面临死刑，国王也倾向于私下命令其自尽，而非公开执行。在这种情况下，那人就会回到家中自行了断。在那些没有王国领土和财富的贵族家族中，一旦某人被选为可汗并获得统治权，家族会立即与他达成协议，不论其个人状况。据我信任的人说，他曾在市场上遇到了一位年轻的商贩，人们认为如果可汗去世，他是最合适的继位人选。但问题是，他是一位穆斯林，而只有犹太教徒才有资格成为可汗。可萨地区的床和金顶是专为可汗定制的，此外，可汗的营帐总是高于国王的营帐，其住所也比国王的住所更高。

布尔塔斯是一个地区的名称，其居民主要居住在木制房屋中，并习惯于睡在地面上。巴斯加拉特人（Basjarat）可分为两大群体，其中一部分生活在乌古斯的最远端，位于保加尔地区之后。据传，这部分巴斯加拉特人约有 2000 人，他们具有强大的战斗力，在战争中所向披靡且服从于保加尔的统治。另一部分巴斯加拉特人则与佩切涅格人（Bajanāk）相邻，两者同属于突厥民族，且与罗马接壤。保加尔的语言与可萨地区的语言相近，而布尔塔斯人则使用另一种语言。罗斯的语言与可萨和布尔塔斯的语言均不相同。保加尔是一个城市的名称，其居民为穆斯林，城市内有大清真寺。保加尔附近有一个名为萨瓦尔（Sawār）的城市，同样拥有大清真寺。据曾在那里演讲的人所述，保加尔和萨瓦尔的人口总和大约为 10000 人。他们冬天会居住在木屋中，夏天则会睡在卡尔卡哈特的地上。他还提到，在夏季的夜晚，人们的出行距离通常不会出行超过 1 法尔萨赫。到了冬季，白昼变短，黑夜变长，夜晚的时间会逐渐增加，直至冬天的白昼时间与夏天夜晚的时长相当。

罗斯人由三部分构成，其中一部分居住在保加尔附近，他们的国王定居于名为库亚巴（Kūyāba）的城市，此城亦是保加尔地区最大的城市。稍远的另一部分人被称作萨拉维亚人（al-Ṣalāwiyya），还有一部分人则是阿尔沙尼亚人（al-Arthāniyya），其国王居住在阿尔沙（Arthā）。人们会到库亚巴经商，阿尔沙则禁止外人的进入，因为他们会杀掉所有想要踏足其领土的外来者。他们只在水上贸易，不向外界透露一应事宜和交易细节，也不允许任何人陪同或进入他们的国家。阿尔沙地区出产黑貂和铅。罗斯民族采用火化的方式处理逝者的遗体，甚至连侍女也会一同被焚烧。在罗斯人中，有些男性会选择剃掉胡须，而另一些人则会将胡须编成发辫样式。他们的服饰为短袍，可萨人、保加尔人和佩切涅格人则倾向于穿长袍。罗斯人与可萨地区、罗马地区以及大保加尔地区都有贸易往来。他们北边毗邻罗马，罗斯人人口众多，力量强大，这使得他们能够有效抵御来自周边罗马人的威胁。内保加尔的居民全部信奉基督教。

里海与其周边地区的距离。阿比斯昆沿着里海海岸向右边行进，至可萨地区的距离约为 300 法尔萨赫。若选择沿海岸左边前行，抵达可萨地区，距离也大约是 300 法尔萨赫。阿比斯昆至迪西斯坦为 6 程。在风向合适的情况下，从塔巴里斯坦渡海至杰尔宾特，1 周内便可抵达。阿比斯昆至可萨地区的距离大于海的宽度，原因在于路线曲折且存在多个角度。伊莎勒至萨曼达尔为 8 日，萨曼达尔至杰尔宾特为 4 程。萨里尔王国与杰尔宾特之间的距离为 3 日。伊莎勒至布尔塔斯的边界需行 20 日，从布尔塔斯的起点到终点大约为 15 日，布尔塔斯至佩切涅格的距离约为 10 程。从伊莎勒至佩切涅格需行 1 月，从伊莎勒取道沙漠，至保加尔同样约需 1 月。而从保加尔经水路到苏欧德（al-Ṣu‘ūd）约需两月，再行 20 日左右可至胡都尔（al-Ḥudūr）。保加尔至罗马地区的首个边界约为 10 程，保加尔至库亚巴的距离约为 20 程。佩切涅格至内巴斯加拉特为10日，内巴斯加拉特至保加尔为 25 程。

# 呼罗珊沙漠地带

呼罗珊和法尔斯之间沙漠地带的周边地区。沙漠的东侧与莫克兰和部分锡吉斯坦相接，其西侧则与赫卡通皮洛斯、雷伊、库姆和卡尚相邻。沙漠北边与呼罗珊和部分锡吉斯坦接壤，而南部边界则延伸至克尔曼、法尔斯以及部分伊斯法罕地区。

这片沙漠是伊斯兰沙漠中人口、村庄和城市最为稀疏的地区之一。巴迪亚沙漠（Mafāwiz al-Bādiya）内拥有牧场、阿拉伯人生活区、城市以及村庄，纳季德、帖哈麦和希贾兹等地都是部落的所在地，居民们往返于牧场间。也门地区的情况与之类似，除了阿曼、叶麻麦和海边至也门边境的地带，这一区域并非阿拉伯人的生活区。同样地，克尔曼、莫克兰和信德的沙漠地带则居住着阿赫比亚人（al-Akhbiyya）和阿赫萨斯人（al-Akhṣāṣ）等族群。柏柏尔沙漠也有牧场。穿越法尔斯与呼罗珊的沙漠需要熟知路线，这些地区的路线通常不会标注驿站，因为沿途鲜有建筑和居民。这片沙漠是盗匪活动和不良现象最为严重的地区之一，这是因为它不属于任何特定地区的管辖范围，这些地区通常由当地居民自行维护。因为这片沙漠的周边存在多个苏丹统治者，沙漠的管辖权分散，一部分属于呼罗珊和赫卡通皮洛斯，一部分归锡吉斯坦统治，而克尔曼、法尔斯、伊斯法罕、卡尚、和雷伊也对部分沙漠拥有管辖权。一旦沙漠中某处出现不良现象，居民们便会转移到另一处。沙漠的地形极为艰险，骑马穿越几乎不可能，骆驼成为了主要的行进方式，它们负责携带货物。因此，人们必须沿着熟悉的路线行进，并依赖已知的水源来确保生存。在沙漠中，任何偏离路线的行为都可能导致致命的后果。这片沙漠为盗匪提供了藏身之处，他们在此藏匿财宝，其据点被称为卡尔卡斯库赫山（Jabal Karkaskūh）。卡尔卡斯是一片沙漠的名称，这片沙漠毗邻雷伊、库姆，从沙漠东部边缘到此处，需要行走数日。卡尔卡斯库赫山并非一座大山，而是一座孤立于周围山脉的山体，四周被沙漠所环绕。据我了解，山脚下的房屋距沙漠仅有大约两法尔萨赫之遥。山中有一处名为阿布班达赫（Āb Bandah）的水源，这座山的中部宛如一个开阔的广场，然而，山中小道上水源稀缺。通往山顶的山路曲折险峻，道路荒凉寂静，难以辨别道路两旁可能潜藏的物体。身处阿布班达赫水源处，会感到仿佛置身于被群山环抱的圈养场中。西亚库赫山绵延起伏，且与基勒的山脉相接。

这片沙漠中分布着村庄，萨尼詹（Sanījan）是我所知的唯一位于此处的城市。它坐落于克尔曼地区，四周被沙漠包围，位于通往锡吉斯坦路线的沙漠路线上。伊斯法罕通往内沙布尔的路线，会途径这片沙漠中一个名为贾尔马格（al-Jarmaq）的地方，它由 3 个村庄组成。沙漠周边有许多知名城市，包括法尔斯地区的纳辛（Nāthīn）、亚兹德和乌科达，以及伊斯法罕的阿尔德斯坦（Ardistān）。在克尔曼地区，则有卡比斯、扎瓦尔（Zāwar）和纳尔玛希尔（Narmāshīr）[1]等城市与之相邻。吉巴勒地区的库姆、卡尚和迪扎赫（Dizah）也位于沙漠周边。同样，雷伊、哈瓦尔的郊区也与这片沙漠相连，赫卡通皮洛斯的达姆甘、塞姆南亦是如此。在呼罗珊地区，库西斯坦的塔布辛（al-Ṭabsīn）、塔巴斯（Ṭabas）和加延（Qā'yin）等城市的郊区边界也与这片沙漠相接。

---

[1] 纳尔玛希尔（Narmāshīr），可能与纳尔玛沙赫尔（Narmāshahr）指同一地。

这片沙漠中，有数条已知的路线。最短的一条是从伊斯法罕通往雷伊的路线。还有从克尔曼至锡吉斯坦的路线，以及法尔斯和克尔曼通往呼罗珊的路线。在法尔斯边界地区，有亚兹德路线、舒尔（Shūr）路线和扎瓦尔路线。克尔曼地区除了至呼罗珊的卡比斯路线，还有一条从克尔曼至呼罗珊的新路线，这些是已知的路线，我不了解上述路线之外的其他路线。此外，还有一条较少人走的路线通往伊斯法罕，这条路线途经赫卡通皮洛斯，仅在必要时才会选择，需要按照特定的方向前行。我将会遵从安拉的旨意，在接下来的内容中介绍这些路线的走向和特点。

雷伊至伊斯法罕的路线。雷伊至有讲坛的迪扎赫城为 1 程，沿途除了位于两法尔萨赫处的中间地带缺乏建筑外，其他地方都可见到建筑物。迪扎赫至达伊尔吉斯（Dair al-Jiṣṣ）为1程，两地之间是与卡尔卡斯库赫和西亚库赫相邻的沙漠。达伊尔吉斯是一座用石膏和砖修建的客栈，这里不仅是苏丹护卫队的驻地，也是旅人休息的驿站。这里缺乏耕作和树木，客栈内的水井为咸水井，不宜饮用，此处的水源为客栈外的两个雨水池，沙漠环绕客栈两侧。达伊尔吉斯至卡吉（Kāj）的途中也是沙漠，卡吉曾是一个村庄，如今已废弃，没有居民。尽管如此，这依然是一座驿站，也以雨水池作为水源，井水同样是咸水。卡吉至库姆的途中有一座驿站，这条沙漠路线最终在距城市两法尔萨赫的地方结束，之后经过沙漠中的村庄、城市。库姆通往拜火教村庄的路线，沿途有人居住，这段路程的距离为 1 程，这个村庄的居民信仰拜火教。此处至卡尚为两程，卡尚位于沙漠边缘，有建筑。卡尚至被称为巴德拉（Badra）的堡垒为两程，这条路线的部分位于沙漠之中，堡垒周围环绕着建筑。巴德拉堡垒内有耕作，大约有 50 位居民生活在这里。巴德拉至艾卜·阿里·本·鲁斯塔姆（Abu ‘Alī bin Rustam）客栈是艰苦的 1 程。这片沙漠与卡尔卡斯库赫沙漠相连，驿站是旅客的休憩地，人们轮流在此居住，附近村庄的流水汇聚到驿站的水池中。驿站至丹基（Dānjī）为 1 程，丹基是一个繁荣的大村庄，丹基至伊斯法罕是轻松的 1 程，沿途很繁荣。雷伊至伊斯法罕的路线位于卡尔卡斯库赫和西亚库赫之间，卡尔卡斯库赫位于行进方向的左侧，而西亚库赫则位于右侧。西亚库赫是盗匪的藏身之地，无建筑物。卡尔卡斯至达伊尔吉斯为 4 法尔萨赫，达伊尔吉斯至西亚库赫为 5 法尔萨赫，卡尔卡斯库赫经达伊尔吉斯，抵达西亚库赫的路线为 9 法尔萨赫。卡尔卡斯库赫至迪扎赫为 7 法尔萨赫。

纳因路线。纳因至这片沙漠中的农场为 1 程。这个农场名为布纳（Būna），可能有两至三人在此生活，内有用于耕作的泉水。布纳至贾尔马格（al-Jarmaq）为 4 程，这条路线每 2 或 3 法尔萨赫就有圆顶建筑和水池。贾尔马格又被称为西德赫（Sīdh），它包括三个村庄：巴亚格（Bayāq）、贾尔马格和阿拉巴赫（Arrābah）。这些村庄属于呼罗珊地区，拥有椰枣树、耕作、泉水和大量牲畜。这三个村庄共有约 1000 人，都在泉眼的视野范围之内，彼此之间的距离也很近。贾尔马格至努卡尼（Nūkhānī）为 4 程，这条路线每 3 或 4 法尔萨赫就有圆顶建筑和水池。努卡尼至浩兰驿站为 1 程，驿站至一个名为伊塔什克汗（Itashkhān）的村庄是轻松的 1 程，伊塔什克汗至塔布辛为 1 程。从努卡尼到达斯卡尔万（Daskarwān）为 1 程，达斯卡尔万至班（Ban）为辛苦的 1 程，再到图尔什兹（Turshīz）两程，图尔什兹至内沙布尔为 5 程。亚兹德、舒尔和纳因路线汇集在卡里（Karī）村庄，这里的人口约为 1000 人，此地拥有广阔的郊区。塔巴斯和卡里之间的距离为 3 法尔萨赫。

舒尔路线。舒尔，并非村庄或城市的名称，而是这片沙漠中一处咸水的名字。在舒尔沙漠的中心，有一个名为比拉（Bīra）的小村庄，人口不足 10 人，属于克尔曼地区。此处至名为穆古勒（Mughūl）的泉眼为 1 程，无建筑。再至古穆尔苏尔赫（Ghumr

Surkh）为 1 程，这是一个大湖，湖底铺满了红泥，周围的山脉也呈现出红色。继续前行至名为贾赫巴尔（Jāh Bar）的驿站为 1 程，这里有井水和圆顶建筑，但没有人居住。从贾赫巴尔驿站到一个名为哈扎尔的水池为 1 程，这是一个收集雨水的水池。从哈扎尔水池至舒尔，舒尔是一个咸水泉，但是可以用作饮用水，这里有圆顶建筑，同样无人居住。舒尔至另一个名为穆古勒的驿站为 1 程，穆古勒驿站有泉眼和圆顶建筑。穆古勒至卡里是辛苦的 1 程。在距卡里4法尔萨赫的地方，有一个水池，水池中有流水。在舒尔沙漠中，舒尔泉水和巴尔之间布满了石砾，如果往右走，那是呼罗珊至克尔曼的路线，约为两法尔萨赫。这些石头形状各异，有的像扁桃仁和苹果等水果，有的则形似人或树木。

扎瓦尔路线。扎瓦尔是一个繁荣的村庄，拥有城防和流水，位于克尔曼边界。从此处至达尔库吉里（Darkūjrī）为 1 程，那里的泉眼很微弱，没有建筑物。从达尔库吉里至舒尔达瓦兹达赫（Shūr Dawāzidah）为 1 程，这是一个废弃的客栈，椰枣树零散地生长在这里，但无人居住，这是一个可怕的地方，常常受到盗匪侵扰。再至代伊尔巴尔丹（Dair Bardān）为 1 程，这里是一片沙漠，有井却无建筑。随后达到一个拥有流水池的驿站为 1 程，这里没有建筑。从该水池至纳班德（Nāband），它是一座拥有 20 间房屋的驿站，有水源，水上还有小磨坊，这里生长着椰枣树，人们依赖泉眼进行耕作。离纳班德两法尔萨赫处有泉眼，那里生长着椰枣树，还有圆顶建筑，但无人居住。在纳班德右侧视线范围内，生长着许多椰枣树，还有牧场，但无人居住，这里是盗匪的巢穴，但是纳班德的居民会照看和采摘这些椰枣树。从纳班德行两程到一个叫做比阿尔沙克（Bi'r Shakk）的地方，这段路程上，每 2 或 3 法尔萨赫就有圆顶和水池，无人居住，比阿尔沙克的水质很好。比阿尔沙克至霍尔（Khūr）为 1 程，这里什么都没有。霍尔至霍斯特（Khūst）为两程，霍斯特至卡里约为 3 程。

卡比斯路线。卡比斯位于沙漠边缘，它是一座位于克尔曼热带地区的城市。这是一座小城市，流水潺潺，椰枣树郁郁葱葱，它是一个物产丰富的地方。此地至一个名为达尔瓦兹克（al-Darwāziq）的地方为 1 程，在这里能看到破旧不堪的建筑，丘陵上依稀可见昔日的建筑轮廓，但现在已经被摧毁。这里没有河流、井或泉眼。继续前行到一个名为舒尔鲁兹（Shūrrūz）的地方为 1 程，这是一个仅有雨水穿流而过的河谷，然而，河水在流经盐碱地后变得咸涩，同样，这片沙漠的土壤也因盐分而变得咸涩。

从舒尔鲁兹到一个名为巴尔萨克（Bārsak）的地方为 1 程，那是一座小山。再从那里到一个名为尼玛（Nīma）的地方为 1 程，这里有阿麦尔·本·莱伊斯的女儿所挖的井，井深达 20 庹，井水呈黑色。我听说，有一只狗因饮用了这井水而丧命。继续前行到一个名为豪德（al-Ḥauḍ）的地方为 1 程，这是一个汇集了雨水的集水池。再至拉阿斯玛（Ra's al-Mā'）为两程，这里有一个泉眼，水汇集在一个水池中，被用来灌溉庄稼，这里还是一个仅供一、两个人居住的客栈。从拉阿斯玛至一个名为库库尔（Kūkūr）村庄为 1 程，这是一个繁荣的村庄，位于库西斯坦边界。库库尔至霍斯特为两程。在卡比斯沙漠中，距离拉阿斯玛两法尔萨赫且与呼罗珊接壤的地方，有一片延伸了 4 法尔萨赫的黑色小石砾。巴尔萨克至哈瓦利吉派的坟墓（Qabr al-Khārijī）的路途上有一些小石砾。其中一些呈白色，宛如樟脑，另一些则呈绿色，犹如玻璃。如果从拉阿斯玛出发，向南行两法尔萨赫，将到达一座山，这座山以南 1 程的地方，是一片沙漠，那里没有一株植物。

亚兹德至呼罗珊的路线。亚兹德至阿布吉扎赫（Ābkhīzah）为 1 程，阿布吉扎赫没有村庄或居民，但有泉水和雨水池，亚兹德至阿布吉扎赫之间无建筑。阿布吉扎赫至基扎纳（Khizāna）为 1 程，两地之间无建筑，基扎纳是一个约有 200 人的村庄，有耕作、畜牧和花园。基扎纳至塔勒西亚赫萨比兹（Tall Siyāh Sabīdh）为 1 程，两地之间也没有建筑物，这是一个没有人居住的客栈，有两个雨水池。塔勒西亚赫萨比兹至萨甘德（Sāghand）为 1 程，两地之间无建筑，萨甘德是一个拥有 400 位居民的繁荣村庄，有泉眼。基扎纳比之更繁荣。萨甘德至比什特巴扎姆（Bisht Bādhām）是辛苦的 1 程，两地之间无建筑，此处有客栈和驿站，水源为井水。比什特巴扎姆至穆罕默德客栈是轻松的 1 程，两地之间无建筑，这是一个约有 30 人的客栈，有耕作和泉眼。穆罕默德客栈至里克（al-Rīk）为 1 程，这是一个拥有水池的驿站，客栈中无人。里克是一片规模为两法尔萨赫的沙漠。里克至穆海莱布（al-Muhallab）为 1 程，拥有客栈和泉眼，还有山脉，两地之间无建筑。此地至浩兰客栈为 1 程，浩兰客栈采用石膏和石材建成，通常由 3 至 4 人守护，这里有泉眼，无耕作。浩兰客栈至扎德阿基拉（Zād'ākhira）为 1 程，扎德阿基拉有水井，是一座无人居住的客栈，两地之间无建筑。扎德阿基拉至巴斯塔达冉（Bastādarān）为 1 程，这是一个约有 300 人的村庄，此处的运河中有流水，此地有耕作、畜牧和果园，两地之间无建筑。巴斯塔达冉至班是轻松的 1 程，两地之间无建筑，班是一个拥有约 500 人的村庄，且有流水、种植、畜牧，土地肥沃。班至达德维赫（Rādwīh）为 1 程，两地之间无建筑，达德维赫是一座有水的驿站，也是一座无人居住的客栈。达德维赫至里坎（Rīkan）为 1 程，两地之间无建筑，里坎是一座有耕作和流水的客栈，内有 3 或 4 人的守卫。里坎至伊塔勒沙特（Italshat）为 1 程，两地之间无建筑，伊塔勒沙特是一座有雨水池和客栈的驿站，无人居住。伊塔勒沙特至图尔什兹为 1 程，这是比什特内沙布尔（Bisht Naisābūr）的首府。这条路线每 2 法尔萨赫或 3 法尔萨赫就有客栈和水池。

这片沙漠地区的路线按顺序排列，首先是伊斯法罕至雷伊的路线，紧接着是纳因至呼罗珊的路线和亚兹德至呼罗珊的路线。此外，还有舒尔路线、扎瓦尔路线、卡比斯路线以及新路线，其后是锡吉斯坦至克尔曼的路线。新路线是从纳尔玛希尔至达雷斯坦（Dāristān）为 1 程，这是一个有椰枣树的村庄，之后沿途无建筑。此处至拉阿斯玛为 1 程，拉阿斯玛拥有泉眼，水流汇集在水池中。从拉阿斯玛横穿过整个沙漠到萨勒姆村庄（Qarya Salm）村为 4 法尔萨赫，据说萨勒姆村庄隶属于克尔曼地区。萨勒姆村庄至赫拉特为 10 日。如果从纳尔玛希尔出发，至萨尼季为 5 程，萨尼季至泉眼较少的萨勒姆村庄约为 5 日。至于锡吉斯坦路线，则从纳尔玛希尔出发，至克尔曼边界的萨尼季为 5 日，萨尼季至锡吉斯坦为 7 程。我已在锡吉斯坦和克尔曼部分的叙述中介绍了相关内容。

# 锡吉斯坦

这张地图中展示了锡吉斯坦及其周边地区。它的东边被莫克兰与信德之间的沙漠以及木尔坦的部分地区所环绕。而在西侧，它与呼罗珊和印度相邻。其北部边界与印度接壤，而南部则延伸至一片沙漠地带，这片沙漠位于锡吉斯坦、法尔斯和克尔曼之间，其后是一道由呼罗珊、古尔（al-Ghūr）和印度共同构成的弧线。

这片土地上值得关注的城市与地区，包括扎兰季（Zaranj）、卡什（Kash）、努赫（Nuh）、塔格（al-Ṭāq）、噶尔纳因（al-Qarnain）、哈瓦什、法拉赫（Farrah）、基扎赫（Jizah）、布斯特（Bust）、鲁赞（Rūdhān）、萨拉万（Sarawān）、萨里甘（Ṣāliqān）、巴格尼恩（Baghnīn）、达尔噶什（Darghash）、塔勒（Tall）、巴什兰克（Bashlank）、班吉瓦伊（Banjwāy）、卡哈克（Kahak）、加兹尼（Ghazna）、卡斯尔（al-Qaṣr）、斯外伊（Sīwai）、阿斯凡贾伊（Asfanjāy）以及贾曼（Jāmān）。锡吉斯坦最大的城市被称为扎兰季。这座城市拥有市区和郊区，市区内设堡垒和壕沟，郊区则建有城墙。壕沟中自然涌出的水流，并与其他水流汇合在一起。扎兰季共有五道城门，其中新门、老门相距不远，均通往法尔斯地区。第三道门则是卡尔库亚赫门（Bāb Karkūyah），通往呼罗珊地区。第四道是奈伊沙克门（Bāb Naishak），可通往布斯特。第五道门被称为塔阿姆门（Bāb al-Ṭa‘ām），它连接着各个郊区。这些门中最为古老的是塔阿姆门，这些城门全部采用铁制成。郊区共有十三道城门，其中包括通往法尔斯的密纳门（Bāb Mīnā），接着是戈尔甘门、希尔克门（Bāb Shīrk）、沙塔拉戈门（Bāb Shatārāq）、舒艾伊布门（Bāb Shu‘aib）、努西克门（Bāb Nūkhīk）、坎门（Bāb al-Kān）、奈伊沙克门、卡尔库亚赫门、伊斯塔利斯门（Bāb Istarīs）、甘贾拉门（Bāb Ghanjara）、巴尔斯坦门（Bāb Bārstān）以及鲁兹卡兰门（Bāb Rūdhkarān）。由于木材在当地容易腐烂，不适宜长期耐久使用，这些城门便采用了紧密压实的泥土，构筑成的拱形结构。大清真寺坐落于城内，而非位于郊区，可通过法尔斯门抵达。王宫则位于城外，具体位置在塔阿姆门和法尔斯门之间的郊区地带。监狱则位于城市内部，紧邻大清真寺。大清真寺背后和监狱附近原本也有一处王宫，但是后来被迁移到了郊区。在塔阿姆门和法尔斯门之间，矗立着两座宫殿，分别是雅库布·本·莱伊斯和阿麦尔·本·莱伊斯的宫殿。其中，王宫被设置在雅库布·本·莱伊斯的宫殿内。城市内部还有一座被称为“阿尔克”（Ark）的宏伟建筑，位于卡尔库亚赫门与奈伊沙克门之间，这座建筑是阿麦尔·本·莱伊斯修建的仓库。在城市内部，大清真寺周围的市场极其繁华，郊区的市场也同样繁荣。其中有一座市场被称为阿麦尔市场，它是由阿麦尔·本·莱伊斯建造而成，它坐落于大清真寺、医院（al-Bīmāristān）以及哈拉姆清真寺（al-Masjid al-Ḥarām）之间，这个市场每日的交易额约为 1000 迪尔汗。城市内部，有河流穿行而过，其中一条河流从老门涌入，另一条则从新门流入，而第三条河流则从塔阿姆门流入。这些河流的水量聚集到一起，足以推动水车转动。大清真寺拥有两个大水池，流水不断注入其中，随后水池再将水分流至居民的住宅和地下室。城市和郊区的大部分房屋都配备了流水和花园。郊区有河流，它们与流进城市的河流相互交汇。市场的范围从城市的法尔斯门一路延伸至密纳门，覆盖了约半法尔萨赫的区域。这片土地，主要由盐碱地和沙漠构成，气候炎热，这里生长着椰枣树。

这片土地无降雪。此处地势平坦，不见山峦起伏，最近的山脉坐落于法拉赫。这里风力强大且持久，因此人们建起了由风力驱动的风车。沙子随风飞扬，时常从一个地点飘移到另一个地点，若不采取防护措施，这些沙子会给村庄和城市带来损坏的风险。我听说，当他们想要移动沙子时，他们会用木头、荆棘等物品在沙子周围筑起高高的围墙，确保这些围墙的高度超过沙子。接着，在围墙底部开一扇门，当强风刮来时，风会通过这扇门进入，将沙子卷扬起来，形成类似沙尘暴的景象，直到沙子被风带着飞向高空，远离人们的视线，从而避免了沙子对他们的侵害。据说在波斯时期，曾有一座古城坐落于克尔曼和锡吉斯坦之间。穿过达拉克（Dārak），向左前行，沿着锡吉斯坦通往克尔曼的道路行 3 程，便能目睹这座古城的建筑和散落的房屋，这些建筑一直延伸至视线尽头，这个城市的名字是拉姆沙赫尔斯坦（Rām Shahristān）。据传，曾经有一条锡吉斯坦的河流流经这座城市，但后来断流了。人们将堵住赫尔曼德河（Hindmand）的淤泥倒入这条河中，导致水位下降，河流彻底停止了流动。因此，居民们纷纷离开了此地，转而建立了扎兰季这座城市。

赫尔曼德河是锡吉斯坦地区最大的河流，源自古尔地区的背后。它流经阿拉霍西亚（Rukhaj）、杜瓦尔沙漠（Bādī al-Duwār）和布斯特，最终流入锡吉斯坦，并注入扎拉赫湖（Buḥaira Zarrah）。这个湖泊随着水量的增减而扩大或缩小，它的长度约为 30 法尔萨赫，坐落于卡林（Karīn），位于法尔斯路线中从法赫斯南（Fahsnān）至克尔曼大桥的必经之路上。湖面宽为 1 程，湖水为淡水，湖泊中生长着芦苇，盛产各种水产品。湖畔周围散落着许多村庄，其中一部分区域被沙漠覆盖。赫尔曼德河是一条从布斯特流向锡吉斯坦的河流，其在锡吉斯坦境内延伸了整整 1 程的长度。这条河流拥有众多支流，其中第一条是塔阿姆河（Nahr al-Ṭa‘ām），它流经郊区，结束于奈伊沙克边界。紧随其后的是巴什塔鲁兹河（Nahr Bashtarūdh），它为许多郊区带来灌溉水源。然后是支流萨纳鲁兹河（Nahr Sanārūdh），它在锡吉斯坦境内绵延了 1 法尔萨赫。在这条河流水量充沛时，船只可自布斯特顺利抵达锡吉斯坦，唯有水位上涨时，航道才畅通无阻。锡吉斯坦城市的所有河流均源于萨纳鲁兹河，河水流淌至下游，分出一条支流，为大约 30 个村庄提供着灌溉水源。接着是支流玛伊里河（Nahr Mailī），它灌溉了许多郊区。然后是同样为许多郊区带来灌溉水源的扎里格（Zāliq）支流。赫尔曼德河的剩余部分汇入一条名为卡兹克（Kazk）的河流，这条河流上建有水坝，以阻止河水注入扎拉赫湖。唯有涨潮时，水坝的闸门才会打开，使得卡兹克河的水汇入扎拉赫湖。在布斯特门处，赫尔曼德河上横跨着一座船桥，与伊拉克河流上的船桥相似。法拉赫河谷以及其他地方的水流也汇入扎拉赫湖。锡吉斯坦河流中的法拉赫河，从古尔地区发源，灌溉着这片土地，并最终注入扎拉赫湖。奈伊沙克河同样发源于古尔地区，为这片土地提供灌溉水源，其中少量河水也注入扎拉赫湖。

锡吉斯坦的土地肥沃丰饶，粮食、椰枣和葡萄的产量都很丰富，居民生活相对富裕。位于锡吉斯坦和和莫克兰之间的锡吉斯坦沙漠，盛产阿魏，这种植物在当地的食物中随处可见，甚至已经成为了他们日常饮食的一部分。

巴巴利索斯是一个地区的名字，其首府城市为斯外伊，虽然卡斯尔才是统治者的常驻之地。阿斯凡贾伊的规模超过了卡斯尔。阿拉霍西亚是另一个地区的名称，其首府城市为班吉瓦伊，该地区还坐落着城市卡哈克。阿拉霍西亚地区位于达瓦尔地区（al-Dāwar）和巴巴利索斯之间，羊毛商人构成了当地居民的主体，他们通过这一行业积累了巨大的财富，这片土地非常肥沃和广阔，其居民因丰富的物产而富裕。达瓦尔是一个肥沃的地区，它是古尔人的关隘。

巴格尼恩、哈拉吉（Khalaj）、巴什兰克以及哈什（Khāsh）等地虽无城墙，但拥有城堡。达瓦尔是地区的名称，其城市为塔勒，这一地区还包括城市达尔噶什，这两座城市都位于赫尔曼德河沿岸。巴格尼恩、哈拉吉、喀布尔（Kābul）以及古尔等地区，部分居民已经皈依了伊斯兰教，部分则是和平主义者，这些地区均属于寒带气候区。卡里吉（al-Khalīj）是突厥人的一个分支，他们在古代成功征服了位于古尔背后、印度和锡吉斯坦之间的地区。这个分支以畜牧业为生，他们的外貌、服饰、和语言与突厥人保持着高度的相似性。布斯特这座城市并不属于锡吉斯坦管辖，扎兰季的规模比它更大，布斯特地区没有河流和山谷，当地居民的服饰风格与伊拉克人颇为相似，他们的祖先可以追溯到麦尔旺家族和亚萨尔家族（Yasār）。他们的商业触角延伸到了印度和信德地区。这片土地上生长着椰枣树和葡萄，土地非常肥沃。噶尔纳因是一座小城市，拥有村庄和郊区，坐落于距离锡吉斯坦 1 程的地方，它位于锡吉斯坦通往布斯特的必经之路上，向左拐即可通往布斯特。此地距苏鲁赞（Surūzan）仅有两法尔萨赫之遥。在历史上，噶尔纳因曾是萨法尔人的居住地，他们曾征服了法尔斯、克尔曼、呼罗珊以及锡吉斯坦。这些征服各地的萨法尔人是四位来自莱伊斯家族的兄弟：雅库布、阿麦尔、塔希尔和阿里。其中，塔希尔在布斯特门遭遇杀害。雅库布从巴格达返回之后，在贡迪沙布尔辞世，并被安葬在那里。阿麦尔·本·莱伊斯则在巴格达遭遇不幸，并葬在那里。阿里·本·莱伊斯曾受到戈尔甘的拉菲阿（Rāfi‘）庇护，最终在迪西斯坦离世，他的墓地也在那里。雅库布是兄弟中最年长者，曾为萨法尔人的奴隶。阿麦尔是一位很有谋略的人，据说他曾做过建筑工人。阿里·本·莱伊斯是兄弟中最年轻的一位，他们外出闯荡所获得的名声和成就很大程度上得益于他们的叔叔卡什尔·本·鲁噶格（Kathīr bin Ruqāq）。当时，卡什尔·本·鲁噶格的身边围绕着一群反对哈瓦利吉派的志同道合者，他们曾一度被困于名为卡菲勒（Qafīl）的城堡之中，后来，他们成功地摆脱了困境，并前往布斯特的某个地方。在这个地区，有一位名叫迪尔汗・本・纳赛尔（Dirham bin Naṣr）的领袖，他聚集了大量民众，并在对抗哈瓦利吉派的斗争中展现出了非凡的才能。这四兄弟加入了他的队伍，随后，他们一同踏上了前往锡吉斯坦的征程。当时，锡吉斯坦的统治者是塔希尔王朝的伊卜拉欣・本・侯赛因（Ibrāhīm bin al-Ḥusain），然而，他正处于一种相对弱势的状态。迪尔汗・本・纳赛尔和他的队伍抵达城门时，他们伪装成支持者，被当作为对抗贼匪而来的战士。他们成功地赢得了民众的信任，并逐渐获得了他们的支持。他们进入了城市，经过一番周折后离开，并前往周边地区。在那里，他们成功地控制了城镇，并与贼匪展开了战斗。贼匪的头领是伊玛拉・本・亚萨尔（'Imāra bin Yasār），雅库布被选派去对付他。雅库布与伊玛拉对决，并最终成功地将其击杀。唯有雅库布亲自出马才能制服那些顽敌，因此，他的地位得到了提升，权威也愈发稳固，迪尔汗的追随者们纷纷将目光投向了雅库布，最终将领导权交给了他，由此，他成为了他们的领袖。迪尔汗・本・纳赛尔在那之后成为了雅库布的追随者，始终对他保持着善意，直到雅库布决定请辞去朝觐。雅库布在巴格达停留了一段时间，在这期间，埃米尔派遣了一位使者前来，但雅库布将其杀害。此后，雅库布及其追随者的权势不断壮大，他们不仅夺取了锡吉斯坦及其周边的信德、印度部分地区，还占领了这些关隘。这些地区的人们向雅库布投降，随后，他继续征服了克尔曼、法尔斯、胡齐斯坦、伊拉克部分地区以及呼罗珊。

塔格是一座距扎兰季 1 程之遥的城市，它位于锡吉斯坦通往呼罗珊的路线上，紧邻贾伊（al-Jā'ī）背后。这是一座有花园的小城市，不仅盛产满足锡吉斯坦人的日常消费需求的葡萄，还畜养牲畜。塔格距噶尔纳因也为1程，向左拐可通往布斯特，此地和路线之间的距离约为半法尔萨赫。塔格的规模超过了噶尔纳因，拥有众多椰枣树和树木。它和噶尔纳因都拥有流水和运河。法拉赫则是一座规模超过这些城市的一座城市，其郊区拥有约 60 个村庄。这里生长着椰枣树、果树和农作物。这片土地位于平原之上，法拉赫河流经此地，城市的建筑以泥土为主要材料。基扎赫与法拉赫紧密相连，向右可从锡吉斯坦通往呼罗珊，它与该路线的距离约为 1 程。基扎赫是一座与噶尔纳因规模相当的小城市，拥有村庄和郊区，土地肥沃，此地的水源来自运河，建筑为泥制建筑。萨拉万是一座与噶尔纳因规模相仿的小城市，但相较于噶尔纳因，它更为繁荣。萨拉万拥有椰枣、葡萄等丰富的水果，此地距离布斯特为两程。在通往达瓦尔德的途中有两个驿站，其中一个名为法伊鲁兹甘德（Fairūzqand），而另一个便是萨拉万。萨里甘至布斯特的距离为1程。这里生长有水果、椰枣树和农作物，居民大多以纺织为生，水源依赖于河水，建筑为泥筑建筑。萨里甘的城市规模与噶尔纳因相当。鲁赞则比噶尔纳因稍小，它位于法伊鲁兹甘德附近，向右拐便可到达阿拉霍西亚。鲁赞的主要产物是盐，同时，此地也拥有农作物、水果和流水。

此地的距离。从锡吉斯坦至赫拉特的路线，第一程中会遇到一个名为卡尔库亚赫的地方，它距锡吉斯坦 3 法尔萨赫。卡尔库亚赫至比什塔尔（Bishtar）为 4 法尔萨赫，途中需跨过一座桥，赫尔曼德河就从这座桥下流过。比什塔尔距朱温（Jūwīn）为 1 程，朱温距布斯特也是1程，布斯特至坎贾尔（Kanjar）同样是 1 程，坎贾尔至沙里什克（Sharishk）还是 1 程。沙里什克至法拉赫河谷的桥为 1 程，河谷的桥至法拉赫又是1程，法拉赫至达拉赫（Darah）还是 1 程。接着，从达拉赫至锡吉斯坦最边远的库斯坦（Kūstān），从库斯坦至卡斯坦（Khāstān）为 1 程，卡斯坦属于阿斯弗扎尔（al-

Asfuzār）地区。卡斯坦至萨拉运河（Qanāt Sarā）为 1 程，萨拉运河至阿斯瓦德山（al-Jabal al-Aswad）为 1 程，阿斯瓦德山至贾曼为 1 程，贾曼至赫拉特为 1 程。

锡吉斯坦至布斯特的路线。从锡吉斯坦出发，第一程将抵达赞布格（Zānbūq），赞姆布格（Zāmbūq）[1]至繁荣的苏鲁赞村为 1 程，苏鲁赞至繁荣的哈鲁利（Ḥarūrī）村庄为 1 程，两地之间流淌着奈伊沙克河，河上有一座砖砌桥梁。哈鲁利至达哈克（Dahak），这是达哈克边界上的一座客栈。从这座客栈开始，后方的区域便是沙漠。沙漠有一座名为阿布舒尔（Āb Shūr）的客栈，阿布舒尔至卡鲁丁客栈（Ribāṭ Karūdīn），卡鲁丁客栈再至库西斯坦客栈，库西斯坦客栈至阿卜杜拉客栈（Ribāṭ ʻAbd Allāh），阿卜杜拉客栈再至布斯特。达哈克客栈至距布斯特 1 法尔萨赫处，这段路程全部都在沙漠之中。

布斯特至加兹尼的路线。布斯特至法伊鲁兹甘德客栈驿站 1 曼兹勒（Manzil），从这里到米衮（Mīghūn）客栈也是 1 曼兹勒，再至大客栈同样为 1 曼兹勒，再至被称为班吉瓦伊的拉哈吉（al-Rakhkhaj）城，其距离为 1 曼兹勒。班吉瓦伊至塔金阿巴兹（Takīn Abādh）为 1 曼兹勒，再至胡拉萨纳赫（Khurāsānah）为 1 曼兹勒，再至萨拉布客栈（Ribāṭ Sarāb）为 1 曼兹勒。随后，至奥噶勒（al-Auqal）客栈为 1 曼兹勒，再至简卡勒阿巴兹客栈（Ribāṭ Jankal Abādh）为 1 曼兹勒。再至噶拉姆（Gharam）村为 1 曼兹勒，之后到哈斯特村庄（Qarya Khasit）为 1 曼兹勒，再至朱玛村庄（Qarya Jūma）为 1 曼兹勒，至哈比萨尔（Khābisār）为 1 曼兹勒，这是加兹尼的第一处边界。之后，经过哈什巴基村庄（Qarya Khashbājī），至巴拉特哈扎尔（Barāṭ Hazār）为 1 曼兹勒，这是一个繁荣的村

---

[1] 赞姆布格（Zāmbūq），可能与赞布格（Zānbūq）指同一地。

庄。此处距加兹尼为 1 曼兹勒。锡吉斯坦经沙漠至巴巴利索斯的路线，从拉哈吉城，也被称为班吉瓦伊出发，至胡贾里亚客栈（Ribāṭ al-Ḥujariyya）为 1 曼兹勒，再至贾纳基客栈（Ribāṭ Janakī）为 1 曼兹勒，随后至比尔客栈（Ribāṭ Birr）为 1 曼兹勒，再至阿斯凡贾伊客栈为 1 曼兹勒。

锡吉斯坦至克尔曼和法尔斯的路线。从锡吉斯坦出发的第一个曼兹勒处是哈瓦兰（Khāwarān），第二个曼兹勒处则是达拉克驿站。达拉克至巴临（Barīn）为 1 曼兹勒，从这里至卡瓦尼什克（Kāwanīshk）为 1 曼兹勒，这两个地方都是客栈。随后，至纳斯客栈（Ribāṭ al-Nāsī）为 1 曼兹勒，再至噶迪客栈（Ribāṭ al-Qāḍī）为 1 曼兹勒，紧接着，至卡拉米汗客栈（Ribāṭ Karāmikhān）为 1 曼兹勒，再经过 1 曼兹勒，将到达萨尼季，萨尼季是一座属于克尔曼的城市。在锡吉斯坦边界处，穿过卡瓦尼什克之后，卡瓦尼什克和昆都尔（Kundur）之间有一座由阿麦尔修建的客栈。这个地方被称为克尔曼桥，但实际上这里并没有桥梁，仅使用了这个名字。

锡吉斯坦地区的其他距离。锡吉斯坦至基扎赫为 3 程，它位于法拉赫和噶尔纳因之间，此地距法拉赫是两程。努赫与法拉赫之间是轻松的 1 程，其附近是沙漠，卡什和锡吉斯坦之间的距离为 30 法尔萨赫，随后便是克尔曼边界。塔格距卡什为 5 法尔萨赫，哈瓦什距布斯特为 1 法尔萨赫，此地距噶尔纳因为 1 曼兹勒。布斯特经过达瓦尔至萨拉万为两程，从萨拉万跨过赫尔曼德河至塔勒为 1 程，随后至赫尔曼德河岸的达尔噶什也是 1 程，这两个城市位于河流同一侧。塔勒至巴格尼恩需 1 日，巴格尼恩位于塔勒的南方，而巴什兰克位于巴格尼恩的南方，班吉瓦伊位于加兹尼之后，此地和卡哈克之间的距离是 1 法尔萨赫，卡哈克位于班吉瓦伊的西边。班吉瓦伊至阿斯凡贾伊为 3 程。噶里（al-Qari）位于其附近，两地之间相距 1 法尔萨赫，阿斯凡贾伊至斯外伊为两程。

# 呼罗珊地区

呼罗珊是一个涵盖多个不同地理区域的地区名称。这片地区的东部毗邻锡吉斯坦地区和印度。因为我将与锡吉斯坦接壤的部分划归锡吉斯坦，而古尔地区之后的地域则整体划分至印度地区。至于哈拉吉（Khalaj），我将其置于喀布尔地区之内，自胡塔勒（al-Khutal）之后的整个地域均被视为瓦罕（Wakhān）地区，其余地区则悉数归属于印度地区。呼罗珊地区的西侧，是乌古斯沙漠和戈尔甘地区，其北界延伸至河中地区以及胡塔勒之后的部分突厥地区。而南面，则是法尔斯沙漠与赫卡通皮洛斯。我将赫卡通皮洛斯同戈尔甘、塔巴里斯坦、雷伊、加兹温及其毗邻地区统一划归至德莱木山脉地区，并将之视作一个整体区域。鉴于胡塔勒位于河流、哈沙布（Khashshāb）和贾拉延（Jarayān）之间，我将其划分至河中地区。同样地，花刺子模因其城市坐落于河中地区，且至布哈拉的距离较至呼罗珊城市更为接近，我也将其纳入河中地区的范畴。呼罗珊地区的东部，横亘着一条通道，这条通道位于法尔斯沙漠、赫拉特、古尔和加兹尼之间。而西部通道则自赫卡通皮洛斯边界绵延至法拉瓦（Farāwa）地区。这两条通道的长度均短于呼罗珊矩形区域的其他边，而戈尔甘边界经里海至花刺子模的边界形成了一条曲线。

呼罗珊地区所囊括的地域中，最大的城市是内沙布尔、梅尔夫（Marw）、赫拉特和巴尔赫。紧随其后的是库西斯坦、图斯（Ṭūs）、尼萨（Nisā）、阿比瓦尔德（Ābīward）、萨拉赫斯（Sarakhs）、阿斯菲扎尔（Asfizār）、布珊基（Būshanj）、巴德吉斯（Bādhghīs）、昆基拉斯塔格（Kunj Rastāq）、梅尔夫鲁兹（Marwrūdh）、朱兹詹（Jūzjān）、噶尔吉沙尔（Gharj al-Shār）、巴米扬（Bāmiyān）、吐火罗斯坦、赞穆以及阿莫勒等城市。至于花剌子模，我将在详述河中地区时提及，这是因为其城市坐落于河中地区，且相较于呼罗珊的城市，它与河中地区的城市距离更为接近。至于内沙布尔的各地区，我并未单独介绍，因为它们作为内沙布尔的组成部分，将在叙述内沙布尔时一并呈现。尽管吐火罗斯坦与巴尔赫之间存在从属关系，我仍选择将它们分开介绍，因为在迪万的记述中，它们是以“巴尔赫与吐火罗斯坦”的名称被分别提及的。在我将这些地域进行划分并整合的过程中，最为关键的便是理解它们、将它们图像化，并熟知每个地区在呼罗珊地图中的位置。这项工作对于全面了解呼罗珊地区具有不可或缺的重要性。

内沙布尔，又名阿巴尔沙赫尔（Abarshahr），是一座坐落于平原之上的城市，其建筑以泥筑为主，城内建筑鳞次栉比。城市的规模为 1 法尔萨赫乘以 1 法尔萨赫，此城不仅拥有城市、堡城，还拥有郊区，其中，堡城与城市均展现出一派繁荣景象。大清真寺坐落于郊区一处名为穆阿斯卡尔（al-Mu‘askar）的地方，王宫则位于侯赛因广场（Maidān al-Ḥusain）。监狱设在王宫之内，与王宫、大清真寺之间的距离约为 1 法尔萨赫。这座王宫的建造者是阿麦尔·本·莱伊斯。堡城设有两道门，而城市则拥有 4 道城门：首道为拉斯甘塔拉门（Bāb Ra’s al-Qanṭara）；第二道门乃是斯卡穆阿噶勒门（Bāb Sikka al-Ma‘qal），第三道为堡城门；第四道则是甘塔拉塔金门（Bāb al-Qanṭara Takīn）。堡城坐落于城市之外，整个城市与堡城皆被郊区所环绕，郊区同样设有多道门。其中，奇巴布门（Bāb al-Qibāb）通往伊拉克和戈尔甘，君克门（Bāb Junk）则通往巴尔赫与河中地区，而阿赫瓦斯阿巴兹门（Bāb Aḥwaṣ Abādh）则通往法尔斯和库西斯坦。此外，通往图斯和尼萨的大门亦有数道，诸如苏赫塔赫门（Bāb Sūkhtah）、斯尔席琳门（Bāb Sirr Shīrīn）等。市场位于城市与堡城之外的郊区。其中，最大的两处市场分别是大穆拉巴阿（al-Murabba'a al-Kabīra）与小穆拉巴阿（al-Murabba'a al-Ṣaghīra）。若从大穆拉巴阿出发向东行进，市场的边界将绵延至大清真寺附近；向西，其边界则直至小穆拉巴阿的边界；而朝南前行，市场的范围则延伸至侯赛因墓地附近。至于北方，大穆拉巴阿的范围一直延伸至拉斯甘塔拉。小穆拉巴阿则坐落于侯赛因广场之旁，毗邻王宫。该地区的水资源主要为居民住宅下方涌出的水渠，这些水渠延伸到城外的农庄。城市内部同样也有水渠，它们连接着城内外的住宅与花园。此外，这里还有一条大河，名为瓦迪萨噶维尔（Wādī Saghāwir），它灌溉着河谷两岸的广袤地区和郊区，此处没有比它更为壮观的河流。在呼罗珊地区，没有比内沙布尔空气更为清新、城市规模更为宏大的城市。内沙布尔盛产棉布服饰和丝绸制品，这些产品不仅数量众多，品质更是上乘，并因此远销至伊斯兰世界的其他地区，甚至非穆斯林地区。内沙布尔拥有广阔的疆域和繁荣的郊区。内沙布尔地区坐落着许多城市，如布兹詹（al-Būzjān）、马林（Mālin），又被称为卡瓦哈尔兹（Kawākharz）、贾亚曼德（Jāyamand）、萨鲁马克（Salūmak）、散坎（Sankān）、祖赞（Zūzan）、昆都尔、图尔什兹、汗拉万（Khān Rawān）、阿兹伊兹瓦尔（Az Idhwār）、哈斯鲁库尔德（Khasrūkurd）、巴哈姆纳巴兹（Bahamnābādh）、马赞延（Mazanyān）、萨卜泽瓦尔（Sābzawār）、迪瓦拉赫（Dīwārah）、米赫拉詹（Mihrajān）、埃斯法拉延（Isfarā'īn）、胡詹（Khūjān）和拉兹拉（Razīla）。我将图斯安排在内沙布尔部分介绍。图斯的城市有拉兹坎（al-Rādhkān）、塔巴兰（al-Ṭābarān）、巴兹迪噶拉（Bazdīghra）和努坎（al-Nūqān）。此处有阿里·本·

穆萨·里达（‘Alī bin Mūsāal-Riḍā）（祝愿他平安）和哈伦·拉希德的墓地。此地出产锅具。里达的坟墓坐落在距离城市约四分之一法尔萨赫的地方，邻近一个名为萨纳巴兹（Sanābādh）的村庄。内沙布尔和图斯的山区出产绿松石。呼罗珊的王宫曾坐落于梅尔夫和巴尔赫，到塔希尔王朝时期，王宫则迁至内沙布尔。从此内沙布尔便因王宫的迁入而日益繁荣、城市规模日益扩大、财富也日渐积累。

梅尔夫，又被称为梅尔夫沙赫詹（Marw al-Shāhjān），这是一座古老的城市。据传，此地的堡城是由塔姆拉斯（Ṭahmūrith）所筑，而古城区则是由亚历山大大帝所建。梅尔夫坐落在远离山区的平原上，城中看不见山，边界同样平坦无山。这片土地是一片多沙的盐碱地，建筑皆以泥筑成。在这座城市中，矗立着三座聚礼清真寺，第一座清真寺位于城市内部，修建于伊斯兰初期，是当地居民进行聚礼的场所。随着伊斯兰教的广泛传播，人们在城门口建造了一座著名的清真寺，被称为阿提格清真寺（al-Masjid al-‘Atīq），圣训派人士常在此礼拜，渐渐地，人们不再在第一座清真寺举行聚礼，这座清真寺也被称为白尼马罕清真寺（al-Masjid Banī Māhān）。随后，又建造了马詹清真寺（Masjid Mājān）。据说，这座清真寺、市场以及王宫都是均出自艾卜·穆斯林（Abū Muslim）之手。王宫伫立于清真寺的背后，内部矗立着一座艾卜·穆斯林修建的圆顶建筑，他曾在此处安坐。直至今日，梅尔夫的埃米尔们依然在此圆顶建筑中落座。这座圆顶建筑以砖砌成，其规模为 50 腕尺乘以 50 腕尺。其顶部平坦，圆顶内部有凸起的屋顶。这座圆顶设有多扇门，每扇门都可通往伊万，这些伊万的高度……每座伊万之前，都布置着一个方形的庭院。堡城的规模与城市相仿，然而如今已是一片废墟。它曾是高耸的建筑，时至今日，堡城高处的水渠依然有流水，灌溉着这里的土地，堡城中可能种植有蔬菜等农作物。过去，此处的市场位于城门口附近的阿提格清真寺旁，然而，在艾卜·穆斯林时期，市场迁址到了马詹。这里的市场被誉为是最干净的市场之一。节日礼拜场所坐落于拉斯玛伊丹区（Maḥalla Ra’s al-Maidān）的艾卜·贾赫姆穆拉巴阿（al-Murabba‘a Abī al-Jahm），这个节日礼拜场所周围，林立着各式建筑物，它位于霍尔木兹法拉赫河（Nahr Hurmuz Farrah）与马詹之间。城市的四个区域边界分明，每个区域都拥有著名的河流。其中，霍尔木兹法拉赫河的河畔矗立着许多城镇建筑。城镇之后是萨拉赫斯，这是从萨尔赫斯流入内陆的首个地点，沿岸建筑林立，皆是侯赛因·本·塔希尔（al-Ḥusayn bin Ṭāhir）所建，他曾有意将市场和王宫迁往此处。霍尔木兹法拉赫河为拉斯沙巴伊区（Maḥalla Ra’s al-Shābāy）提供饮用水资源，这里还有贾利勒·艾比·法德勒·穆罕默德·本·欧贝德拉谢赫（al-Jalīl Abī al-Faḍl Muḥammad bin ‘Ubaid Allah）的住所。此外，还有一条名为马詹的河流，王宫、市场、新建的大清真寺以及监狱沿河而建。河畔矗立着艾卜·纳吉姆家族（Āl Abī al-Najm）的住所，他们是艾卜·玛伊提家族（Āl Abī Ma‘īṭ）的释奴。这处住所里的圆顶被染成了象征阿拔斯家族的黑色，这座圆顶建筑一直保存至今。纳兹格河（Nahr al-Razīq）流经城门，河水流入城中居民的庭院，为居民提供饮用水源。河流沿岸屹立着阿提格清真寺，河流下游是哈立德·本·艾哈迈德·伊本·哈马德家族（Āl Khālid bin Aḥmad ibn Ḥammād）的领地，他曾统治过布哈拉。阿斯阿迪胡拉萨尼河（Nahr As‘adī al-Khurāsānī）则为巴塔布散詹区（Maḥalla Bātab Sanjān）和马罕的居民提供饮水资源，河畔有梅尔夫总督的居所。梅尔夫的这些河流沿岸，城镇与建筑错落有致，外围的围墙将建筑、四条河流包围起来。此外，还有一道城墙环绕着城市和郊区。这些郊区被称为拉伊（al-Rāy），如今仍可看到城墙的遗址延伸至此。内城设有 4 道城门，一道门直接以“城门”命名，位于大清真寺附近。还有散詹门、巴临门（Bāb Bālīn）以及通往河中地区的达尔梅什坎门（Bāb Darmashkān）。达尔梅什坎门附近曾是麦蒙的住所和营帐所在地，他一直驻守在梅尔夫，直至其统治结束。

梅尔夫坐拥一条大河—穆尔加布河（Nahr Murghāb），该河流源自巴米扬背后的某处，由此衍生出许多支流与郊区水系。穆尔加布河，意为阿卜梅尔夫（Āb Marw），即梅尔夫的水流。关于穆尔加布河名称的由来，存在不同的观点。有人认为，这个名称源自河流发源的那个名为穆尔加布的地方，而另一些人则持不同的解释，他们认为将这个名称象征着一片丛林密布的土地（Margh Ajama）。这条河流穿过梅尔夫鲁兹，沿岸有农场。河流流经梅尔夫的首个地点，便是坐落于胡赞（Khūzān）与噶里纳因（al-Qarīnain）之间的库津（Kūkīn）。胡赞隶属于梅尔夫鲁兹，而噶里纳因则归属于梅尔夫。河水的分配事宜在扎尔格（Zarq）村庄进行，那里设有梅尔夫水源的分配者。河畔的每个区与道路均有小河流淌其间，河面上铺设着木板，木板上有孔洞，供人们汲取等量的水源。若有人需要更多水量，他可以从另外的孔洞中取得，反之亦然。水源由一位独立的埃米尔负责管理，其地位高于副总督。据传，这片水域承载着超过 10000 人的生计，每个人在这片水域上都有自己的任务。在伊斯兰的初期，梅尔夫曾经是穆斯林的军营。波斯籍穆斯林的王国在此地建立，是因为波斯国王伊嗣俟（Yazdajrid）逝世于扎尔格磨坊。阿拔斯家族的影响力也从这里逐渐凸显，艾卜·纳吉姆·穆阿提家族（Āl Abī al-Najm al-Mu‘ṭī）的居所内更是诞生了第一件黑色服饰。正是在这片土地上，麦蒙荣登哈里发之位，而他的兄弟穆罕默德·本·祖拜达（Muḥammad bin Zubaida）也在此与他产生了冲突。哈里发的高级官员、伊拉克的书记官、呼罗珊的长官，以及法学家伊玛目和其他知名人士皆出自这片土地。由于我编写本书所依据的既有材料，涉及已被各种信息与著作详尽解释的内容，因此，我将不会在此探讨社会阶层以及其他需要介绍的内容。在波斯王朝时期，此地居民的品性和修养优于阿巴尔沙赫尔的其他地区。这里的医生因其精湛的医术而著称，他们的医术超越了其他波斯籍医生。音乐家巴尔巴德（Bārbad）的技艺远超其他作曲家和艺术家。此地拥有呼罗珊地区最上乘的佳肴，这里出品的面包是呼罗珊地区最干净、美味的面包。此外，此地出产的水果干，尤其是葡萄干，其受欢迎程度远超他处。赫拉特的产品种类丰富多样，销往世界各地。马尔瓦兹（al-Marwazī）特产的味道和质量也备受推崇，此处出产的西瓜被运往其他地区，我不知道其他地方是否能生产出如此出色的产品。此处城镇整洁，道路状况良好，建筑和商店沿着河流与树木的生长范围分布，每个市场的居民都独具特色，使得此地远超呼罗珊的其他城市。沙漠中生长的骆驼刺，销往其他地方。梅尔夫出产丝绸和大量丝绸制品，据我所知，丝绸原料的最初发源地可能是戈尔甘和塔巴里斯坦。在古代，这些原料通过梅尔夫传入，可能是蚕卵通过梅尔夫传播至塔巴里斯坦。此地所产的棉花与服饰，远销世界各地。此处既有古老的讲坛，也有新建的讲坛。梅尔夫设有两座讲坛，喀什敏（Kashmīn）、霍尔木兹法拉赫、散基（Sanj）、吉兰季（Jīranj）、丹丹纳干（al-Dandānaqān）、噶里纳因、巴珊（Bāshān）、卡尔格（Kharq）和苏斯甘（al-Sūsqān）等地各有一座讲坛，这些都是我所知晓的位于梅尔夫的讲坛。

赫拉特，是一座城市的名称，其下辖许多地区。此地的城市包括马林、凯萨尔（Khaisār）、伊斯塔尔巴彦（Istarbayān）、乌法（Ūfa）、马拉巴兹（Mārābādh）、巴珊、卡鲁赫（Karūkh）以及基什特。阿斯菲扎尔是一个地区的统称，而非单一城市，它涵盖了阿达尔苏卡尔（Adarsukar）、库瓦兰（Kuwārān）、库什克（Kūshk）以及卡瓦珊（Kawāshān）四座城市。赫拉特是一座有坚固堡垒的城市，四周被水环绕，堡垒之内是一座繁荣的城市。这座城市还拥有郊区，城中建有堡城和大清真寺。王宫坐落于堡垒之外，位于一个名为呼拉珊阿斯巴兹（Khurāsān Asbādh）的地点，该地与城市主体并不相连。它位于赫拉特西边的布珊基路线，与城市的距离不到三分之一法尔萨赫。赫拉特的城市采用泥筑建筑，城市的规模为半法尔萨赫。内城设有4道城门，向北通往巴尔赫的是萨拉伊门（Bāb Sarāy）。第二道门，是通往西边内沙布尔的齐亚德门（Bāb Ziyād）。第三道门是法伊鲁扎巴兹门（Bāb Fairūzābādh），可通往南边的锡吉斯坦。而通往东边古尔的城门，则是胡什克门（Bāb Khushk）。除了萨拉伊门是铁制之外，其他三道门均由木材制作而成。每道城门都紧邻着市场，这些市场被各式商店所环绕。城内与郊区皆有流动的水源。堡垒共有四道门，每一道门都与城门相对，它们名字亦与所对之门相呼应。堡垒之外，一堵围墙环绕着整个城堡，其高度超过一寻。围墙和堡垒之间的距离为30步。大清真寺矗立于城市中心，其周边为市场。监狱则位于大清真寺南方之后。在呼罗珊地区、河中地区、锡吉斯坦以及吉巴勒地区，没有哪座清真寺能比赫拉特清真寺更为繁荣。这座清真寺全天侯都有络绎不绝的人群。繁荣程度紧随赫拉特清真寺之后的是巴尔赫清真寺和锡吉斯坦清真寺。在这些清真寺中，教法学家们汇聚一堂，展开辩论。沙姆地区和诸关隘区的人们也争相涌入这些清真寺。周五时，人们则会前往这些地区的其他清真寺。赫拉特，不仅是法尔斯至呼罗珊之间的货运枢纽，更是呼罗珊、锡吉斯坦和法尔斯地区的港口。从赫拉特出发，经过巴尔赫至吉巴勒地区的距离为两法尔萨赫。此地的木材主要来自赫拉特与阿斯菲扎尔之间的沙漠。尽管赫拉特的山中并无木材和牧场，但石料资源丰富，开采的石料可用于制作磨石、床垫等物品。赫拉特的山顶伫立着一座拜火庙，名为斯里什克（Sirishk），庙中有人居住，这里与城市之间的地区还建有一座基督教堂。这片区域与城市之间的地带除了那条流经城门的河流之外，再无水源，也无花园。一旦穿过桥梁，便再无水源和绿地的踪迹。然而在其他城门处，却能见到水源和花园。在这些城门中，最为古老的是法伊鲁扎巴兹门，此地水流的源头位于卡拉万客栈（Ribāṭ Karawān）附近，水流自古尔流淌至赫拉特，并分流成众多支流。其中支流拉胡伊（Rakhūy）为散达散克（Sandāsank）郊区提供了灌溉水源。巴尔萨特河（Nahr Bārsat）则流经卡瓦珊郊区、萨瓦珊（Sāwashān）、马林、扎提赞（Zatīzān）以及拉瓦米兹（Rawāmiz）。此外，还有一条源自阿塞拜疆的河流，名为散达萨克（Sandāsak），同样滋养着这片土地。斯库坎（Sikūkān）河流为萨拉赫（Sallah）郊区提供了灌溉水源。卡拉格河（Nahr Karāgh）则灌溉着库坎（Kūkān）郊区，古斯曼河（Nahr Ghūsmān）灌溉着卡拉克（Karak）郊区，昆克河（Nahr Kunk）灌溉着古班（Ghūbān）和卡尔巴库尔德（Karbakurd）郊区，法噶尔河（Nahr Faghar）流淌在巴噶瓦尔丹（Baghāwardān）和菲尔德（Fīrd）郊区，安吉尔河（Nahr Ānjīr）则为赫拉特城提供灌溉水源。锡吉斯坦路线上的花园连绵不断，长达 1 程。赫拉特地区，除了赫拉特城本身，最大的城市是卡鲁赫和乌法。卡鲁赫出产的无核葡萄干和塔伊夫葡萄干销往世界各地，此地的大部分葡萄干产自马林。卡鲁赫是一座小城市，居民以商人为主。城中的大清真寺坐落于萨比丹区（Maḥalla Sabīdān），城中建筑以泥筑为主。卡鲁赫坐落于山间，其边界绵延长达 20 法尔萨赫。随处可见花园、水源、树木和繁荣的村庄。乌法居民的生活模式为聚居，与卡鲁赫颇为相似。这座城市同样拥有花园、水源，建筑物也采用泥土建造而成。与卡鲁赫相比，马林的城市规模稍小一些，同样拥有花园、水源和果园，非常繁荣。凯萨尔的树木和水源都相对稀少，城市规模小于马林，居民多以集体居住为主。伊斯塔尔巴彦的居民为哈瓦利吉派人士，城市规模同样小于马林，这里的水源和花园较少，居民们主要以种植庄稼为生，没有果园，这座城市坐落于山区之中。马拉巴兹是一座拥有丰富花园和水源的城市，城市规模小于马林，此地出产的稻米被运往其他地区。巴珊的城市规模同样不及马林，这里主要种植庄稼，花园相对较少，水资源丰富。阿斯菲扎尔共有 4 座城市，其中最大的城市是卡瓦珊，它的城市规模小于卡鲁赫，拥有丰富的水源和许多花园。这里的居民也以聚居为主。库瓦兰、库什克和阿达尔苏卡尔这三座城市的大小相近，它们都拥有水源和花园。阿斯菲扎尔的城市规模为 3 程乘 1 程，整个城市都很繁荣，郊区无沙漠。阿斯菲扎尔生活着卡什坎（Kāshkān）人群，他们以经商为业，村庄也很繁荣。阿斯菲扎尔居民同样保持着集体生活的传统。

布珊基下辖的城市包括哈尔库尔德（Kharkurd）、法尔库尔德（Farkurd）、库苏伊（Kūsūy）以及库拉赫。其中，布珊基作为最大的城市，规模约为半个赫拉特，与赫拉特位于同一平原。从布珊基至山区的距离，与赫拉特至山区相同，均为两法尔萨赫。此处的建筑风格与赫拉特相似。这里坐拥丰富的水源和树木，此处有呼罗珊其他地区都没有的刺柏树，被运往其他地方。水源主要来源于赫拉特河，这条河流向萨拉赫斯，在流经萨拉赫斯之后，河水便逐渐断流，一年中仅部分时段有水。布珊基拥有城墙、壕沟以及三道城门。其中，阿里门通往内沙布尔，赫拉特门通往赫拉特，而库西斯坦门则通往库西斯坦。布珊基之后最大的城市是库苏伊，这是一座只有少量水源和花园的城市，规模大约为布珊基的三分之一。库苏伊的建筑物主要为泥筑。卡尔库尔德拥有丰富的水源和花园，它的规模小于库苏伊。法尔库尔德则是一座规模小于卡尔库尔德的城市，城中有流水，居民以放牧为生，此处的花园不多。两座城市在规模上相差无几。

巴德吉斯所辖的城市，包括贾巴勒菲达（Jabal al-Fiḍḍa）、库发（Kūfā）、库噶纳巴兹（Kūghnābādh）、比什特（Bisht）、贾兹维

（Jādhwī）、卡巴伦（Kābarūn）以及迪西斯坦。苏丹的驻地设在库噶纳巴兹。此地最古老和最大的城市是迪西斯坦，它的大小约半个布珊基，建筑以泥筑为主。这里饲养着大量羊群，此城位于山峦之间，流水资源相对稀少，无花园和果园，以灌溉农业为主。库发和贾巴勒非达的情况亦是如此，其中库发的城市规模略大于贾巴勒非达。贾巴勒非达坐落于山间，昔日曾有银矿，但后来因砍伐木材而停止开采。而库发则位于沙漠地带。库噶纳巴兹、比什特和贾兹维拥有花园和水源，多为灌溉农业。卡鲁万（Kālūwan）和卡巴伦都没有花园和流水，它们的水源主要依赖于降水和井水，居民以灌溉农业和放牧为主要生计。贾巴勒非达位于赫拉特至萨拉赫斯的交通路线上。巴德吉斯居民多为聚居人群，除了胡吉斯坦（Khujistān）的居民，也就是艾哈迈德·本·阿卜杜拉村庄（Qarya Aḥmad bin ‘Abd Allah）的商人。

昆基是一片郊区，其首府为比布恩（Bibn），下辖基弗（Kīf）、巴噶舒尔（Baghshūr）两地。苏丹的居所设在比布恩，这座城市也是昆基规模最大的城市。比布恩的城市规模大于布珊基，而巴噶舒尔则与布珊基相近，至于基弗，其规模为巴噶舒尔的一半。比布恩与基弗均拥有丰沛的流水、丰富的花园和果园，建筑为泥筑。巴噶舒尔坐落于沙漠地带，这里的农业依赖于雨水的浇灌，以灌溉农业为主。此地的水源为井水，居民以务农为生，这座城市土壤肥沃、空气清新。这些城市都位于梅尔夫鲁兹路线沿线。

梅尔夫鲁兹下辖多座城市，其中包括卡斯尔阿赫纳夫（Qaṣr Aḥnaf）、迪扎赫以及梅尔夫鲁兹本身。这些城市中，规模最大的是梅尔夫鲁兹，它的规模略小于布珊基。这座城市有一条大河穿城而过，流向梅尔夫，河畔两侧有许多花园和果园。这里土壤肥沃，空气清新。卡斯尔阿赫纳夫至梅尔夫鲁兹之间的距离为 1 程，它坐落在通往巴尔赫的道路上。迪扎赫则位于通往安巴尔的道路上，距离此地 4 法尔萨赫。卡斯尔阿赫纳夫拥有流水、花园和果园，盛产优质水果。迪扎赫与梅尔夫鲁兹河支流之间的距离为一箭之远。塔利甘是一个与梅尔夫鲁兹规模相当的城市，拥有流水和少量花园。塔利甘和梅尔夫鲁兹的建筑都采用泥土筑成，但塔利甘的空气质量更胜一筹。从塔利甘向西至山脉地区的距离为 3 法尔萨赫，而向东至山区的距离则为两法尔萨赫。这座城市及其郊区均坐落于山区之中。法尔亚特（al-Fāryāt）是一座规模小于塔利甘的城市，然而此处的河流、花园和水源却比塔利甘更为丰富，这里的建筑同样以泥筑为主。

朱兹詹是一片区域的名称，所辖城市包括亚胡维亚（al-Yahwiyya）、希比尔甘（Shabūrqān）和安哈兹（Ankhadh）。此外，这片区域还囊括了数片郊区，其首府城市为阿什塔拉吉（Ashtaraj）。不仅如此，坎德达尔姆（Kanddarm）、安巴尔以及萨姆（Sām）也均属朱兹詹区域。在这些城市中，安巴尔是最大的城市，更是苏丹的驻地。这座城市坐落于山上，城市规模超过了梅尔夫鲁兹，拥有丰富的水源、果园和花园，建筑以泥筑为主。萨努（Sān）[1]是一座小城市，拥有水源和花园，此地果实以核桃为主，这座城市同样位于山上。亚胡迪亚（al-Yahūdiyya）[2]的城市规模则超过了萨努，它同样拥有水源和花园，位于山间。坎德达尔姆位于山间，是一座果园众多、水资源丰富的城市，此处盛产核桃。希比尔甘有流水，以种植庄稼为主，花园较少。规模超过了坎德达尔姆和萨努，与亚胡迪亚相近。阿什塔拉吉，这座位于沙漠之中的小城，属于安哈兹。它拥有 7 座村庄和库尔德人的居所，此处既有毡房，也有城市建筑。库尔德人饲养着牛羊和骆驼。朱兹詹地区所出产的皮革销往呼罗珊其他地区，这里的土壤非常肥沃。从希比尔甘出

1 萨努（Sān），可能与萨姆（Sām）指同一地。
2 亚胡迪亚（al-Yahūdiyya），可能与亚胡维亚（al-Yahwiyya）指同一地。

发，向南行 1 程，便可抵达安巴尔。而前往亚胡迪亚，则需先行两程返回法里亚布（Fāryāb），之后再行 1 程便可抵达亚胡维亚。从希比尔甘向北行两程可至安哈兹，希比尔甘至坎德达尔姆的距离为 4 程，而与亚胡迪亚的距离为 3 程。

噶尔吉沙尔地区包含尼辛（Nishīn）与苏尔敏（Sūrmīn）两座城市。这两座城市规模相近，苏丹的驻地并未设在这两地。王宫的统治者沙尔（al-Shār）选择了一个名为巴勒基彦（Balkiyān）的山间村庄作为居所。这两座城市均拥有水源和花园。尼辛出产大量稻谷，并运往其他地区，而苏尔敏则盛产葡萄，也被运往各地。尼辛与梅尔夫鲁兹的迪扎赫相距 1 程，两地之间流淌着穆塔里赫（Muṭṭaliḥ）河流，它源自梅尔夫鲁兹河，并与位于其东边的梅尔夫鲁兹河仅一箭之隔。尼辛向南行 1 程，便可抵达位于山间的苏尔敏。

古尔，这片土地虽为异教徒的聚居地，但我仍然选择将其放在伊斯兰世界中介绍，原因在于这里同样生活着一些穆斯林。它是一片有泉水、花园和河流的繁荣山区。这里土地肥沃，地势险峻。在这片地区的最东边，生活着一群看似具有穆斯林特征的人群，然而他们并不是真正的穆斯林。古尔被赫拉特和法拉赫两地包围。从达瓦尔地区出发，至伊本·法里衮(Ibn Farīghūn)的卡尔万客栈(Ribāṭ Karwān)，再从卡尔万客栈途经噶尔吉沙尔抵达赫拉特，这些位于古尔周边的地区，都聚居着穆斯林。我之所以提到古尔，是因为它位于伊斯兰世界的中心地带。

萨拉赫斯坐落于内沙布尔和梅尔夫之间，矗立于平原之上。此地无终年流淌的河流，仅在一年的某些时刻，才会有河水流淌，这些水源主要来自赫拉特水源的余流。萨拉赫斯的农业为灌溉农业，城市规模约相当于半个梅尔夫，城市繁荣，土壤肥沃，大部分土地都被开辟为牧场。萨拉赫斯的村庄很少，骆驼是当地的主要财产。

这里是周边呼罗珊城市的货物交易中心。此地的水源主要依赖井水，居民们利用动物拉磨。建筑以泥筑为主。尼萨是城市的名称，这座城市土地肥沃，水资源丰富，坐拥丰富花园。城市规模大约相当于半个萨拉赫斯。居民家中有流水，街道干净整洁，郊区宽敞肥沃。这个城市坐落于群山之中。在乌古斯附近沙漠中，有一处关隘名为法拉瓦，设有一座讲坛，这里没有村庄与之相连。穆拉比特人定居于此，虽然人数不多，但他们拥有充足的物资供给，人们经常聚集在此。法拉瓦也是一处客栈的名称，这里没有村庄，四周也没有建筑与之相邻。村庄中心有可供饮用的泉水，没有花园和庄稼地，仅在水边有菜园。这里的居民数量不足 1000 人。

库西斯坦地区隶属于呼罗珊，紧邻法尔斯沙漠。在这个地区，并没有以库西斯坦命名的城市，其首府设在加延。除了加延，这里还分布着其他几座城市，如亚纳比兹（Yanābidh）、塔布辛，又被称为巴克里（Bakrī）、霍尔以及被称为塔巴斯穆斯南特（Ṭabas Musīnānt）的塔巴斯。加延的城市规模与萨拉赫斯相仿，建筑为泥土构筑。这座城市拥有堡城，堡城之上挖有壕沟。大清真寺和王宫均位于堡城之内。水源主要来自运河。加延的花园较少，村庄散布在四周，此处属于寒带地区。塔布辛是一座规模小于加延的城市，属于热带地区，此地生长着椰枣树，建有堡垒，未建造城堡，建筑为泥土构筑。水源同样来自运河，此地的椰枣产量比加延更为丰富。

霍尔的城市规模小于塔布辛。它坐落于霍斯特的附近，霍斯特无讲坛，但霍尔设有讲坛。霍尔的建筑为泥土构筑，无堡垒和城堡，花园较为稀少，水源主要来自运河，相对有限。这座城市位于沙漠边缘，居民以畜牧业为生无花园。亚纳比兹的城市规模大于霍尔，建筑依旧以泥土构筑而成。这里分布着村庄和郊区，水源同样来自运河。塔巴斯的规模超过亚纳比兹，水源同样依赖于运河，也是泥筑建筑，这里有一座废弃的堡垒，没有城堡。库西斯坦的椰枣主要产自塔布辛，而我之前提及的其他地区，都位于寒带。库西斯坦的城市和乡村之间距离较远，此外，库西斯坦地区还分布着沙漠。库西斯坦的建筑风格与呼罗珊其他地区的密集建筑布局不同。在这些城市之间的沙漠中，居住着库尔德人以及以饲养骆驼、牛羊为生的牧民们。加延的边界与内沙布尔的距离为两天行程，这里有一种名为马哈里（al-Maḥāḥī）或纳贾西（al-Najāḥī）的泥状食物，被运往世界各地。据我所知，库西斯坦地区并没有流动的河流，仅有水渠和水井。此处出产优质棉布、粗毛布和长毯，并运往世界各地。除此之外，库西斯坦没有其他优质产物。

与巴尔赫接壤的地区，包括吐海伊尔斯坦（Ṭukhairstān）、胡塔勒、班加希尔（Banjahīr）、巴兹哈什坦（Badhkhashtān）、巴米扬及其周边地区。吐海伊尔斯坦的城市，包括霍勒姆（Khulm）、萨曼詹（Samanjān）、巴格兰（Baghlān）、萨卡勒坎德（Sakalkand）、瓦尔瓦里兹（Warwālīz）、阿尔罕（Ārhan）、拉万（Rāwan）、塔亚噶勒（al-Ṭāyaqāl）、萨基玛什特（Sakīmasht）、鲁阿布（Ru’b）、萨拉伊阿斯姆（Sarāy ‘Āṣim）、吉萨特安达拉布（Khissat Andarāb）、安达拉布以及玛兹鲁卡赫（Madhrūkāh）。

胡塔勒地区的城市，包括哈拉瓦尔德（Halāward）、拉瓦坎德（Lāwakan），这是两座瓦赫什（Wakhsh）城市。此外，还有卡尔班克（Kārbank）、塔姆里亚特（Tamliyāt）、哈勒巴克（Halbak）、萨坎达拉（Sakandara）、明克（Mink）、安迪贾拉格（Andījārāgh）、法尔噶尔（Fārghar）以及拉斯塔格班克（Rastāq Bank）。我将胡塔勒地区放在河中地区介绍。巴米扬及其周边地区的城市，包括巴米扬、巴斯古尔凡德（Basghūrfand）、苏卡万德（Sukāwand）、喀布尔、拉吉尔（Lajr）、法拉万（Farawān）以及加兹尼。班加希尔则是一座名为班加希尔的城市。巴达赫尚（Badhakhshān）地区由数片郊区组成，其城市为巴达赫尚，这是艾卜·法提赫（Abū al-Fatḥ）王国的所在地。

巴尔赫是一座位于平原之上的城市，与最近的山脉库山（Jabal Kū）相距约 4 法尔萨赫。这座城市拥有城墙和郊区，大清真寺矗立于城市中心。市场环绕着大清真寺，清真寺内终日人流如织。巴尔赫的城市规模约为半法尔萨赫，建筑为泥土构筑而成。城市拥有数扇城门，分别是纳婆毗诃罗门（Bāb Naubahār）、拉赫巴门（Bāb Raḥba）、哈迪德门（Bāb al-Ḥadīd）、信达维门（Bāb al-Hindāwī）、亚胡德门（Bāb al-Yahūd）、沙斯特班德门（Bāb Shast Band）以及叶海亚门（Bāb Yaḥyā）。此处有条名为迪哈斯（Dihās）的河流，它流经纳婆毗诃罗郊区，这条河流不仅可运转十座磨坊，还为西亚赫吉尔德（Siyāhjird）提供了灌溉水源。每扇城门周围都环绕着花园和果园。城墙为泥筑而成，其上未设置壕沟。

吐海伊尔斯坦地区最大的城市是塔伊甘（al-Ṭāyqān），这是一座位于平原之上的城市，与山区的距离为一箭之遥。此地有大河穿流而过，还拥有花园和果园。塔伊甘的城市规模为巴尔赫的三分之一，规模次之的是瓦尔瓦里兹。相较于瓦尔瓦里兹，安达拉巴（Andarāba）的城市规模稍显逊色。安达拉巴是一座位于山间的城市，贾巴亚赫（Jābāyah）的银矿运往这里。班加希尔拥有安达拉布河（Nahr Andarāb）和卡桑河（Nahr Kāsān）两条河流，这里分布着许多果园和树木。吐海伊尔斯坦的其他城市规模相近，虽然都不及塔伊甘、瓦尔瓦里兹和安达拉巴，但每座城市都拥有河流、树木和丰富的农作物，城市繁荣且土地肥沃。

胡塔勒地区的城市均拥有河流和树木，土地非常肥沃。它们都与伊斯坎达拉（al-Iskandara）共同处于一片平原之上，皆坐落于群山之间。胡塔勒地区除了瓦赫什之外，其余地方皆为山间地带。胡塔勒地区最大的城市是明克，紧随其后的是哈勒巴克，苏丹驻地便设于此处。胡塔勒地区位于哈沙布河（Nahr Khashshāb）与巴达赫尚河之间，因此得名贾尔亚布（Jaryāb）。这里河流密布，并在帖尔米兹（al-Tirmidh）之前，噶瓦兹彦（al-Qawādhyān）附近的地区汇聚成阿姆河。明克与安达拉巴德的城市规模相近，哈勒巴克则略逊一筹。这些城市的建筑都为泥土构筑，明克的城墙则由石膏和石头砌成，在其附近，还可见到异教徒的房屋、客栈，以及卡兰（Karān）。巴达赫尚是一座规模小于明克的城市，它拥有广阔的郊区，城市繁荣且土地肥沃。这座城市内分布着果园，河流穿梭其间。巴达赫尚坐落于贾拉延河河畔，这条河从城市的西侧流过。胡塔勒的许多牲畜被运往世界各地。巴达赫尚出产石榴石和青金石，此地的山中蕴藏着矿藏，人们从山脉中开采这些矿石。此处有通过道路运来的麝香以及西藏的客栈。

班加希尔是一座坐落于山上的城市，拥有大约 10000 名居民。此地居民大多品行不佳，此处拥有河流和花园，但是没有农场。贾尔巴亚（Jārbāya）的规模小于班加希尔，两地都蕴藏着银矿资源，为当地居民提供了主要的生活来源。贾尔巴亚没有花园或农业，班加希尔河穿过城市中心。班加希尔河流经贾尔巴亚全境以及法拉万，最终流入印度地区。

巴米扬地区最大的城市正是巴米扬，其城市规模约为半个巴尔赫，这个王国属于希尔巴米扬（Shīrbāmiyān）。这座城市没有城墙，坐落于山上。一条大河流淌于城市之间，最终流入噶尔哈斯坦（Gharḥastān）。巴米扬地区的水果从其他地方运来，当地没有花园。巴米扬地区唯有巴米扬坐落于山上，这个地区的所有城市都拥有河流、树木以及果实。然而加兹尼市是个例外，它既没有花园，也没有河流。在巴尔赫地区，没有哪座城市比加兹尼更为富有、贸易往来也更为频繁，它是印度的港口。喀布尔拥有城防加固的堡城，仅有一条道路通往该城。穆斯林主要居住在城里，而印度的异教徒则聚居在郊区。他们声称，沙阿唯有在喀布尔完成加冕仪式，才能被正式认可为国王。即便距离喀布尔尚有一段距离，但唯有到达那里并举行加冕典礼，沙阿的头衔才名副其实。喀布尔也是印度的港口。巴尔赫出产双峰驼，这里的双峰驼相较于其他地方，更为出色。此处生长着佛手柑、睡莲、甘蔗和一些仅存在于热带地区的产物，但是这里没有椰枣树。喀布尔的部分区域会降雪。拉吉尔、苏卡万德和喀布尔都属于热带地区，气候炎热，但是均无椰枣树。

古尔地区是一片山区，四周被伊斯兰地区所环绕。此地的居民以异教徒为主，仅有少数穆斯林。这些山脉非常险峻，居民们所使用的语言与呼罗珊人不同。这片山区土地肥沃，拥有大量庄稼、牲畜和许多牧场。我之所以将古尔放在呼罗珊地区的介绍中，是因为它三面都被呼罗珊地区所环绕，仅有一面与锡吉斯坦接壤。古尔的奴隶多被运往赫拉特、锡吉斯坦等地。这片山脉从呼罗珊边界的古尔地区一直延伸至巴米扬边界和班加希尔，随后进入瓦罕地区。随后山脉分散在河中地区，并延伸到易拉克（Īlāq）、石国（Shāsh）边界的突厥内部，直至柯尔克孜地区附近。从山脉的起点至终点，都蕴藏着丰富的金矿和银矿。其中，靠近柯尔克孜地区的矿藏最为丰富，这一地区一直延伸到河中地区的费尔干纳、石国边界。在伊斯兰地区中，班加希尔及其周边地区是这些矿藏最为丰富的地带。

我将在河中地区部分介绍阿姆河以及花剌子模的相关情况。

阿莫勒与赞穆，这两座阿姆河沿岸的城市，规模相仿，都拥有流水、花园和庄稼。阿莫勒是呼罗珊通往河中地区的交通枢纽，而花剌子模则位于岸边。虽然赞穆的建筑逊于阿莫勒的建筑，但它却拥有一条从河中地区通往呼罗珊的通道。这两座城市都被一片从巴尔赫边界一直延伸至花剌子模湖的沙漠所环绕。这片沙漠以沙子为主，没有泉水或河流，只有一些井和牧场。这片沙漠一直延伸到梅尔夫至阿莫勒路线的尽头。之后，阿莫勒、花剌子模和乌古斯之间都是沙漠，水井稀少，牲畜数量也相对有限。呼罗珊的牲畜主要集中在萨拉赫斯和巴尔赫地区，以骆驼为主。至于牛羊，则多从乌古斯、古尔和哈拉吉等地运来。呼罗珊汇聚了牲畜、奴隶、食物、服饰等众多人们日常所需的商品。在这片土地上，最好的牲畜产自巴尔赫地区，至于奴隶，则以从突厥地区运来者为最佳。最好的棉制、丝绸制服饰产自内沙布尔和梅尔夫，梅尔夫出产的麻布服饰最为优质，肉质最鲜美的牛羊则来自乌古斯地区。阿姆河的水最为甘甜和清澈。在呼罗珊地区，内沙布尔的居民最为富庶，而巴尔赫、梅尔夫的居民则最擅教法、宗教、哲学以及教义。呼罗珊最肥沃的土地是内沙布尔的灌溉地，粮食产地主要分布在赫拉特与梅尔夫鲁兹之间。整个呼罗珊地区，唯有法尔斯和克尔曼附近的库西斯坦属于热带气候。呼罗珊地区最为寒冷且多雪的地方是巴米扬和花剌子模。关于花剌子模的详细情况，我将在河中地区介绍。

呼罗珊地区的距离。从内沙布尔出发，至呼罗珊地区另一端的赫卡通皮洛斯附近。从内沙布尔至阿斯达巴兹附近的库尔德村庄为 7 日行程，库尔德村庄至达姆甘为 5 程。内沙布尔至萨拉赫斯为 6 程，萨拉赫斯至梅尔夫为 5 程，梅尔夫至阿姆河岸边的阿莫勒为 6 程。若以内沙布尔为起点，经赫卡通皮洛斯至阿姆河谷，全程共计 23 程。从内沙布尔至其另一端的埃斯法拉延为 5 程。内沙布尔至布兹詹为 4 程，布兹詹至布珊基同样为 4 程，布珊基至赫拉特为 1 程，赫拉特至阿斯菲扎尔为 3 程，阿斯菲扎尔至位于赫拉特终点的达拉赫则是两程，达拉赫至锡吉斯坦需 7 日。埃斯法拉延至达拉赫为 19 程。内沙布尔至图斯为 3 程。内沙布尔至尼萨为 6 程，尼萨至法拉瓦为 4 程。内沙布尔至库西斯坦的首府加延为 9 程，加延至赫拉特约为 8 程。梅尔夫至鲁兹为 6 程，梅尔夫至赫拉特为 12 程，梅尔夫至阿比瓦尔德为 6 程，而从它至尼萨为 4 程。关于梅尔夫与阿莫勒、梅尔夫与萨拉赫斯之间的距离，先前已有详述。赫拉特至梅尔夫鲁兹，若取道巴尔赫路线，则为 6 程。赫拉特至萨拉赫斯为 5 程。赫拉特至内沙布尔的路线，以及至其在锡吉斯坦附近的另一边界和至库西斯坦首府的路线，前文中已有提及。巴尔赫至梅尔夫鲁兹的路线需 12 日，巴尔赫经帖尔米兹路线至河谷沿岸需两日，巴尔赫至安达拉巴为 9 程。巴尔赫至巴米扬为 10 程，巴米扬至加兹尼约为 8 程。巴尔赫至巴达赫尚约为 13 程，巴尔赫经胡塔勒路线上的米拉至河谷沿岸为 3 程。

呼罗珊地区的宽度为自巴达赫尚起，沿着阿姆河河谷，一直延伸至花剌子模湖。从巴达赫尚沿河至帖尔米兹为 13 程，帖尔米兹至赞穆为 5 程，赞穆至阿莫勒为 4 程，阿莫勒至花剌子模城为 12 程，花剌子模城至花剌子模湖为 6 程。

我已经介绍了呼罗珊地区知名城市间的距离，接下来将介绍每个知名城市内部的距离。从内沙布尔至布兹詹为 4 程，从布兹詹向左可至内沙布尔，从赫拉特至马林为 1 程。马林又被称为马林卡瓦哈尔兹，而非马林赫拉特。马林至贾亚曼德为 1 程，贾亚曼德至散坎为 1 日，散坎至亚纳比兹需两日，亚纳比兹至加延为两日。萨鲁马克向左行两日可抵达散坎。萨鲁马克至祖赞为 1 日，祖赞至加延需 3 日。内沙布尔至图尔什兹为 4 程，图尔什兹至昆都尔为1日，昆都尔至亚纳比兹为两日，亚纳比兹至加延同样为两日。内沙布尔至胡斯鲁吉尔德（Khusrūjird）为 4 程，萨卜泽瓦尔位于胡斯鲁吉尔德前两法尔萨赫之处，胡斯鲁吉尔德至巴哈姆纳巴兹是辛苦的 1 程，巴哈姆纳巴兹经赫卡通皮洛斯路线至马赞延为 1 法尔萨赫。内沙布尔至汗拉万，汗拉万至米赫拉詹需两日，米赫拉詹至埃斯法拉延为两日行程。从巴哈姆纳巴兹出发，至阿兹伊兹瓦尔需行 1 日，阿兹伊兹瓦尔至迪瓦拉赫为 1 日，迪瓦拉赫至米赫拉詹为两日。

梅尔夫城至库什米汗（Kushmīhan）的距离为 1 曼兹勒，霍尔木兹法拉赫坐落于库什米汗的附近，位于其左侧，两地之间的距离为 1 法尔萨赫。沙漠路线穿过此处，沙漠路线上的塞伊法纳（Saifāna）可通往花剌子模和巴珊。霍尔木兹法拉赫前方 1 法尔萨赫处便是这条路线。散基与萨拉赫斯路线、梅尔夫路线之间的城市相距 1 程。吉兰季与城市之间的距离为 6 法尔萨赫，扎尔格前方 1 法尔萨赫的地方便是河谷，马鲁尔姆（Marūrm）就坐落扎这条路线之上，从梅尔夫经河谷抵达此地的距离为 4 法尔萨赫。丹丹纳干经萨拉赫斯路线至梅尔夫的路程为 1 程。梅尔夫经梅尔夫河谷抵达噶里纳因的距离为 4 程，卡尔格与萨拉赫斯、阿比瓦尔德路线之间的城市，相距大约 3 法尔萨赫。苏斯甘与卡尔格虽然处于同一条路线之上，但是苏斯甘的距离稍远一些，大约相差 1 法尔萨赫。

赫拉特城市与其周边的布珊基、巴德吉斯以及昆基郊区之间的距离。赫拉特至阿斯菲扎尔为 3 程，阿斯菲扎尔为 4 座城市，前已述及，每座城市之间的距离不足 1 程。赫拉特与赫拉特马林之间的距离为半日行程，赫拉特与卡鲁赫之间的距离为 3 日行程。赫拉特与布珊基之间的距离为 1 日行程，布珊基至库拉赫的距离为 4 法尔萨赫，若向左行，则可抵达内沙布尔。内沙布尔与这条路线之间的距离为两法尔萨赫。布珊基至法尔库尔德为两日，法尔库尔德至哈尔库尔德也需两日，哈尔库尔德至祖赞为1日。赫拉特至巴珊赫拉特（Bāshān Harāt）为 1 程，巴珊至凯萨尔是轻松的 1 程，凯萨尔至伊斯塔尔巴彦为 1 程，伊斯塔尔巴彦至马拉巴兹是轻松的 1 程，马拉巴兹至乌法也是轻松的 1 程，最后，从乌法至古尔边界的基什特。赫拉特至比布恩为两程，比布恩至基弗为 1 程，基弗至巴噶舒尔需 1 日。

巴尔赫城市的距离。从巴尔赫至霍勒姆为两日，霍勒姆至瓦尔瓦里兹为两日，瓦尔瓦里兹至塔伊甘同样需要两日，从塔伊甘至巴达赫尚需 7 日。从霍勒姆至萨曼詹为两日，萨曼詹至安达拉巴需 5 日，安达拉巴至贾尔巴亚为 3 程，贾尔巴亚至班加希尔为 1 日，班加希尔军营至法拉万为两程。从巴尔赫至巴格兰为 6 程，再至萨曼詹为 4 程，随后至巴格兰为两程。从巴尔赫至玛兹尔（Madhr）的距离为 6 程，玛兹尔至基赫（Kih）为 1 曼兹勒，基赫至巴米扬为 3 程。巴尔赫阿沙比尔甘（Balkh Ashabūrqān）至法里尔亚特为 3 程，法里尔亚特至塔伊甘为 3 程，塔伊甘至梅尔夫鲁兹同样为3程。

库西斯坦城市间的距离。从加延至祖赞的行程为3日，加延至塔巴斯穆斯南特为两日。加延至霍尔为 1 日，霍尔至霍斯特为两法尔萨赫。从加延至塔布辛的距离为 3 程。以上就是呼罗珊地区的全部距离。

# 河中地区

河中地区，其东侧被拉沙特（Rāshat）与法阿玛尔（Fa'mar）所环抱，并与印度地区的胡塔勒相接，形成一条笔直的边界。而西面则是位于塔拉兹（Ṭarāz）边界的乌古斯地区和赫兹勒吉耶地区，它们以曲线延伸至法拉布、比斯坎德（Bīskand）、粟特撒马尔罕（Sughd Samarqand）及布哈拉地区，直至抵达花剌子模，并最终在花剌子模湖结束。北边是突厥赫兹勒吉耶地区，这片土地自费尔干纳最远端延伸至塔拉兹，形成了一条直线边界。南面，阿姆河自巴达赫尚延伸至花剌子模湖，同样呈一条直线。我将花剌子模、胡塔勒、阿姆河的干流贾尔亚布河及其下游部分，置于哈沙布、贾尔亚布河之后地区的介绍之中。花剌子模的城市坐落于河中地区，它与河中地区城市之间的距离，相较于其与呼罗珊城市的距离，更为接近。

河中地区是伊斯兰诸地中最为肥沃、最为洁净、最为富有的地区之一。这里的居民心怀善良，响应宗教的召唤，鲜少涉足恶行。他们热爱和平，慷慨大方，乐于分享自己的所有物。这片地区同时也拥有严厉的惩处和防范措施，并具备武力、设备、工具、牲畜与武器。这片土地的肥沃与我之前所描述的地区有所不同。这里的居民经常面临干旱的威胁，有时甚至在河中地区遭受灾害之前就已经感受到了这种困境。然而，即便遭受寒潮、蝗虫侵袭或其他自然灾害的打击，庄稼受到损毁，他们所在地区仍可能有幸存的收成，足以满足居民的基本生活需求，因而使他们不必依赖于外界援助。在河中地区，几乎找不到一个没有城镇、村庄、灌溉地或牧场的地方。这里可以找到人们所需的一切，这使得居民们不仅能自给自足，还能向他人伸出援手。正如我之前所述，这里的食物资源极为丰富。这片土地上的水源最为清澈清甜，淡水遍布山间、郊区和城市。此处的牲畜养殖确保了当地居民对动物产品的需求得到充分满足，这得益于他们与马、驴和骆驼等动物之间的深厚联系。此地的肉类供应主要源自乌古斯和赫兹勒吉耶及其周边地区，这些地区的肉类产出非常丰富，以至于超出了当地居民的日常需求。在服装方面，这里不仅拥有充足的棉纺织品，甚至有余量可以远销他乡。此外，此地还盛产皮革、羊毛制品以及皮毛。这片土地蕴藏着丰富的铁矿资源，足以满足当地居民对于武器和工具的制作需求。除此之外，银矿、金矿以及水银矿藏的丰富程度，在伊斯兰世界中，仅有班加希尔的银矿能够与之相提并论。水银矿、金矿等众多矿藏，其最为丰饶的产量均源自河中地区。此外，河中地区还是伊斯兰世界中唯一出产氯化铵和纸张的地方。至于水果，当人们踏入粟特（al-Sughd）、阿什尔（Ashshir）、萨纳（Sana）、费尔干纳和石国时，会发现这些地区的水果产量极为丰富，以至于不仅能够满足人们的食用需求，还有大量的水果可以作为牲畜的饲料。此地的奴隶主要来自邻近的突厥地区，其数量之多远远超出了本地的需求，因此部分奴隶被输送至其他地区。这些奴隶被认为是整个东部地区最优秀的奴隶。此外，此地还汇聚了来自西藏地区和柯尔克孜地区的麝香，再经由此地远销至其他地方。萨噶尼彦（al-Ṣaghāniyān）至瓦什吉尔德（Wāshjird）地区所出产的藏红花，被运送至各地。不仅如此，此地还盛产黑貂、松鼠和狐狸等动物的皮毛，也被运往西边最遥远的地方。除了上述商品，此地还出产铁和其他各种物资，其中就包括苍鹰等各地诸王所需之物。论及当地居民的慷慨之道，河中地区的大多数人宛如生活在一个大家庭之中。任何客人踏入一间房屋，都仿佛回到了自己的家。主人对客人从不流露出丝毫反感，反而竭尽所能确保他们的舒适与愉悦。他们的慷慨并非出于对回报的期待，而是源于慷慨分享自己财产的信念。每个人都根据自己的能力，妥善管理手中的财富，既善待自己，也慷慨待人。在这里，你会发现每位庄园主都致力于建造宽敞的宫殿和为客人准备的驿站，他们一生都在精心筹备，以备迎接访客，并为之提供所需的一切。当有客人造访时，居民们争相展现自己的好客之情，热切地追求着客人的青睐。在这里，无人敢独自出行，生怕在白昼或黑夜中迷失方向。他们在这一方面竞争激烈，以至于这种竞争逐渐消耗了他们的财富，侵蚀了他们的财产，就如同其他人在追求财富积累上的竞争一样，那些人争相攀比，炫耀着金钱的丰盈。我曾在粟特目睹过一间驿站，门上钉满了钉子。据说这扇门已经紧闭了100多年，但这并未阻碍旅人在此借宿。有时，旅客可能会在夜间突然到来，而主人并未提前做好接待的准备，可能有100人、200人或更多人，携带着他们的牲畜和随行物品而来。这些旅客会自行节省动物的饲料、食物和衣物，不让主人过多操心，因为这对于他们来说已是家常便饭，他们早已做好了各项准备，随时能够根据需要提供所需的一切，以确保在离开时无需主人重新安排。主人对待客人极为友好、热情且平等，这使得每一个见到他们的人都能感受到他们的喜悦和慷慨之情。我在伊斯兰国家的任何角落都未曾见过或听闻过如此情景。在伊斯兰国家中，你会发现大部分富人往往倾向于将财富挥霍于娱乐活动及违背真主旨意的事物上，甚至在一些备受谴责的行为上相互竞争，只有少数人能够例外。然而，河中地区的风貌截然不同，你会看到大多数富人将他们的财富投入到客栈的建设之中。除了他们中间的一小部分人外，大多数人都在投身于修建道路、参加吉哈德（al-Jihād）以及行善事业。在这片土地上，无论是城镇、泉眼、道路贯穿的沙漠，或有人烟的村庄，都可见供人休憩的客栈。据说，河中地区拥有多达 10000 余座客栈，其中许多客栈，不仅提供住宿，如有需要，还会主动为客人提供牲畜饲料和食物。在撒马尔罕，我鲜少见到城墙内的客栈、道路旁、街区或是集会之地没有流动的冰水。那些返乡之人向我描述，撒马尔罕城内以及城墙之外，有超过 2000 个地方提供着流动的冰水。饮水处还设有水池和竖立的出水杆。在勇猛与英勇方面。河中地区是伊斯兰世界中最适合进行吉哈德的地区，因为这片区域都笼罩在战争的阴影之下。从花剌子模至塞兰，是乌古斯突厥人的天下。而塞兰至费尔干纳的最远端，则是赫兹勒吉耶突厥人的所在地。他们征服了从河中地区的边界出发，绕过胡塔勒地区背后的信德、印度地区，直至费尔干纳背后的突厥地区，这表明在伊斯兰世界中，突厥地区无疑是战争最为激烈的地方。这些地区构成了穆斯林在突厥一侧的关隘，阻止了突厥人进入伊斯兰地区。整个河中地区都是关隘，每一处都可能成为敌军的入侵之处。据曾随同纳赛尔·本·艾哈迈德拉（Naṣr bin Aḥmad Allah）一同征服沙乌噶尔（Shāwghar）的人告诉我，他们的人数预估有 30 万之众，其中有 4000 人丧生。穆阿台绥姆曾向阿卜杜拉·本·塔希尔（‘Abd Allah bin Ṭāhir）发出一封充满威胁的信函，而此信最终落入了努哈·本·阿萨德（Nūḥ bin Asad）的手中。信中提及，河中地区有 30 万个村庄，每个村庄里皆能派出骑兵与步兵，且人口损失并不显著。此外，我还听闻，石国与费尔干纳的备战能力堪称一绝，其强大程度在诸关隘区中竟无出其右者。当地居民，每人所拥有的牲畜数介于 100 至 500 之间，然而这些牲畜并非私人所有。他们离家后的首要之事，便是朝觐。在此之前，那片沙漠无人能涉足，而在他们之后，亦无人能离开。他们是对领袖最为顺从的一群人，也是能为统治者提供最优质服务的人。只有当哈里发召唤他们时，他们才会出现在其身后。突厥人是他们的军队，他们在胆识、勇气、勇猛和大胆方面均超越了其他民族。在河中地区，他们的统领、亲信和精英，因服务周到、服从性强以及服饰符合苏丹标准，而成为了哈里发的亲信、信任之人以及军队的首领，就像费尔干纳和突厥人成为了哈里发的驻军一般。突厥人如同箭矢，不仅拯救了他们，更战胜了哈里发。其中就包括乌什鲁萨纳（Ushrūsana）的阿夫辛（al-Afshīn）、艾卜·萨吉家族（Āl Abū al-Sāj）、撒马尔罕的伊赫什德（al-Ikhshīdh）、粟特的马尔祖班·本·图尔吉萨菲（al-Marzubān bin Turkisafī），以及乌贾伊夫·本·安巴萨（‘Ujaif bin ‘Anbasa）。此外，还有来自布哈拉和其他地方的埃米尔、统领和军队。这片地区上的王国，由萨曼家族所掌控，他们不仅统治着这片地区，更延伸至呼罗珊的其他疆域。他们是巴赫拉姆·楚宾的后裔，这位传奇人物在波斯时期因其英勇和对他人的援助而闻名。正因如此，伊斯兰世界中的国王无法与之抗衡，他们的战备之充足，无人可及，统治体系之完善，亦无出其右。这是因为伊斯兰世界没有能如他们这般理想的军队存在。这些军队由来自不同的部落、城镇和地区的士兵组成。如果军队在战斗中受挫并分散开来，他们往往无法重新集结，除非是萨曼家族国王的军队。军队由突厥白奴和深知自己家乡与方位的自由人士构成。一旦有士兵在战争中阵亡或牺牲，他们的空缺便会迅速得到填补，由同样优秀的候选队伍中的士兵顶上。即便遭遇意外事件导致军队分散，他们也会重新集结在一处，这与那些因无法分散而备受诟病的军队截然不同，那些军队往往无法在军队中散开，也无法在王国间移动。同样，萨曼家族也需要承担军队士兵和国家驻军的税费。巴里斯（Bālis），原为穆阿台兹（Ibn al-Mu‘tazz）之子伊斯玛仪·本·艾哈迈德（愿真主怜悯他）的奴隶，后来逃离了伊斯玛仪·本·艾哈迈德的掌控。在哈里发纷争的动荡时期，巴里斯崭露头角，以一支兼具人数、装备、牲畜和武器的军队赢得了影响力，哈里发的宫廷中无任何军队能与此相提并论。尽管他曾是萨曼家族的奴仆，但那些失去他的呼罗珊地区的人们，却未能认出他。在伊斯兰世界，没有像萨曼家族这般根植于王位、代代相传的国王，他们的传承可追溯到波斯王朝时期。萨曼王朝能够持续在法尔斯统治，原因就在于他们是波斯人的后裔。关于萨曼家族在法尔斯的地位、他们的迁往呼罗珊地区定居的缘由，以及他们的传记和时代，我在前文中已经详细阐述，这些内容足以展示他们的情况，无需过多赘述。我未曾在河中地区见识过比布哈拉更为宜人的景致，也未曾在伊斯兰地区听闻过拥有如此景色的地方。一旦你登临此地的城堡，目之所及皆是绿意盎然，那绿意与天空的颜色交织相融，仿若天空化作了绿色的屋顶，笼罩在绿色地毯之上。而宫殿则如灯火般隐现其间，郊区的土地被划分得横平竖直，地面平坦如同镜面一般。在河中地区和呼罗珊地区，无一处能与布哈拉郊区的建筑之优、地域之广相媲美，这已然成为了这一地区的特色。固然，大地上还有许多风景胜地，如撒马尔罕粟特、欧布拉河以及古塔大马士革的游览之地。法尔斯的沙普尔和朱尔的景色，同样可与古塔大马士革和欧布拉河相提并论，但现在我只聚焦于这些提及之地。谈及古塔大马士革，若你置身其中，便会亲眼目睹在距你仅 1 法尔萨赫或更近之处的山脉上，树木与植被同样稀疏。有些地方，难寻建筑和绿植的踪迹，仅有广袤的景色填满视野，遮挡住遥远的地平线。欧布拉河，无论是沿着河流的走向还是在其周边地区，仅有距其 1 法尔萨赫的范围内，人们的视线才得以停留。这片区域内，并无高地可供人们远眺，超出 1 法尔萨赫的距离便无法再望及。这与那些视野开阔、景色宜人的地方截然不同，在那里，人们的视线可以停留一段时间，尽情享受周围的景致。至于撒马尔罕粟特，我深知在那里或是在撒马尔罕的其他地方，没有一处适合从高处俯瞰的景致。所见到的往往是光秃秃的山峰，缺乏树木的点缀，或是尘土飞扬的沙漠。即便有耕作之地，农场里的尘埃也远多于那点缀其间的绿色植物。尽管这些广袤的沙土之地并未对建筑造成太大的影响，但它们却夺走了观者眼中那令人欣喜的绿色，也失去了沙尘所带来的独特装饰感。布哈拉及其周围的村庄和农场，被一道城墙所环绕，其直径约为 10 法尔萨赫，整个地区呈现出一派繁荣的景象。在上述三个地点中，撒马尔罕粟特无疑是最宜人的地方。它坐落于布哈拉的边界，右邻粟特河谷，北接巴特姆（al-Batm）边界，绵延不绝。撒马尔罕粟特的幅员为 8 日行程，其间绿意盎然、花园遍布，广场、花园和郊区错落有致，更有常流的河流环绕此间。水池位于郊区和广场中心，四周环绕着郁郁葱葱的树木和庄稼，它们沿着河谷两侧延伸。在这片绿色之后，便是在其环抱中的农场，而农场之后，则是放牧牲畜的牧场。在这片土地上，无论是城市还是村庄，每一座城堡都能眺望到广袤的绿色景致，宛如给大地披上了一件绿色的锦袍。水流顺着水道流过，其波光粼粼的水面点缀着宫殿。这片土地，乃是安拉赐予的最洁净之地，孕育着最优质的树木与果实。人们的居所中分布着花园、水池和流水。据说，几乎每一条街道、每一座房屋都紧邻着流淌的河流。费尔干纳、石国、乌什鲁萨纳以及河中地区的其他地方，树木葱葱郁郁，果实累累，郊区连绵不绝。这些美景都是其他地方所无法比拟的。费尔干纳的连绵山脉横亘于费尔干纳与突厥地区之间，这里不仅盛产葡萄、核桃、苹果等水果，还生长着玫瑰花、紫罗兰等花卉以及各种香料。人们可以随意采摘，无人占有，也无人阻拦他人共享。同样，这片山脉以及河中地区的山脉，还生长着其他地方难以寻到的开心果，同样供人随意采摘。乌什鲁萨纳的玫瑰能够持续盛放至晚秋。

位于河中地区的城镇和地区。呼罗珊通道之后，阿姆河畔的首个城市便是布哈拉，它与撒马尔罕粟特的其余部分相接。随后是乌什鲁萨纳、石国、费尔干纳、基什（Kish）、纳斯夫（Nasf）、萨噶尼彦及其地区、胡塔勒，以及阿姆河沿岸地区。河中地区还包括帖尔米兹、噶瓦兹彦、阿赫斯萨克（Akhsīsak）以及花剌子模。至于法拉布、塞兰至塔拉兹、易拉克等地，它们均属于石国地区。苦盏（Khujand）则是费尔干纳的一部分。我将瓦什吉尔德与萨噶尼彦之间的地带划归为萨噶尼彦地区。我将胡塔勒地区归入河中地区，原因在于其坐落于哈沙布与贾尔亚布之间。至于花剌子模，我之所以将其置于河中地区，是因为其城市坐落于河中地区，且与河中地区各省市的距离更为接近。至于布哈拉、基什以及纳斯夫，尽管它们与粟特有着一定的联系，但为了更清晰地展现各自的特点和方便表述，我将它们单独列出。实际上，在对这些地区进行归类或分开介绍时，并不会发现它们之间存在显著的差异。因为它们在城市特征、河流及城市主题方面并无明显不同。因此，无论是统一描述还是分开介绍，其本质内容并无太大变化，此处只是为了便于详细阐述而作的划分。接下来，我将开始介绍阿姆河之后的地区，介绍这条河流及其周边地区的情况。

阿姆河的主要干流，被称为贾尔亚布，它源自巴达赫尚边界的瓦罕地区。在胡塔勒和瓦赫什的交汇之处，阿哈尔（Ahār）汇入其中，形成了这条大河。在这些河流中，规模仅次于贾尔亚布的乃是阿赫舒瓦河（Nahr Akhshuwā），它是哈勒巴克（Halbak）的河流。紧随其后是巴尔班河（Nahr Barbān），第三条河流则是法尔嘎尔河（Nahr Farghar），第四条为安迪贾拉格河（Nahr Andījārāgh），第五条则是瓦哈沙布河（Nahr Wakhashshāb）[1]，瓦哈沙布河是其中最具规模的河流。这些河流在阿尔罕（Ārhān）之前交汇，随后在噶瓦兹班（al-Qawādhbān）之前，这条河与瓦哈沙布河交汇，从巴特姆

[1] 瓦哈沙布河（Nahr Wakhashshāb），可能与哈沙布河（Nahr Khashshāb）指同一河流。

流出的河流也汇入其中。噶瓦兹班的河流都在噶瓦兹班附近汇入阿姆河。瓦哈沙布自突厥地区流出，流经瓦赫什地区。当其流经山区时，河道变窄，直至穿越一座桥梁。即使水量庞大，河水在此地的水流也会变得如同狭窄河道一般。这座桥梁是瓦赫什与瓦什吉尔德的界限。河水流经巴尔赫边界的河谷，一直到帖尔米兹，随后，依次流经卡利夫（Kālif）、赞穆，然后到阿莫勒，再向花剌子模延伸，最后注入花剌子模湖。这条河流没有从胡塔勒、帖尔米兹至赞穆的河谷中汲取水源，反而以其水量灌溉了赞穆、阿莫勒和菲拉布尔（Firabr）等地。当它进入花剌子模时，为这片土地提供了灌溉水源，使得花剌子模的居民得以享受这条河流带来的大部分水利福祉。河中地区，坐落于阿姆河畔的首站，便是胡塔勒和瓦赫什这两个地区，实际上，它们是一个整体。这两个地区共同坐落于哈尔彦（Ḥaryān）与瓦哈沙布之间。胡塔勒的土地上，矗立着哈勒巴克、明克、塔姆里亚特、法尔嘎尔、卡尔班吉（Kārbanj）[2]、安迪贾拉格以及拉斯塔格班克等城市。而瓦赫什地区的城市亦有哈拉瓦尔德与拉瓦坎德。苏丹的驻地在哈勒巴克，虽然明克和哈拉瓦尔德的城市规模皆超过哈勒巴克，但是苏丹却选择驻于哈勒巴克。哈勒巴克与瓦赫什地区、胡塔勒地区、瓦罕、信迪亚（al-Sindiyya）和基兰等地接壤，这片土地是异教徒的家园。此处出产麝香和奴隶，而瓦罕地区则蕴藏着丰富的银矿。胡塔勒的河谷中，水流自瓦罕地区奔涌而出，同时随着水流冲刷而来的还有金矿。瓦罕与西藏之间的距离很近。胡塔勒地区拥有丰富的庄稼、水源和水果，这里土地肥沃且广阔，同时还生活着许多动物和牲畜。穿过胡塔勒和瓦赫什地区，便是瓦什吉尔德、噶瓦兹彦、帖尔米兹、萨噶尼彦等地区的所在，它们行成了一个单独的地理单元。帖尔米兹，这座坐落于阿姆

2 卡尔班吉（Kārbanj），可能与卡尔班克（Kārbank）指同一地。

河谷的城市，拥有堡城、城市和郊区，郊区外围也有城墙。王宫位于堡城内部，城市中有市场，大清真寺也屹立于城中，礼拜堂则位于城墙内的郊区，市场坐落于城中。这座城市的建筑为泥筑建筑，大多数道路、市场则以砖铺成。帖尔米兹城市繁华且人口密集。这些地区的港口，就位于阿姆河畔，此地与最近山脉的距离为 1 程。帖尔米兹的饮用水主要源自阿姆河以及萨噶尼彦流出的河水。当地的农场并不使用阿姆河水进行灌溉，而是选择萨噶尼彦河流中的水，其中还包括萨尔曼赞（Ṣarmanjan）、哈希姆吉尔德（Hāshimjird）等地流出的河水。噶瓦兹彦是一个包括不同地区的城市，其规模比帖尔米兹略小。此处的城市有努达兹（Nūdaz）、瓦什吉尔德，瓦什吉尔德的城市规模与帖尔米兹相近。此外，还有规模比之小的舒曼（Shūmān）。瓦什吉尔德、舒曼至萨噶尼彦附近的地区盛产藏红花，这些产物被运往世界各地。噶瓦兹彦出产茜草。虽然萨噶尼彦的城市规模大于帖尔米兹，但在人口和财富方面，帖尔米兹更胜一筹。萨噶尼彦拥有一座城堡。阿赫斯萨克矗立于赞穆的对面，而赞穆则坐落于呼罗珊地区，但是这两者是一个整体。赞穆是一座设有讲坛的肥沃小城，这里的主要牲畜是骆驼和羊群。这两地背后都有沙漠、水井和牧场。菲拉布尔是一座布哈拉地区的城市，我在布哈拉的描述中已经提及。花剌子模是一个地区名称，它与呼罗珊地区隔河相望，四周被沙漠所环绕。这片土地的北面和西面与乌古斯边界相连，而南面和东面则与呼罗珊地区以及河中地区相接。花剌子模，位于阿姆河的尽头，其后直至阿姆河河水注入花剌子模湖的河畔，都没有建筑物。这片地区横跨阿姆河的两岸，首府城市矗立于北岸，而南岸则有一座名为乌尔根奇（al-Jurjāniyya）的大城市，它的规模在花剌子模地区仅次于其首府。乌尔根奇是乌古斯地区的商贸中心，从这里出发的商队可抵达戈尔甘、可萨地区以及呼罗珊地区。在绘制地图的过程中，我曾将花剌子模地区一分为二，一部分绘于呼罗珊地图中，另一部分则绘制在河中地区的地图之上。然而，考虑到这本书的主旨在于展现这些地区及其城市的地图，因此，我将花剌子模完整地呈现河中地区的地图上，避免两张地图上出现内容重叠。花剌子模地区的城市除了其首府之外，还有达尔甘（Darghān）、哈佐拉斯普（Hazārāsb）、希瓦（Khīwa）、胡什米珊（Khushmīthan）、阿尔达胡什米珊（Ardakhushmīthan）、萨法尔达兹（Sāfardaz）、努兹瓦尔（Nūzwār）、库尔达兰哈瓦什（Kurdarān Khawāsh）、卡尔达德（Kardar）、巴拉特金村庄（Qarya Barātkīn）、马兹米纳（Madhmīna）、马尔达基甘（Mardājqān）以及乌尔根奇。

花剌子模的首府，名为花拉子米亚喀什（al-Khuwārizmiyya Kāth），拥有一座稍显冷清的城堡。这里曾有一座城市，但被河流所摧毁，因此，人们在城市的后方重新建造了一座城市。河流紧邻城堡，人们担心城堡会被河水冲毁。城堡之后矗立着大清真寺，花剌子模沙阿的宫殿坐落于大清真寺之中。至于监狱，则设在城堡内部。在城市中心，有一条名为贾尔杜尔（Jardūr）的河流穿流而过，河流两岸便是市场。这座城市的规模，约为三分之一法尔萨赫乘以三分之一法尔萨赫，城市的大门，部分已经倒塌，失去了原有的大门，而剩余的城门，则被修建在河谷中已损毁大门的后方。花剌子模地区的边界起始于塔希里亚（al-Ṭāhiriyya），而后延伸至阿莫勒，再一路铺展至阿姆河南岸，其北面没有建筑物，直至抵达一个名为噶拉巴赫珊赫（Ghārābakhshanh）的村庄。随后，边界从噶拉巴赫珊赫延伸至花剌子模城，沿途的阿姆河两岸呈现出一片繁华景象。在噶拉巴赫珊赫之前 6 法尔萨赫处，有阿姆河的支流流经。这条支流流经郊区至城市之间的建筑，被称为考胡瓦尔赫（Kāwkhuwārh），意为“牛的食物”。这条河流的宽达 5 庹（Abwā‘），深达两寻，可容纳船只通行。当考胡瓦尔赫河流淌出 5 法尔萨赫后，它分出一条支流，名为卡里赫河（Nahr Karīh）。这条支流浇灌着许多郊区。自塔希里亚至哈佐拉斯普的阿姆河畔，无建筑物矗立，河道宽阔。到了哈佐拉斯普，河道变得愈发宽阔，从这座城市至对岸城市的河道宽度约为 1 程。随后，河流开始逐渐收窄，到乌尔根奇时，其宽度缩减为两法尔萨赫。接着，河流流经基特村庄（Qarya Kīt），这里距离库贾格（Kūjāgh）有 5 法尔萨赫之遥。基特村庄坐落于山脉之旁，河畔除却村庄本身，没有别的建筑。而这座山脉的背后，则是一片沙漠。哈佐拉斯普至阿姆河西侧的其他河流。其中，哈佐拉斯普河源自阿姆河，与阿莫勒相接，其规模为考胡瓦尔赫河的一半，同样能容纳船只通行。距哈佐拉斯普两法尔萨赫处，是一条名为库尔达兰哈瓦什的河流，这条河流的规模超过了哈佐拉斯普河。随后是希瓦河，它的规模更是超越了库尔达兰哈瓦什河，船只可以从此处航行到希瓦。然后是马德拉河（Nahr Madrā），其规模达到了考胡瓦尔赫的两倍之多，船只可在此航行到马德拉（Madrā），马德拉与这条河的距离为 1 里。从马德拉河出发，乘船可抵达瓦达克河（Nahr Wadāk），再至乌尔根奇。瓦达克河与马德拉河之间的距离为 1 里，瓦达克河至花剌子模城市的距离约为两法尔萨赫。在城市下游，位于乌尔根奇方向的是布赫河（Nahr Būh）。布赫河与瓦达克河在安德拉斯坦（Andrāstān）村庄边缘相遇，随后，流向乌尔根奇。瓦达克河的规模超越了布赫河，船只可在两河中航行，直至乌尔根奇，尽管这段距离仅为一箭之遥，但那里有一座堤坝阻挡了船只通行。这两条河流的交汇处与乌尔根奇的距离为 1 程，而考胡瓦尔赫与城市相距 12 法尔萨赫，花剌子模河在城市处的宽度约为两法尔萨赫。卡尔达德有一条从花剌子模城下游流出的河流，距离城市约 4 法尔萨赫。这条河流源自 4 个相邻地区水流的汇聚，最后形成了一条如布赫河与瓦达克河汇合而成的河流。据传，阿姆河曾流经此处，因此当阿姆河的水量减少时，这条河流的水量也会随之减少。基特往北 1 法尔萨赫处，是一片沙漠。在这片沙漠中，坐落着一座名为马兹米尼亚（Madhmīniyya）的城市，它与阿姆河相距 4 法尔萨赫，隶属于乌尔根奇管辖。之所以如此，是因为从卡尔达德流出的河流，穿过基特和马兹米尼亚之间。而在马兹米尼亚之后的河岸，则是一片无建筑物的空旷地带。位于阿姆河与卡尔达德之间的是马尔达基甘郊区。它与阿姆河的距离为两法尔萨赫，与乌尔根奇相对。卡尔达德与城市之间的每一个村庄，都有阿姆河的支流流过，这些支流都源自阿姆河。随后，阿姆河注入花剌子模湖，卡里詹（Khalījān）便坐落于此。这是一个既没有村庄，也没有建筑物的地方，只有一群渔民在此生活。卡里詹之后的湖畔，是乌古斯地区。在和平时期，人们可以从乌古斯一侧前往巴拉特金村庄，从另一侧则可以通往乌尔根奇，这两地都是关隘。在阿姆河畔，距离考胡瓦尔赫河约 3 法尔萨赫的地方，一座山峦横亘于河流之上，使得河流在此处变窄，宽度仅为原来的三分之一。这个地方被称为艾卜噶沙（Abū Qashsha），由于河流在此处变得湍急，且出口处形成了潟湖，使得船只在此航行变得极为危险。从阿姆河的注入地至沙什河（Nahr al-Shāsh）流入这个湖泊的地方，距离大约为 4 日行程。在冬季，阿姆河谷可能会结冰，人们需要借助重物才能通行。冰冻从花剌子模一侧开始，一直延伸到冰冻结束的地方。阿姆河畔最为寒冷的地方是花剌子模地区。在花剌子模湖畔，屹立着一座贾噶拉噶兹山（Jabal Jaghrāghaz），那里的水源即使在夏天也保持着结冰的状态，其周围是一片芦苇丛。据我所知，这片湖泊的周长大约为 100 法尔萨赫，湖水为咸水，表面无注水口。尽管阿姆河、沙什河等河流将河水注入其中，但是湖水却并未因此而变淡，湖面也未见扩张。只有安拉知晓其缘由，就好像这片湖泊与里海之间存在一些通道，使它们的水系相互连通，尽管，这两个湖泊之间的距离约为 20 程。

花剌子模是一座富饶的城市，拥有丰富的食物和水果，但此处并无核桃。此地盛产棉布和羊毛服饰，众多商品被运往各地。花剌子模的居民以顺从、自律和勇敢等品质而著称。他们是呼罗珊地区中分布最广、旅行最多的群体，呼罗珊地区的大城市中，花剌子模人的身影屡见不鲜。他们使用着一种独特的语言，这种语言在呼罗珊其他地区都难以觅得其踪影。他们的服饰为噶拉提格和帽子。花剌子模居民的特征在呼罗珊人中显得尤为鲜明，他们勇于对抗并阻止乌古斯人的侵扰。花剌子模地区并不出产黄金、白银或其他宝石矿。他们的财富主要来源于与突厥的贸易以及牲畜的饲养。此外，这里还聚集了大量来自斯拉夫地区、可萨地区以及突厥地区的奴隶。这里还出产耳廓狐、黑貂、狐狸以及貂等动物的皮毛。

以上便是坐落于阿姆河畔的城市。接下来，我将开始介绍河中地区的城市。首先是布哈拉，因为它是这一地区的首座城市，此处矗立着呼罗珊王宫，也是河中地区其他城市的管辖中心。随后我将遵从安拉的旨意依次介绍其他城市。

布哈拉，又名努米基卡什（Nūmijkath），坐落于平原之上。城市的建筑由交错的木材搭建而成，四周环绕着宫殿、花园、道路以及村庄，城市的规模为 12 法尔萨赫乘以 12 法尔萨赫。这些宫殿、建筑、村庄以及城市首府，均被城墙环绕在内。在这片土地上见不到沙漠或是破败之处。城墙不仅环绕着城市首府，还环绕着其周边的宫殿、房屋、商店以及那些属于首府的花园。首府中冬夏都有人居住。此外，还有一道面积约为 1 法尔萨赫乘以 1 法尔萨赫的城墙。在这道城墙之内，有一座城市，它同样被一道坚固的城墙所包围。城外则是与一座小城相连的堡城，堡城内又建有一座城堡。来自萨曼家族的呼罗珊总督，其府邸便坐落于堡城内。这座城市拥有郊区，大清真寺矗立于城中的堡城大门旁，监狱则位于城堡内部，至于市场，则坐落于郊区。在呼罗珊地区与河中地区，布哈拉无疑是建筑最为密集、人口最为繁盛的城市。城市的郊区被粟特河贯穿，这条河流流经郊区和市场，作为粟特河的尾段，沿途可见磨坊、田庄和农场。河水注入比坎德（Bīkand）[3]附近的水库，直至流向菲拉布尔附近名为萨姆哈瓦什（Sām Khawāsh）的地点。至于布哈拉这座城市，它拥有七扇铁门，其中包括城市之门（Bāb al-Madīna）、努尔门（Bāb Nūr）、胡夫拉门（Bāb Ḥufra）和白尼萨阿德门（Bāb Banī Sa'd）。城堡设有两扇门，一扇是利克斯坦门（Bāb al-Rīkstān），另一扇则是通往大清真寺的贾米门（Bāb al-Jāmi'）。郊区道路交错纵横，其中通往呼罗珊的道路被称为玛伊丹路（Darb al-Maidān）。紧接着，是东侧的伊卜拉欣路（Darb Ibrāhīm），随后是拉余路（Darb al-Rayū）和拉德噶沙路（Darb al-Radqasha）。之后是卡拉巴兹路（Darb Kalābādh），这条道路与马拉德噶沙路（Darb al-Maradqasha）[4]，皆可通往纳斯夫、巴尔赫。卡拉巴兹路之后，便是纳婆毗诃罗路。之后是通往撒马尔罕以及河中地区其他地方的撒马尔罕路，随后是法噶斯昆路（Darb Faghāskūn）、拉米施尼亚路（Darb al-Rāmīthniyya）和哈德沙伦路（Darb Ḥadsharūn），后者属于花剌子模路线。紧接着是噶什吉门（Bāb Ghashj）。在郊区中心的市场区域，设有数道门，其中包括哈迪德门、哈桑桥门（Bāb Qanṭara Ḥassān）以及马吉清真寺（Masjid Māj）的两道门，紧接着是拉赫纳门（Bāb Rakhna），然后是艾卜·希沙姆·卡纳比（Abū Hishām al-Kanābī）宫殿的门。随后是苏外伊噶桥（Qanṭara al-Suwaiqa）附近的门、法尔贾克门（Bāb Farjak）、达鲁拉兹贾赫门（Bāb Darūlazjah）、斯卡穆甘门（Bāb Sikka Mughān）以及内撒马尔罕路。布哈拉城与堡城因地势高耸，因而无流水穿行，其主要水

---

3 比坎德（Bīkand），可能与比斯坎德（Bīskand）指同一地。

4 马拉德噶沙路（Darb al-Maradqasha），可能与拉德噶沙路（Darb al-Radqasha）指同一条道路。

源皆源自一条大河。这条大河在城中分出众多支流，其中包括法什迪扎赫河（Nahr Fashīdīzah），它发源于布哈拉河，于一个名为瓦尔格（al-Wargh）的地方分流而出，并流经瓦格（al-Wagh），随后，它顺着马拉德噶沙路穿过朱巴尔·艾卜·伊卜拉欣（Jūbār Abū Ibrāhīm），再经过谢赫贾利勒·艾比·法德勒门（Bāb al-Shaikh al-Jalīl Abī al-Faḍl），最终汇入瑙坎达赫河（Nahr Naukandah）。法什迪扎赫河的河畔，除了土地，还遍布着约 2000 座花园与宫殿。从河流源头至其出口的长度约为半法尔萨赫。支流中有一条名为朱伊巴尔巴卡尔（Jūybār Bakkār）的河流，它流经市中心的阿希德清真寺（Masjid Aḥīd），最终汇入瑙坎达赫河。这条河流为部分郊区提供饮用水源，河畔除了土地之外，分布着约 1000 座花园和宫殿。朱伊巴尔噶瓦里拉因河（Nahr Jūybār al-Qawārīrayīn）源自城中阿里德清真寺（Masjid al-'Āriḍ）附近的河流，它灌溉着部分郊区。与巴卡尔河畔相比，这条河的岸边拥有着更为丰富、更为广袤的土地和花园。巴朱噶斯基河（Nahr Bajūghasj）也是源自阿里德清真寺附近的一条河流，它灌溉着部分郊区，最终汇入瑙坎达赫河，它也被称为朱伊巴尔阿里德（Jūybār al-'Āriḍ）。而比坎德河，则发源于城中拉斯斯卡卡塔（Ra's Sikka Khata'）处的河流，它为部分郊区提供灌溉水源，并注入瑙坎达赫河。瑙坎达赫河是一条发源自达尔哈姆杜纳（Dār Ḥamdūna）的河流，汇聚了众多支流，它为一些郊区提供灌溉水源，然而它并不为农场提供水源，而是继续向沙漠深处延伸。之后是塔胡纳河（Nahr al-Ṭāḥūna），其源头位于城中的纳婆毗诃罗。它为部分郊区提供灌溉水源，并驱动水车，最终汇入比坎德河，是比坎德居民的饮用水源。卡珊赫河（Nahr Kashanh）同源源自城中的纳婆毗诃罗，它灌溉着纳婆毗诃罗郊区，流经众多宫殿、农场和花园，并穿越卡珊赫地区，直至抵达马宇姆拉格（Māyumragh）。拉巴赫河（Nahr Rabbāḥ）源自利克斯坦附近的河流，它灌溉着部分郊区，流经拉巴赫宫殿。除了灌溉土地，它还滋养着约 1000 座花园和宫殿。利克斯坦河同样源自利克斯坦附近的河流，为利克斯坦、堡城以及王宫提供饮用水源，水流至贾拉勒迪扎赫宫殿（Qaṣr Jalāl Dīzah）结束。另一条河流，源自城中哈姆杜纳桥附近的地下河，它流经白尼阿萨德门（Bāb Banī Asad）处的水池，水流最终注入堡城的两条支流。兹噶尔金达河（Nahr Zighār Kinda），这条源自布尔格（Būrgh）的河流，沿途流经达尔瓦兹贾赫门（Bāb Darwāzjah）、市场和达尔瓦兹贾赫地区，并流经撒马尔罕门，最终流向萨比德马沙赫（Sabīdmāshah）并继续延伸，全程大约 1 法尔萨赫。河畔散布着众多宫殿、花园和土地。

布哈拉的郊区包括扎尔（al-Dharr）、法尔基达德（Farghīdad）、萨赫尔（Sakhr）、塔瓦里斯郊区（Rastāq al-Ṭawārīs）、布尔克（Būrq）、下卡兹噶纳（Khazghāna al-Suflā）、布玛（Būma）、纳贾尔贾夫尔（Najjār Jafr）、卡胡什图万郊区（Rastāq Kākhushtuwān）、安德亚尔坎德曼（Andyār Kandmān）、萨姆詹马顿（Sāmjan Mādūn）、萨姆詹马瓦拉（Sāmjan Māwarā'）、下法拉维尔（Farāwir al-Suflā）、阿尔万（Ārwān）以及上法拉维尔（Farāwir al-'Ulyā），上述郊区都位于城墙之内。而位于城墙之外的郊区，则包括贾扎赫（Jazzah）、沙布哈斯（Shābkhash）、小郊区卡尔米尼亚（Karmīniyya）、上卡兹噶纳（Khazghāna al-'Ulyā）、拉曼德（Rāmand）、比坎德以及菲拉布尔。粟特河的支流遍布于布哈拉首府外围的边界，上述河流从外城墙的塔瓦里斯地区开始，绵延伸展至城门所在之地。众多支流散布于城墙内的村庄和农场，河畔矗立着布哈拉的村庄建筑。这些河流包括发源自粟特河的萨菲利卡姆河（Nahr Sāfirī Kām），它灌溉着沿途的村庄，河水一直延伸至乌尔达纳（Wurdāna），成为了当地居民的饮用水源。支流卡尔甘鲁兹河（Nahr Kharghān Rūdh），它灌溉着村庄直至流入拉瓦斯（Rāwas），同样为当地居民提供饮用水。

纳贾尔贾夫尔河流灌溉着村庄，直至最终流入卡尔麦伊珊（Kharmaithan），是当地居民的饮用水源。朱尔格河（Nahr Jurgh）的水流直至朱尔格结束，也为当地居民提供饮用水，其剩余之水还回流至粟特河。瑙坎达赫河灌溉着村庄，直至最终流入法拉纳（Farāna），也供当地居民饮用。法拉赫沙赫（Nahr Farakhshah）同样灌溉着村庄，直至法拉赫沙赫，为当地居民提供饮用水。卡珊赫河灌溉着村庄，直至卡珊赫地区，为当地居民的饮用水源。拉米沙纳河（Nahr al-Rāmīthana）灌溉着村庄，水流直至拉米沙纳结束，为当地居民提供饮用水。下法拉维尔河灌溉着村庄，直至法拉布结束，为当地居民提供饮用水。阿尔万河灌溉着村庄，直至巴纳德（Bānad）结束，为当地居民提供饮用水。上法拉维尔河灌溉着周边的村庄，直至乌布噶尔（Ūbūqār）地区，为沿岸居民的饮用水源。卡马赫河（Nahr Khāmah）灌溉着周边的村庄，直至卡马赫地区，也是居民的饮用水源。坦坎河（Nahr Tankān）灌溉着村庄，直至瓦尔卡赫（Warkah）地区，为当地居民提供饮用水。瑙坎达赫河灌溉着沿途的村庄，直至努巴格埃米尔（Nūbāgh al-Āmīr），为当地居民提供饮用水。粟特河余下的河水则汇聚成一条被称为扎尔的河流，它贯穿整个布哈拉郊区。在这片郊区中，也流淌着我先前提及的城市河流。它们大多宽广且水量丰沛，足以承载船只航行。这些河流均发源于布哈拉城墙内，从塔瓦里斯边界一路流淌至城市。布哈拉村庄的建筑密集且主要用作住所，它们矗立在高地之上。这些建筑群中，都有设防的城堡。城墙之内，并无山脉或沙漠的踪迹，而距离此处最近的山脉则是瓦尔卡赫山，那里蕴藏着用于铺路和建筑的石材资源，以及用于制作器皿、灯具和石膏的原料。城墙外设有船坞，木材主要源自花园，梭梭树、柳树则从沙漠地带运来。得益于粟特水流的注入，布哈拉地区的土地均与水源相邻。高大的核桃树、悬铃木和杨树等并不适合在这里生长，因此，这里的树木普遍较为矮小。然而，布哈拉的水果却是河中地区最为上乘和最为美味的佳品。布哈拉地区的居民，每人仅能依靠有限的一加里布土地来维持生计。然而，由于人口稠密，这片土地上所产出的粮食无法满足所有人需求。随着人口的不断增长，对粮食的需求逐渐超出了土地的承载能力。因此，该地区的粮食及其他必需品主要于依赖河中地区的供应。山脉的一端坐落着瓦尔卡赫村庄，从这里开始，山脉一路延伸至撒马尔罕，经过基什和撒马尔罕之间的地带，直至巴特姆山脉。随后，山脉又转向费尔干纳的乌什鲁萨纳，经过沙勒基（Shaljī）和塔拉兹等地。据说，沿着这座山脉的走向，人们甚至可以一路行至中国边界。布哈拉地区的矿藏分布于乌什鲁萨纳、费尔干纳、易拉克、沙勒基、拉班（Labān）以及延伸至柯尔克孜地区的山脉及其周边山脉中。氯化铵主要分布在巴特姆地区，而矾矿、铁矿、水银矿、铜矿、铅矿、金矿、贾拉格苏努克（al-Jarāgh Sunuk）、石油、沥青、绿松石以及氯化铵则产自费尔干纳。费尔干纳的山脉中还有一种石头，它能像煤一样燃烧。在费尔干纳的萨纳马赫（Sanāmah）、萨夫哈赫（Safḥah）及其周边地区的山上，生长着可随意采摘的果实。巴特姆地区的山脉与撒马尔罕的萨瓦达尔山（al-Sāwadār）上，凉水与热水并存。夏季时，某些泉水竟会结冰，随着气温的逐渐攀升，这些冰块逐渐变得如同柱子一般，最终在某个时刻断裂。而到了冬季，这些泉水则变得温热，成为动物们在冬天的取暖之所。

布哈拉城墙内外皆分布着城市。城墙之内的城市包括塔瓦里斯，这里设有继首府之后最大的讲坛。除此之外，还有图马贾卡什（Tūmajakath）、赞旦赫（Zandanh）、马格坎（Maghkān）以及哈贾达（Khajāda）。而坐落于城墙之外的城市，则有比坎德、菲拉布尔、卡尔米尼亚、哈德亚曼坎（Khad Yamankan）、哈尔甘卡什（Kharghānkath）以及马兹亚马贾卡什（Madhyāmajakath）。塔瓦里斯是一座拥有市场的城市，河中地区的居民每年都会在特定的时间汇聚于此，参加盛大集会。此处出产的棉布服饰远销各地。塔瓦里斯城中遍布着众多花园，流水资源丰富，土地肥沃。这座城市不仅拥有市区，还建有堡城，城市中坐落着一座大清真寺。城墙内的其他城市在规模和建筑风格上相近，每座城市都设有堡垒。卡尔米尼亚的城市规模超越了塔瓦里斯，人口更为稠密，土地也更为肥沃。哈德亚曼坎属于卡尔米尼亚，与其对面的哈尔甘卡什、马兹亚马贾卡什在城市规模和建筑风格上相仿。卡尔米尼亚拥有众多村庄，每座讲坛附近都分布着村庄和农场。在这些城市中，比坎德是个例外，这里客栈林立。据我所知，比坎德的客栈数量在河中地区堪称之最，据说约有 1000 座客栈。这座城市不仅拥有坚固的城墙，更有一座建筑雅致、壁龛精美的清真寺，其壁龛之精美在河中地区堪称一绝。菲拉布尔是一座坐落于阿姆河附近的城市，它拥有村庄，土地肥沃且经济繁荣。

布哈拉的语言以粟特语为主，但在此基础上融入了一些变化。除了粟特语，当地居民也使用达里语（al-Dariyya）。布哈拉的居民与河中地区其他居民一样喜爱文学。此地主要流通的货币为迪尔汗，而第纳尔仅作为标价使用，并不用于实际流通。布哈拉地区的迪尔汗被称为噶特里飞（al-Ghaṭrīfī）。迪尔汗的制作材料包括铁、黄铜、铅以各种宝石，这种货币仅在布哈拉地区使用。货币上刻有雕像，它是伊斯兰货币的一种款式，此外，马斯比亚（al-Masībiyya）和穆罕默迪亚（al-Muḥammadiyya）也同样是伊斯兰货币的两种款式。此处的服饰风格以长袍和帽子为主，与河中地区的着装风格相似。在城墙内外都有定期举办的市场，人们在每个月的特定日期汇聚于此，进行服饰、奴隶和牲畜等各类商品的交易。布哈拉及其周边地区盛产棉布服饰、地毯、礼拜用品以及优质羊毛服饰，这些产品被运往各地。布哈拉的居民常常谈论城堡的祝福，因为城堡内从未出现过灵柩，而那些在城堡中升起的战旗，一旦离开那里，便会遭遇失败。若真有其事，那它们之间的一致性确实令人惊奇。据说，布哈拉人的起源可以追溯到古代的伊斯塔克尔商队。布哈拉城之所以被选定为萨曼家族呼罗珊总督府邸的所在地，主要是因为其得天独厚的地理位置，它是河中地区距离呼罗珊地区最近的城市。在这里，人们面朝呼罗珊，背依河中地区。布哈拉居民对总督的服从度高，分歧甚少，因此相较于河中地区的其他城市，此地更适合被选为总督驻地。萨曼家族的首任呼罗珊总督，伊斯玛仪・本・艾哈迈德，正是在布哈拉确立了他对呼罗珊的统治权，这一权利在他手中得到延续，因此，他的后代们得以在这片土地上继续执掌权柄。在此之前，河中地区的总督驻地或在撒马尔罕，或位于石国，或在突厥方向的费尔干纳。布哈拉的统治者始终保持着对呼罗珊地区的独立管理，直至塔希尔王朝的终结。哈贾达坐落于布哈拉通往比坎德的路线右侧，这条路线总长达 3 法尔萨赫，哈贾达与此路线相距约 1 法尔萨赫。赞旦赫坐落在布哈拉城的北方，距离布哈拉城 4 法尔萨赫。图马贾卡什位于布哈拉通往塔瓦里斯的路线左侧，距离布哈拉 4 法尔萨赫，这座城市与这条路线的距离为半法尔萨赫。从卡尔米尼亚至哈德亚曼坎的距离为 1 法尔萨赫，之后便可抵达粟特地区。哈德亚曼坎与撒马尔罕路线之间仅有一箭之隔，它位于该路线的左侧。马兹亚马贾卡什位于粟特河谷之后，地势比哈德亚曼坎高出 1 法尔萨赫。哈尔甘卡什坐落在卡尔米尼亚附近，距其 1 法尔萨赫，它同样位于河谷之后。布哈拉地区的东侧与粟特地区相连。穿过卡尔米尼亚后，首先抵达的便是达布斯亚（al-Dabūsiyya），随后是拉宾詹（Rabinjan）、卡沙尼亚（al-Kashāniyya）、阿什提汗（Ashtīkhan）以及撒马尔罕，这些城市都位于粟特地区的核心地带。尽管有人声称布哈拉、基什和纳斯夫同属于粟特的范畴，但是我将它们与粟特地区分开。粟特地区的首府是撒马尔罕，它坐落于粟特河谷的南端，地势很高。这座城市拥有堡城、城区和郊区，堡城内设有监狱和繁华的王宫。城区环绕着城墙，并设有 4 道城门，分别为东方的中国门，西方的纳婆毗诃罗门，北方的布哈拉门以及南方的基什门。城内有市场、住宅和流动水源，流水自铅制的河道流入城中。河流上建有一座雄伟的石制水坝，水流从萨法林（al-Ṣafārīn）流过，穿过基什门，整条河道均为铅制。城区四周所挖掘的壕沟，其初衷是为了获取泥土以筑建城墙，这一举措在城区周围留下了深邃宽阔的壕沟。为了能将濠沟内的水流引入城内，人们在沟中设置了一道水坝。这条无名河流淌在市场中心一个名为拉斯拓格（Ra's al-Ṭāq）的地方，这是撒马尔罕最为古老的地方。河流两岸的射击场上，农作物堆积如山，这是为了在冬夏两季保护粮食免受拜火教徒的侵扰。大清真寺矗立于城中，它与堡城之间是宽敞的道路。城内不仅分布着河水与花园，还坐落着萨曼家族的王宫。这是除堡城内那座王宫外的另一座王宫。这座王宫位于城区靠近郊区一侧，毗邻着郊区与城区之间的粟特河谷。郊区城墙自粟特河谷背后延伸，始于一个名为阿夫辛（Afshīn）的地方，途经库哈克门（Bāb Kūhak），随后转向布尔萨宁（Būrsanīn），再经过范克门（Bāb Fank），到达宇达德门（Bāb Dayūdad），再至法尔赫什兹门（Bāb Farkhshīdh），最后抵达噶达瓦德门（Bāb Ghadāwad），而后又延伸至河谷。对于郊区而言，河谷宛如一道位于北面的壕沟。环绕撒马尔罕郊区的城墙，其直径长达两法尔萨赫，然而，这片郊区亦有不足之处。市场的聚集地位于拉斯塔格，这里的市场、街道和商店都与这个地区紧密相连，四周遍布着宫殿与花园。此处的住宅间流水稀少，但鲜有住宅不配备花园。哪怕你登上堡城的最高点，也无法看到城市，因为它被掩映在花园和树木之下。郊区汇聚了众多市场，贸易活动络绎不绝，相较之下，城区内的交易活动则显得相对较少。此地是河中地区的港口和商贸集散地。河中地区的多数机构均设于撒马尔罕，并从此地向外辐射至其他地区。直至伊斯玛仪・本・艾哈迈德的时代，河中地区的王宫一直坐落于此，随后才迁至布哈拉。郊区的城门包括噶达瓦德门、伊斯巴斯克门（Bāb Isbask）、苏赫信门（Bāb Sūkhshīn）、阿夫辛门、瓦尔萨宁门（Bāb Warsanīn）、库哈克门、拉宇达德门（Bāb Rayūdad）[5]以及法尔赫什德门（Bāb Farkhshīd）[6]。人们声称，图巴（Tubba‘）是这座城市的建造者，并且亚历山大也参与了城中的部分建设。在基什门上，我曾见到一块写有文字的铁片。据当地居民所述，这些文字属于希木叶尔语（al-Ḥamīriyya）。他们代代相传，坚信这座城市为图巴所建。铁片上记载着："自萨那至撒马尔罕的距离为 1000 法尔萨赫，此记于图巴时期"。在我留驻撒马尔罕的那段时期，城市陷入了动荡，基什门被焚毁，上面的文字也随之消失。后来，那扇门由艾卜・穆扎法尔・穆罕默德・本・鲁格曼・本・纳赛尔・本・艾哈迈德・本・阿萨德（Abū al-Muẓaffar Muḥammad bin Luqmān bin Naṣr bin Aḥmad bin Asad）以铁重新铸造，但是那些文字却无法重现。撒马尔罕的土壤是最肥沃和最干燥土壤之一。若非得益于街道、房屋内的流动水源与茂密树木所提供的丰富水蒸汽，这片土地可能会受到过度干燥的伤害。这里的建筑采用泥土与木材为主要建材。居民们对美丽、辉煌与庄严的追求近乎狂热，他们热衷于过度展示男子气概，因此所费不赀，甚至超过了呼罗珊地区的其他城市，直至财富受损。撒马尔罕是河中地区的奴隶聚集地，此地培育出的奴隶为河中地区之最。此地与最近的山区相距约为轻松的 1 程，除了与之相连的库赫坎（Kūhkan）小山，它的边缘一直延伸至撒马尔罕城墙，长度仅有半里之远。此地出产该地区所需的石材，以及用以制作器皿、灯具和玻璃等物品的泥

[5] 拉宇达德门（Bāb Rayūdad），可能与达宇达德门（Bāb Dayūdad）指同一地。
[6] 法尔赫什德门（Bāb Farkhshīd），可能与法尔赫什兹门（Bāb Farkhshīdh）指同一地。

土。据传，此地蕴藏着金矿和银矿，但未被允许开采。这个地区的所有道路、商店和街道，除了少数例外，均以石材铺设而成。至于此处的水源，则源自粟特河谷，河谷的源头深藏于萨噶尼彦背后的巴特姆山脉。在那里，有一处名为金尼（Jinn）的水源汇集地，宛如一片湖泊，其周边环绕着数个村庄。这一带被称为巴尔噶尔（Barghar），这里的山脉伸展至班基卡什（Banjīkath），再延伸至名为瓦拉噶萨尔（Waraghsar）的地方，其名称的含义为"水坝之头"。撒马尔罕的河流由此涌出，撒马尔罕的郊区与河谷西侧相连。河谷东侧的河流源自瓦拉噶萨尔附近的巴古巴尔（Baghūbār）。这片区域山势开阔，土地适宜耕作，同时又有河流穿梭其间。源自瓦拉噶萨尔的河流有巴尔什河（Nahr Barsh）和巴什明河（Nahr Bashmīn）。巴尔什河流经撒马尔罕的背后，其支流流经城市、城墙与村庄，并与主河从源头至尽头紧密相连。巴尔马什（Bārmash）位于这条河的南侧，河畔散布着村庄，此河全长约为 1 程。巴什明河源于巴尔马什河，位于其南侧，虽然其长度不及前两条河流，但它全程灌溉着众多村庄。这两条河流中，较大的一条是巴尔什河，其次是巴尔马什河。这两条河流均能容纳船只通行，沿途分出无数支流，使得从瓦拉噶萨尔至其终点的达尔噶姆（al-Dargham）郊区，沿途遍布着村庄和农场。这片郊区长约 10 法尔萨赫，宽度在 1 法尔萨赫至 4 法尔萨赫之间。这些郊区分别名为瓦拉噶萨尔、马宇姆拉格（Māyumragh）、桑贾尔法甘（Sanjarfaghan）和达尔噶姆。从古巴尔（Ghūbār）[7]流出的河流，包括阿什提汗河、萨纳瓦布河（Nahr al-Sanāwāb）以及布兹马贾兹河（Nahr Būzmājaz）。粟特河谷中分流出众多河流，它们延伸至每一个城镇和郊区，这些河流包括拉宾詹河、达布斯亚河以及卡尔米尼亚河，这些河流都结束于布哈拉。

[7] 古巴尔（Ghūbār），可能与巴古巴尔（Baghūbār）指同一地。

撒马尔罕郊区河流众多，村庄数量也很多，有时，一个村庄甚至可能有两三条河流穿流而过。在城市内部，小支流密布，其数量与住宅、池塘、花园和宫殿相匹配。眺望粟特河谷，满目皆绿，宫殿或城堡点缀其间。瓦拉噶萨尔拥有果园、农场和花园，而且都无需缴纳税赋，居民们以维护水坝、加强水利建设作为土地税的替代。夏季时，河谷一直延伸至巴特姆、乌什鲁萨纳和撒马尔罕有雪的山脉。

撒马尔罕郊区中，位居首位便是班基卡什，其城市与郊区同名，均名为班基卡什。随后便是瓦拉噶萨尔，城市亦同名。班基卡什附近是萨瓦达尔山脉（Jibāl al-Sāwadār），那里并未设立讲坛。亚瓦达尔（al-Yāwadār）[8]与瓦拉噶萨尔之间，靠近撒马尔罕附近的是马宇姆拉格郊区和桑贾尔法甘郊区，这两地同样没有设讲坛。然而，此处有一个名为拉宇达德的地方，这里曾是撒马尔罕国王伊赫什德的驻地，现为一座拥有伊赫什德宫殿的村庄。桑贾尔法甘与瓦拉噶萨尔曾同属马宇姆拉格的一部分，而后才被分出。与马宇姆拉格郊区相连的达尔噶姆郊区，同样没有讲坛。而与达尔噶姆郊区相连的阿布噶尔（Abghar）郊区，也无讲坛。萨瓦达尔位于撒马尔罕以南，此处是撒马尔罕空气最清晰、农业最繁荣、水果最优质的郊区。当地居民的肤色健康，体格最健壮，萨瓦达尔郊区的长度超过了 10 法尔萨赫。萨瓦达尔郊区的基督教徒定居点，名为瓦兹库尔德（Wazkurd）。达尔噶姆郊区则是这些郊区中作物最为干净的地方，这里盛产葡萄并被运往其他郊区。阿布噶尔的土地虽是依赖灌溉的土壤，但其村庄数量却多于撒马尔罕其他郊区，此地产量丰富。据说在这里，1 噶菲兹的种子可以产出 100 噶菲兹的作物。这里还拥有许多牧场。上述就是位于河谷南侧的撒马尔罕郊区。至于

[8] 亚瓦达尔（al-Yāwadār），可能与萨瓦达尔（al-Sāwadār）指同一地。

河谷的北部，地势最高的是亚拉卡什（Yārakath）郊区，它与乌什鲁萨纳接壤，此处未设讲坛。其水源并非粟特水流，此处拥有泉水和大量灌溉土地，牧场辽阔且肥沃。布尔纳姆兹郊区（Rastāq Būrnamdh）与乌什鲁萨纳相连，同样无讲坛，村庄数量相对较少。而与亚拉卡什郊区相邻的，则是撒马尔罕附近的布兹马贾兹郊区（Rastāq Būzmājaz），其城市名为巴尔喀什（Bārkath）。与布兹马贾兹郊区相连的是卡布赞贾卡什郊区（Rastāq Kabūdhanjakath），在这片郊区中，村庄与树林交错分布，其城市亦以卡布赞贾卡什为名。瓦扎尔郊区（Rastāq Wadhār）位于这片郊区的背后，其城市为瓦扎尔，这是一片土地肥沃、庄稼繁茂的郊区，拥有平原、山区、灌溉设施、农场和牧场。瓦扎尔城和这片郊区中的众多村庄，居住着拜克里·本·瓦伊勒的后裔，他们被称为苏巴以人（al-Subā‘iyya）。这群人曾在撒马尔罕拥有领土，他们建有供客人休憩的场所，品行端正。与之相连的是马尔祖班郊区（Rastāq al-Marzubān）郊区，其得名于马尔祖班·本·图尔克萨菲（al-Marzubān bin Turksafī），他曾作为粟特迪赫坎（Dihgān）阶层的一员被召至伊拉克。撒马尔罕的货币为伊斯玛仪迪尔汗、穆卡萨拉（al-Mukassara）以及第纳尔，此地的迪尔汗被称为穆罕默迪亚，由各种宝石、铁、铜、银等材料制成。阿什提汗，这座独立于撒马尔罕地区的城市，拥有郊区、村庄、众多花园和游览地，还拥有城区、城堡、近郊和常流河。其中，部分村庄属于乌贾伊夫·本·安巴萨的领地。阿什提汗市场为穆阿泰绥姆所选定，后来成为了穆尔台米德·穆罕默德·本·塔希尔·本·阿卜杜拉·本·塔希尔（al-Mu‘tamid Muḥammad bin Ṭāhir bin ‘Abd Allāh bin Ṭāhir）的封地。

卡沙尼亚是粟特地区最为古老的城市，其规模与阿什提汗相近，拥有村庄和郊区，但郊区的范围却稍逊于阿什提汗。达布斯亚、阿尔班詹（Arbanjan）[9]位于河谷的南部，紧邻呼罗珊大道，拉宾詹郊区的规模超过了达布斯亚。粟特的中心城市是卡沙尼亚，而基什，则是河中地区的城市，其规模为三分之一法尔萨赫乘以三分之一法尔萨赫。这座城市的建筑主要为泥土和木材建成。水果丰盛，且由于处于热带地区，采摘时间比其他地区更早。基什共有四道门，分别是哈迪德门、欧贝德拉门（Bāb ‘Ubaid Allah）、噶萨宾门（Bāb al-Qaṣābīn）以及内城门。它分为内城和外城，两条大河噶萨宾河（Nahr al-Qaṣābīn）和阿斯鲁德河（Nahr Asrūd）流经其间，并流经城门。此处出产的塔尔巴哈宾（al-Tarbaḥabīn）被运往世界各地。纳斯夫是一座拥有郊区和城墙的城市，其四道城门分别是纳贾里亚门（Bāb al-Najjāriyya）、撒马尔罕门、基什门和古布贞门（Bāb Ghūbdhīn）。纳斯夫遍布着众多村庄和地区，除了城市内的讲坛外，还有另外两座讲坛矗立在该地区。这里的村庄多为灌溉地，土地肥沃且广阔，纳斯夫的河流在一年中的某些时段会干涸，因此人们利用井水来灌溉花园、西瓜地和菜园，直至河水再次充沛流淌。阿斯甘彦（Aṣghānyān）、舒曼、瓦什吉尔德和拉沙特这些地区，其东侧与费尔干纳的部分地区接壤。位于这些地区的城市包括阿尔萨亚尼卡什（Arsayānīkath）、卡尔卡什（Karkath）、噶兹格（Ghazq）、瓦噶卡什（Waghakath）、萨巴特（Sābāṭ）、扎明（Zāmīn）、迪扎克（Dīzak）、努贾卡什（Nūjakath）以及卡尔噶纳（Kharqāna）。总督府邸所在的城市是彭吉肯特（Būnajkath），这座城市的建筑以泥土和木材为主要建筑材料。彭吉肯特的内部还有一座城市，两座城市都被城墙包围。内城拥有两道城门，一条大河穿城而过，河上建有磨坊。城墙内分布着住宅、花园、宫殿和果园。彭吉肯特的直径为1 法尔萨赫，共有四道城门，分别是扎明门、马尔萨曼达门（Bāb

9 阿尔班詹（Arbanjan），可能与拉宾詹（Rabinjan）指同一地。

Marsamanda）、努贾卡什门和卡拉赫巴兹门（Bāb Kalahbādh）。此地还分布着 6 条源自同一源头的河流，它们与城市之间的距离不足半法尔萨赫。城市规模比之小的是扎明，它位于费尔干纳至粟特的路线上，其城市为苏桑达（Sūsanda）。迪扎克是一座位于平原上的城市，不仅拥有驿站、客栈和泉水，还拥有丰富的游览地、花园和水源。乌什鲁萨纳全境都没有可供船只航行的河流，也没有湖泊。

巴特姆则是一片巍峨险峻的山脉，其大部分地区都较为寒冷。巴特姆山脉中矗立着坚固无比的堡垒，并蕴藏着金矿、银矿、矾矿和氯化铵矿。山上有洞穴被修建成房屋，门窗紧闭。白天，这些洞穴中冒出烟一般的蒸汽，夜晚，则会冒出火光。当这些蒸汽凝结时，便会显现出氯化铵。洞穴内气温极高，以至于无人能够直接进入，除非身着毡衣，像小偷一般悄然潜入。这些蒸汽会四处游荡，人们跟随其踪迹，在不同地点挖掘洞穴，试图捕捉它们。有时，蒸汽似乎在某个地方显现，但挖掘洞穴之后，却发现它们转移到了另一处。巴特姆山脉分为巴特姆前山、中山和内山，撒马尔罕、粟特以及布哈拉地区的水源均源自巴特姆中山。

明克（Mīnk）不仅是古太白・本・穆斯林（Qutaiba bin Muslim）曾经的战斗之地，也是阿夫辛遭受围攻的场所。伊拉夫（Īlāf）[10]与石国两地的规模为两日行程乘以 3 日行程，这里村庄密布，建筑林立，讲坛众多，它们坐落于平原之上，拥有丰富的牧场和郊区。石国与伊拉夫还拥有众多城市，每座城市都设有城门、城墙、郊区、城堡和市场，而且城市之中还流淌着多条河流。石国的城市包括宾卡什（Binkath）、丹夫甘卡什（Danfghānkath）、基南贾卡什（Jīnānjakath）、纳贾卡什（Najākath）、巴纳卡特（Banākat）、卡拉

[10] 伊拉夫（Īlāf），可能与易拉克（Īlāq）指同一地。

什卡特（Kharashkat）、阿什宾古（Ashbīnghū）、阿尔德兰卡特（Ardlānkat）、哈丁卡特（Khadīnkat）、坎克拉克（Kankrāk）、卡勒沙贾克（Kalshajak）、噶尔詹德（Gharjand）、甘纳基（Ghannāj）、贾布赞（Jabūzan）、瓦尔杜克（Wardūk）、卡布兰赫（Kabranh）、噶德兰克（Ghadrānk）、努贾卡什、噶兹克（Ghazk）、阿努兹卡特（Anūdhkat）、巴甘卡什（Baghankath）、巴尔库什（Barkūsh）、卡屯卡什（Khātūnkath）、法兰卡什（Farankath）、卡达克（Kadāk）、纳卡里克（Nakālik）。易拉克的首府被称为屯卡特（Tūnkat），此处设有讲坛的城市为萨卡卡特（Sakākat）、班吉哈什（Banjkhāsh）、努卡什（Nūkath）、巴拉延（Bālāyān）、阿尔比拉赫（Arbīlakh）、纳穆兹拉格（Namūdhlagh）、塔卡什（Takath）、卡姆拉克（Khamrak）、巴斯卡特（Baskat）、卡赫斯姆（Kahsīm）、达赫卡什（Dakhkath）、哈什（Khāsh）以及哈尔詹卡什（Kharjānkath）。石国与易拉克相连，两地之间没有任何隔断。易拉克蕴藏着金银矿藏，其最大的城市当属努卡什和屯卡特。在河中地区，仅有撒马尔罕和屯卡特这两座城市设立了铸币局。塞兰的城市规模约为屯卡特的三分之一大小，其郊区遍布着花园和水源，此处的建筑为泥筑建筑，这里拥有繁忙的市场，肥沃的土地，粮食产量丰富。河中地区除了塞兰之外，再无其他出口商品的城市。它的周围分布着众多城市和村庄。苦盏与费尔干纳相邻，坐落于沙什河的西岸，此处仅有坎德（Kand）一座城市。这里流淌着一条宽阔的河流，是商贾和货物的通行水道。费尔干纳是一个地区的名称，其首府为伊赫斯卡特（Ikhsīkat），这座城市位于沙什河畔，城市四周环绕着城墙，城墙外则是郊区，郊区的土地上耸立着另一道城墙。城市规模次之的是噶班（Qabān），它是费尔干纳地区最宜人的城市之一，这座城市拥有城堡、郊区、大清真寺和市场。紧接着是奥什（Ūsh）城，这是一座富饶的城市，筑有城墙，此地拥有城堡和王宫。奥什城紧邻着突厥地区的一座山，山上设有贾拉斯（al-Jarās）城的瞭望台。乌兹根（Ūzkand）是费尔干纳的最后一个城市，与战争地带相连。这座城市同样拥有城墙、郊区、城堡、流水和花园，在河中地区，费尔干纳的村庄规模堪称一绝，其他地方的村庄皆无法与之相提并论，其中有些村庄的规模甚至可达 1 程。这是因为这些村庄人口众多、牲畜兴旺以及农业发达。费尔干纳下辖多个区域，每个区域都分布着一些城市，而这些城市又各自辖有郊区。在这些郊区中，散布着许多村庄，其中包括卡桑区（Kūra Kāsān）、贾德噶勒区（Kūra Jadghal）和米彦鲁赞（Miyān Rūdhān）。米彦鲁赞的城市为海伊拉姆（Khailām），它是米尔艾卜·哈桑·纳赛尔·本·艾哈迈德（Abū al-Ḥasan Naṣr bin Aḥmad）的故乡，他诞生于凯伊尔·本·艾比·凯伊尔（Khair bin Abī al-Khair）的府邸。费尔干纳地区矿产资源丰富，人们手中的金、银和水银多出自此地。这里的山脉还蕴藏着贾拉格苏努克、绿松石、铁、铜、金和铅等矿产。阿斯巴尔赫山（Jabal Asbarh）中有一种黑色的石头，能像煤炭一样燃烧，1 迪尔汗便能购得 3 维古尔（Wiqur）这种石头，其灰烬可用于漂白衣服。

## 河中地区的距离

自阿姆河谷的菲拉布尔至费尔干纳的路线。菲拉布尔至比坎德是辛苦的 1 程，比坎德至布哈拉为 1 程，布哈拉至塔瓦里斯为 1 程，塔瓦里斯至卡尔米尼亚为 1 程，卡尔米尼亚至达布斯亚是轻松的 1 程，达布斯亚至拉宾詹是轻松的 1 程，拉宾詹至扎尔曼（Zarmān）为 1 程，扎尔曼至撒马尔罕为 1 程，撒马尔罕至巴尔喀什为 1 程，巴尔喀什至萨阿德客栈为 1 程，这 1 程路线中的艾布·艾哈迈德驿站正是费尔干纳路线与石国路线的交汇点。萨阿德驿站至布尔纳姆兹为 1 程，布尔纳姆兹至扎明为 1 程，扎明至萨巴特为1程，萨巴特至阿尔坎德（Arkand）为1程，阿尔坎德至沙瓦卡特（Shāwakat）为1程，沙瓦卡特至苦盏为1程，苦盏至坎德为1程，坎德至苏基（Sūj）为1程，苏基至里什顿（Rishtān）为1程，里什顿至赞德拉米什（Zandrāmish）为1程，赞德拉米什至噶班为1程，噶班至奥什是辛苦的1程，奥什至阿祖坎德（Azūkand）[11]是辛苦的1程。这便是从菲拉布尔出发，通往河中地区最边远处阿祖坎德的路线。

若想从苦盏前往费尔干纳的首府伊赫斯卡特，则需从坎德出发，至苏基为1程，苏基至卡瓦坎德（Khawākand）为辛苦的1程，卡瓦坎德至伊赫斯卡特为1程。通往伊赫斯卡特的路线共有两条，一条为穿越荒漠和沙漠，直达伊赫斯卡特的城门，全程为7法尔萨赫。随后，渡过沙什河抵达伊赫斯卡特。另一条路线则是穿过河流到达城门，这段路程为5法尔萨赫。随后，从城门到伊赫斯卡特为4法尔萨赫。菲拉布尔至乌兹根的总路程共计23程。

石国至伊斯兰地区最远处的路线。从巴尔喀什出发至卡特万迪扎赫（Qaṭwān Dizah）为1程，石国路线和费尔干纳路线均会经过艾布·艾哈迈德客栈，向左则通往石国。离开艾布·艾哈迈德客栈后，可在卡特万迪扎赫或卡尔噶纳下榻。继续前行可抵达迪扎克，那里有侯赛因井，随后至哈米德井。之后经过彦库尔德（Yankurd）、阿斯图尔卡特（Astūrkat）和屯卡特，紧接着，会经过噶拉斯客栈（Rabāṭ al-Qalāṣ），它又名因法兰（Infaran）。接下来，会到达噶兹库尔德（Ghazkurd）村庄，再到塞兰，随后是巴达赫卡特（Badakhkat）。巴达赫卡特至至塔拉兹为两日，两地之间无客栈与建筑。若选择巴纳卡特路线，则需从巴尔喀什的萨阿德驿站出发，经过扎明，再至哈瓦斯（Khāwas）。随后，从哈瓦斯至巴纳卡

---

[11] 阿祖坎德（Azūkand），可能与乌兹根（Ūzkand）指同一地。

什（Banākath），最终抵达伊斯图尔卡什（Istūrkath）。这便是从阿姆河谷至塔拉兹的路线，共计 22 程。

布哈拉至巴尔赫的路线。布哈拉至噶拉君（Qarājūn）为 1 程，再至马彦卡勒(Mayānkāl)为 1 程，随后至玛亚穆尔格(Māyamurgh)是辛苦的 1 程，然后至纳斯夫为 1 程，再至孙基（Sūnj）为 1 程。从孙基经达德基（al-Dādkī），也即迪德基（Dīdjī），至坎达克（Kandak）为 1 程，坎达克至哈迪德门为 1 程，哈迪德门至拉兹克（Rāzīk）客栈为 1 程，随后至哈希姆吉尔德为 1 程，再至帖尔米兹为 1 程，帖尔米兹至西亚赫吉尔德为 1 程，从此处至巴尔赫亦为 1 程。从布哈拉至巴尔赫的路程，总计为 13 程。

撒马尔罕至巴尔赫的路线。从撒马尔罕出发至基什需要两日，随后至坎达克为 3 程。撒马尔罕至巴尔赫的余下路线，与布哈拉至巴尔赫的路线汇合。布哈拉至花剌子模的路线。沙漠路线，自布哈拉出发至繁荣的法拉赫沙赫为 1 程。接下来，继续前行 8 程，穿过一片没有驿站、客栈或住宅的沙漠。这段路程沿着牧场前行，因此并未记录沿途的驿站。如果有人打算跨越阿姆河到阿莫勒，然后前往花剌子模。那么，他将从布哈拉出发至菲拉布尔为两程，随后，从菲拉布尔穿过河谷，抵达阿莫勒。从阿莫勒边界前往亚兹赫（Yazh）为 1 程，亚兹赫至马尔杜斯（Mardūs）为 1 程，马尔杜斯至阿斯巴斯（Asbās）为 1 程，阿斯巴斯至塞伊法纳为 1 程，然后再至塔希里亚为 1 程，随后至贾卡尔班德（Jakarband）为 1 程，再至达尔甘为 1 程，然后到萨杜尔（Sadūr）为 1 程，再至哈佐拉斯普为 1 程，最终抵达花剌子模城为 1 程。这便是从布哈拉经有建筑物的地区至花剌子模的路线，总计为 12 程。

河中地区著名城市间的距离。通往乌什鲁萨纳的路线与费尔干纳路线相融合，因为这条路线会经过卡尔噶纳和扎明，它们均为乌什鲁萨纳地区的城市。接下来，我将介绍河中地区各区域之间的距离，从胡塔勒至花剌子模的路线开始，随后是河中地区的各区域间的距离。胡塔勒与萨噶尼彦之间的距离，以及位于两地之间的在贾尔亚布河畔的巴达赫尚通道至明克的路程，均为 6 程。明克至瓦哈沙布的石桥为两程，若经瓦哈沙布河至拉宇坎德（Layūkand），则为两程。从阿尔罕通道至哈拉瓦尔德为两程，通道至哈勒巴克为两日，哈勒巴克至明克为两日。卡尔班吉，距贾尔亚布河畔的阿尔罕通道上方约为 1 法尔萨赫。沿着明克路线从石桥至塔姆里亚特为 4 法尔萨赫。从巴达赫尚通道至拉斯塔格班克为两程，自拉斯塔格班克出发，跨过安迪贾拉格河并进入安迪贾拉格地区，两地之间的距离为 1 程。从安迪贾拉格出发，穿越法尔嘎尔河并进入法尔嘎尔地区，两地之间的距离为 1 日。接着，穿过比拉桑（Birasān），最终抵达哈勒巴克。这便是瓦赫什地区与胡塔勒地区之间的距离。

帖尔米兹至萨噶尼彦的路线。帖尔米兹至贾尔曼坎（Jarmankan）为 1 程，再至达尔赞基（Dārzanjī）为 1 程，最终抵达萨噶尼彦为两程。萨噶尼彦至瓦什吉尔德的路线。萨噶尼彦至舒曼为两程，再至因德彦（Indyān）为 1 日，随后至瓦什吉尔德为 1 日。瓦什吉尔德至易拉克为 1 日，易拉克至达尔班德（Darband）为 1 日，达尔班德至贾瓦坎（Jāwakān）为 1 日，贾瓦坎至城堡为两日，这座城堡坐落于拉沙特地区。萨噶尼彦至巴桑德（Ba’sand）为两程，萨噶尼彦至兹努（Zīnū）为 1 程，萨噶尼彦至布拉布（Būrāb）为 1 程，，萨噶尼彦至里卡德沙特（Rīkadshat）为 6 法尔萨赫。路线从布拉布启程，穿越布拉布地区，全程为两法尔萨赫，随后，穿过里卡德沙特的路程为 3 法尔萨赫，沿着这条路线继续前进，可抵达巴马布（Bāmāb）。帖尔米兹至噶瓦兹彦为两程，噶瓦兹彦至萨噶尼彦为 3 程，瓦什吉尔德至石桥为 1 日。这便是萨噶尼彦至胡塔勒最远端的距离。

花剌子模地区的距离。花剌子模城至希瓦为 1 程，希瓦至哈佐拉斯普为 1 程，花剌子模城至乌尔根奇为 3 程，随后至阿尔达胡什米珊为 1 程，阿尔达胡什米珊至努兹瓦尔维 1 程，此地至乌尔根奇的距离为 1 程。哈佐拉斯普与库尔达兰哈瓦什之间的距离为 3 法尔萨赫，库尔达兰哈瓦什至希瓦为 5 法尔萨赫，希瓦至萨法尔达兹为 5 法尔萨赫，萨法尔达兹至花剌子模城为 3 法尔萨赫，这座城市至达尔佳什（Darjāsh）为两程，从达尔佳什出发，经卡尔达德至巴拉特金村庄为两日。马兹米纳与巴拉特金村庄相邻，尽管马兹米纳实际上坐落于阿姆河附近。马兹米纳至阿姆河谷为 4 法尔萨赫，马尔达基甘距离阿姆河为两法尔萨赫，这座城市位于乌尔根奇对岸，乌尔根奇与阿姆河相距 1 法尔萨赫。

布哈拉城市间的距离。从布哈拉的首府布马贾卡什（Būmajakath）[12]至比坎德为 1 程，布马贾卡什至哈贾达为 3 法尔萨赫。哈贾达位于布哈拉至比坎德路线的右侧，它与这条路线相距 1 法尔萨赫。马格坎与城市相距 5 法尔萨赫，它位于比坎德路线的右侧，并与路线相距约 3 法尔萨赫。赞旦赫距离城市 4 法尔萨赫，位于城市以北。布马贾卡什坐落于通往塔瓦里斯路线的左侧，距塔瓦里斯 4 法尔萨赫，与这条路线相距为半法尔萨赫。卡尔米尼亚与哈德亚曼坎之间的距离为 1 法尔萨赫，其后便是粟特，哈德亚曼坎与撒马尔罕路线仅一箭之遥，它位于通往撒马尔罕路线的左侧。马兹亚马贾卡什位于粟特河谷之后，比哈德亚曼坎高出 1 法尔萨赫。哈尔甘卡什位于卡尔米尼亚对岸，两者之间的距离为 1 法尔萨赫，它位于河谷之后，而哈尔甘卡什则位于马兹亚马贾卡什地区。

撒马尔罕与粟特地区内各城市之间的距离。撒马尔罕至巴尔喀什为 4 法尔萨赫，撒马尔罕至瓦拉噶萨尔为 4 法尔萨赫，瓦拉

---

12 布马贾卡什（Būmajakath），可能与图马贾卡什（Tūmajakath）指同一地。

噶萨尔至班基卡什为 5 法尔萨赫。撒马尔罕至班基卡什为 7 法尔萨赫，撒马尔罕至扎尔（Dhār）为两法尔萨赫，撒马尔罕至卡布赞贾卡什为两法尔萨赫。撒马尔罕与撒马尔罕以北的阿什提汗为 7 法尔萨赫，阿什提汗至其西部的卡沙尼亚为 5 法尔萨赫，阿什提汗至扎尔曼为 1 法尔萨赫。卡沙尼亚至拉宾詹为两法尔萨赫。

基什与纳斯夫的距离。从基什至西边的纳斯夫为 3 程，从基什至萨噶尼彦为 6 程，从基什沿纳斯夫路线至瑙噶德古莱氏（Nauqad Quraish）为 5 法尔萨赫，基什至孙基为两法尔萨赫，可从瑙噶德古莱氏拐至孙基。孙基距阿斯凯伊夫甘（Askaifghan）为 1 法尔萨赫，相较于阿斯凯伊夫甘，孙基更为接近纳斯夫。纳斯夫至卡斯巴赫（Kasbah）为 4 法尔萨赫，布哈拉路线的地势低于我所提及的这条路线。纳斯夫与巴兹达赫（Bazdah）相距 6 法尔萨赫。这便是纳斯夫与基什两地城市之间的距离。

乌什鲁萨纳地区城市间的距离。哈拉噶纳赫（Kharaqānah）至迪扎克为 5 法尔萨赫，哈拉噶纳赫至扎明为 9 法尔萨赫，扎明至萨巴特为 3 法尔萨赫，扎明经哈瓦斯路线至卡尔卡什为 13 法尔萨赫，卡尔卡什位于通往费尔干纳的路线左侧。乌什鲁萨纳与位于东南方的萨巴特相距 3 法尔萨赫。努贾卡什与哈拉噶纳赫之间相距两法尔萨赫，努贾卡什位于哈拉噶纳赫的东南方。阿尔萨彦巴卡特（Arsayānbakat）位于费尔干纳的边界地带，坐落于乌什鲁萨纳以东并距其 9 法尔萨赫。法格卡什（Faghkath）至苦盏路线上的城市为 3 法尔萨赫，从法格卡什至噶兹格为两法尔萨赫，噶兹格至苦盏为 6 法尔萨赫。

石国、伊拉夫及塞兰地区的城市间距离，以及与其周边地区的距离。巴纳卡什坐落于沙什河畔，与哈尔沙卡什（Kharshakath）相距 1 法尔萨赫，哈尔沙卡什至哈迪纳卡什（Khadīnakath）为 1 法尔萨赫，再至伊斯图尔卡什维为 3 法尔萨赫。随后，从那里至丹夫甘卡特（Danfghānkat）[13]为两法尔萨赫，再至宾卡什为两法尔萨赫。这些城市均坐落于巴纳卡什至宾卡什的路线上。位于易拉格首府屯卡特路线上的城市，从屯卡特至努噶卡特（Nūghakat）为1法尔萨赫，接着再至巴拉延为两法尔萨赫，随后至班吉哈什为两法尔萨赫，再至萨卡卡特为两法尔萨赫，最终至努卡什为1法尔萨赫。位于易拉克路线东侧的突厥河流与易拉克河流之间的距离。自突厥的地区宾卡什起始，经两法尔萨赫至贾伊古卡什（Jaighūkath），再行两法尔萨赫抵达法兰卡什。随后行1法尔萨赫，可至阿努兹卡特、卡达克、噶德兰克、卡布兰赫、噶兹克、瓦尔杜克、贾布赞。这些地方彼此邻近，相互之间的距离为 1 日行程，或接近于这样的距离。位于易拉克路线西侧的突厥河流与易拉克河流之间的距离。阿什宾古、卡勒沙贾克、阿尔德兰卡特、巴斯卡特、萨姆斯拉克（Sāmsīrak）、卡姆拉克以及甘纳基，这些地方相互之间的距离大约都为1程。宾卡什、努卡什、沙什河以及易拉克河之间的地带，涵盖了噶尔詹德、哈什、达赫卡什、塔卡什以及库赫（Kūh），这片区域的规模为两日行程乘以不足 1 日的行程。易拉克河与位于努卡什西侧的沙什河之间的地区。阿尔比拉赫与纳穆兹拉格相距5法尔萨赫，自基南贾卡什出发，经外伊纳库尔德（Wainakurd）路线可至宾卡什，此处与沙什河相距两法尔萨赫。纳贾卡什坐落于沙什河谷之中，这里是突厥河流的交汇处，此地与巴纳卡什相距3法尔萨赫。突厥河畔的坎克拉克紧邻哈丁卡特，两地之间的距离为1法尔萨赫。突厥河流与噶拉斯之后的石国墙之间的地带。这座城市至卡屯卡什为两法尔萨赫，巴尔库什至卡屯卡什为 3 法尔萨赫，再向东至哈尔坎卡特（Kharkānkat）为4法尔萨赫，宾卡什至塞兰为4程，塞兰至阿斯巴尼卡特（Asbānīkat）为两程，阿斯巴尼卡特

[13] 丹夫甘卡特（Danfghānkat），可能与丹夫甘卡什（Danfghānkath）指同一地。

至巴拉布（Bārāb）的首府卡德尔（Kadr）是轻松的两程，卡德尔至沙乌噶尔为 1 程，沙乌噶尔至萨布兰（Ṣabrān）是轻松的 1 程。瓦斯基（Wasīj）坐落于河流西岸，位于卡德尔下游两法尔萨赫处。巴拉布则位于河谷东侧，卡德尔与河流相距半法尔萨赫。从伊赫斯卡特至沙卡特（Shakat）为 9 法尔萨赫，伊赫斯卡特位于米彦鲁赞的起始点。伊赫斯卡特至米彦鲁赞的终点萨拉特（Sallāt）约为 5 程，伊赫斯卡特至位于其北部的卡桑为 5 法尔萨赫，卡桑至阿尔德兰卡特为两曼兹勒，卡桑向北至纳吉姆（Najm）为 1 日。伊赫斯卡特至卡尔万（Karwān）的边界约为 7 法尔萨赫，伊赫斯卡特至万卡特（Wānkat）约为 7 法尔萨赫。万卡特的边界与易拉克接壤，它坐落于伊赫斯卡特的西北方向。卡尔万与卡桑之间相距 4 法尔萨赫，伊赫斯卡特至卡尔万约为 9 法尔萨赫。巴拉布与伊赫斯卡特均位于沙什河畔，坎德与石国之间的距离超过 1 法尔萨赫，万卡特与河谷之间的距离同样超过 1 法尔萨赫，卡瓦坎德与河谷相距 5 法尔萨赫。噶班与里什顿之间的距离，以及里什顿与沙什河之间的距离，均约为 1 程。噶班至伊什泰伊甘（Ishtaiqān）为 3 法尔萨赫，伊什泰伊甘至河谷为 7 法尔萨赫，它位于噶班至伊赫斯卡特的路线上。苏基至巴姆卡赫什（Bāmkākhsh）为 5 法尔萨赫，巴姆卡赫什至塔马哈什（Ṭamākhash）约为 1 里，巴姆卡赫什至苏基为 5 法尔萨赫，苏基经乌贾纳赫（Ūjanah）路线至阿瓦勒约为 10 法尔萨赫。噶班向东至努噶德（Nuqqād）约为 7 法尔萨赫，这两个地方相邻。奥什至玛德瓦（Madwā）为两法尔萨赫，万卡特至海伊拉姆（Khailām）为 3 法尔萨赫，海伊拉姆至萨拉特为 7 法尔萨赫。萨拉特和比斯坎德并未设立讲坛，但由于这两地设有两处关隘，因而在此提及。

# 索引

A‘shār al-Sufun 船只什一税, 124
Āb Bandah 阿布班达赫, 169
Āb Marw 阿卜梅尔夫, 190
Āb Shūr 阿布舒尔, 183
Abādān 艾巴丹, 159
‘Abādān 阿巴丹, 13
Abādha 阿巴达, 86
Abādhah 阿巴扎赫, 88
Abādhh 阿巴兹赫, 102
Abān 阿班, 86
Abarj 阿巴尔基地区, 86
Abarkūh 阿巴尔古区域, 85
Abarshahr 阿巴尔沙赫尔, 186
‘Abbās bin ‘Amr al-Ghanawī 阿拔斯・本・阿麦尔・甘纳威, 66
‘Abd al-Ḥamīd bin Yaḥyā 阿卜杜・哈米德・本・叶海亚, 114
‘Abd Allah Bazarjamhar bin Khadāyadād bin al-Marzubān 阿卜杜拉・巴扎尔詹哈尔・本・卡达亚达德・本・马尔祖班, 116
‘Abd Allah bin ‘Alī 阿卜杜拉・本・阿里, 115
‘Abd Allah bin al-Muqaffa‘阿卜杜拉・本・穆卡法, 114
‘Abd Allah bin Ṭāhir 阿卜杜拉・本・塔希尔, 210
‘Abd Allah Ḥamdān 哈姆丹・阿卜杜拉, 109
‘Abd al-Qays 阿卜杜・盖伊斯, 22
‘Abd al-Raḥmān bin Mufliḥ 阿卜杜・拉赫曼・本・穆弗里赫, 111
Abghar 阿布噶尔, 231
Abhar 阿布哈尔, 112
Abī Ghānim 艾比噶尼姆, 128
Ābīn 阿宾, 122
Ābiskūn 阿比斯昆, 155
Ābīward 阿比瓦尔德, 186
Ābkhīzah 阿布吉扎赫, 173
Abraz 阿布拉兹, 104
Abū ‘Abd Allāh al-Muḥtasib 艾卜・阿卜杜拉・穆赫塔塞布, 36
Abū al-‘Abbās al-Saffāḥ 哈里发艾卜・阿拔斯・萨法赫, 66
Abū al-Fatḥ 艾卜・法提赫, 200
Abū al-Ḥārith bin Farīghūn 艾卜・哈里施・本・法里衮, 117
Abū al-Ḥasan Naṣr bin Aḥmad 米尔艾卜・哈桑・纳赛尔・本・艾哈迈德, 236
Abū ‘Alī 艾卜・阿里, 115
Abu ‘Alī bin Rustam 艾卜・阿里・本・鲁斯塔姆, 170
Abū ‘Alī Muḥammad al-Jubbā’ī 艾

卜・阿里・朱白伊, 80
Abū al-Laith 艾卜・莱伊斯, 116
Abū al-Muẓaffar Muḥammad bin Luqmān bin Naṣr bin Aḥmad bin Asad 艾卜・穆扎法尔・穆罕默德・本・鲁格曼・本・纳赛尔・本・艾哈迈德・本・阿萨德, 229
Abū Bakr 艾卜・拜克里, 19
Abū Bilāl 艾卜・比莱勒, 110
Abū Hishām al-Kanābī 艾卜・希沙姆・卡纳比, 221
Abū Lu'lu'a 'Abd 阿布・卢卢阿・阿卜杜, 108
Abū Mūsā al-Ash'arī 卜・穆萨・阿什阿里, 79
Abū Muslim 艾卜・穆斯林, 114, 188
Abū Muslim Muḥammad bin Mūsā 艾卜・穆斯林・穆罕默德・本・穆萨, 114
Abū Qashsha 艾卜噶沙, 219
Abu Qubais 艾卜・库贝斯山, 16
Abū Sa'īd 艾卜・赛义德, 118
Abū Sa'īd 艾卜・赛义德, 116
Abū Sāra 阿布・萨拉, 110
Abu Zuhair al-Midīnī 艾布・祖海尔・米迪尼, 109
Abwā' 虎, 217
Abzar 阿布扎尔, 88, 104
'Adan 亚丁, 13
Adarsukar 阿达尔苏卡尔, 191
Adharbaijān 阿塞拜疆, 5
Adhkān 阿兹坎地区, 86
Adhru'āt 德拉, 13
Afrandīn 阿芙兰丁, 159
Afshīn 阿夫辛, 228
Ahār 阿哈尔, 214
Āhil 阿西勒, 154
Aḥmad bin 'Abd al-'Azīz 艾哈迈德・本・阿卜杜・阿齐兹, 113
Aḥmad bin al-Ḥasan 艾哈迈德・本・哈桑, 109
Aḥmad bin al-Ḥīn al-Azdī 艾哈迈德・本・辛・阿兹迪, 92
Aḥmad bin Khadāyadād 艾哈迈德・本・卡达亚达德, 117
Aḥmad bin Mūsā 艾哈迈德・本・穆萨, 114
Aḥmad bin Ṭūlūn 艾哈迈德・本・突伦, 45
'Aidhāb 艾伊达布, 28
'Ain al-Hamm 艾因汉姆, 155
'Ain al-Shams 艾因夏姆斯, 48
'Ain al-Tamar 艾因塔玛尔, 23
Ajagh 阿加噶, 160
Ajan 阿詹, 140
Ajyād 阿贾德, 16
Akāsira 波斯科斯鲁, 73
Akhmās al-Ma'ādin 矿产五一税, 124
Akhmīm 艾赫米姆, 48
Akhsīsak 阿赫斯萨克, 214
'Akkā 阿卡, 58
Āl Abī al-Najm 艾卜・纳吉姆家族, 189, 190
Āl Abī al-Najm al-Mu'ṭī 艾卜・纳吉姆・穆阿提家族, 190
Āl Abī Ma'īṭ 艾卜・玛伊提家族, 189
Āl Abū al-Sāj 艾卜・萨吉家族, 211
Āl Abū Dulaf 艾卜・杜拉夫家族, 113
Āl Abū Ṣafīya 艾卜・萨菲亚家族, 116
Āl al-Ḥabīb 哈比布家族, 116

Āl al-Marzubān bin Zādiyya 马尔祖班·本·扎迪亚家族, 116
al- Ḥallāj 哈拉吉, 117
Āl Jasatān 朱斯坦家族, 153
Āl Khālid bin Aḥmad ibn Ḥammād 哈立德·本·艾哈迈德·伊本·哈马德家族, 189
Āl Mardashār bin Nisbat 马尔达沙尔·本·尼斯巴家族, 117
Āl Sāmān 萨曼家族, 112
al-'Aqīq 阿基格, 19
al-'Udār 乌达尔, 26
al-'Aghlab 阿格拉布, 37
al-'Ajfar 阿吉法尔, 23
al-'Akhqāf 沙丘, 25
al-'Athālib 阿沙里布山脉, 20
al-'Athārib 阿塞里布, 59
al-'Abbās 阿巴斯, 49, 109
al-'Abbās bin Aḥmad bin al-Ḥasan 阿拔斯·本·艾哈迈德·本·哈桑, 109
al-Abkhāz 阿布哈兹, 144
al-Abwā'阿卜瓦, 22
al-Adhrakāniyya 阿兹坎尼亚生活区, 90
al-Afshīn 阿夫辛, 211
al-Agharstān 阿噶尔斯坦, 88
al-Ājām 林地税, 124
al-Akhbiyya 阿赫比亚人, 168
al-Akhṣāṣ 阿赫萨斯人, 168
al-Akhwāsh 阿赫瓦什, 128
al-'Alaf 阿拉夫, 75
al-'Alawīya 阿拉维派, 154
al-'Amarkī 阿玛尔吉, 158
al-'Āmir 埃尔阿米尔, 69
al-Anbār 安巴尔, 13
al-Andalus 安达卢斯, 5
al-Andarāb 安达拉布, 141
al-'Aqārib 阿卡里布, 103
al-Arakhmān 阿拉赫曼区域, 86
al-Ard 阿尔德地区, 86
al-Arman 亚美尼亚, 6
al-'Arsh 阿里什, 44
al-Arthāniyya 阿尔沙尼亚人, 167
al-Ās 阿斯村庄, 86
al-Asāwira 阿萨维拉, 108
al-Asfuzār 阿斯弗扎尔, 183
al-'Ashīra 阿什拉, 21
al-Ashmūnīn 赫尔莫波利斯, 48
al-Ashtāmahriyya 阿什塔马赫里亚生活区, 91
al-'Attābī 阿塔比, 149
al-Auqal 奥噶勒, 183
al-Ausbanjān 奥斯班詹, 86
al-'Awāṣim 阿瓦绥姆, 50
al-Awzā'ī 阿瓦扎伊, 57
al-Azādadkhatiyya 阿扎达德哈提亚生活区, 91
al-Azāriqa 阿扎里卡派事件, 81
al-Badha 白德哈, 11
al-Bādhwān 巴兹万, 87
al-Bahbuskān 巴赫布斯坎, 89
al-Baḥr al-Muḥīṭ 环海, 4
al-Baḥrain 巴林, 13
al-Bahraj 巴赫拉吉, 133
al-Baiḍā' 贝达, 86
al-Bajanākiyya 佩切涅格人, 10
al-Bakhūs 非灌溉地, 125
al-Balasān 没药, 49
al-Balqā'拜勒加, 57
al-Balqā'拜勒加, 13
al-Balūs 巴鲁斯, 127
al-Bāmān 巴曼, 86
al-Bandādkiyya 班达德基亚生活区, 91
al-Bandādmahriyya 班达德马赫里

亚生活区, 90
al-Baqīliyya 巴其里亚生活区, 90
al-Barāmika 巴尔马克家族, 115
al-Barānis 巴兰尼斯人, 40
al-Barāzadkhatiyya 巴拉扎德哈提亚生活区, 91
al-Bardān 巴尔丹, 74
al-Bāsjān 巴斯詹, 87
al-Baṣra 巴士拉, 14
al-Baṭā'iḥ 河谷, 14
al-Bathaniyya 巴塞尼亚, 57
al-Batm 巴特姆, 213
al-Bazāzīn 巴扎津, 130
al-Bīmāristān 医院, 177
al-Bīra 比拉, 38
al-Bīrūn 比伦, 133
al-Būdanjān 布单詹地区, 86
al-Buḥturī 布赫图里, 55
al-Bujja 贝贾, 6
al-Buniyya 布尼亚, 59
al-Bunjamān 布恩贾曼, 100
al-Burdī 布尔迪枣, 21
al-Burj 布尔吉, 94, 155
al-Burjī 布尔基, 155
al-Burkān 布尔坎, 94
al-Buthaniyya 布沙尼亚, 13
al-Butr 布特尔人, 40
al-Būzjān 布兹詹, 187
al-Dabūsiyya 达布斯亚, 227
al-Dādkī 达德基, 238
al-Dāfīn 达芬, 47
al-Ḍaḥḥāk 查哈克, 74
al-Dailam 德莱木地区, 5, 120
al-Dailamī Ṭabīb al-Ḥajjāj 代伊拉姆・塔比卜・哈贾吉, 120
al-Dāliya 达里亚, 13
al-Dāliyya 达利亚, 66
al-Dāmghān 达姆甘, 154
al-Dandānaqān 丹丹纳干, 191
al-Dargham 达尔噶姆, 230
al-Dariyya 达里语, 226
al-Dārkān 达尔坎, 88
al-Darwāziq 达尔瓦兹克, 173
al-Daskara 达斯卡拉, 73
al-Daur 道尔, 73
al-Dāwar 达瓦尔地区, 179
al-Ḍayā' 田庄税, 124
al-Dharr 扎尔, 223
al-Dībal 提爬, 28
al-Dīnawar 迪纳瓦尔, 144
al-Dunyāt 顿亚特, 105
al-Fahlaq 法赫拉克, 88
al-Fahraḥ 法赫拉赫, 85
al-Fahraj 法赫拉季, 103
al-Far'a 法尔阿, 19
al-Faramā 贝鲁西亚, 8, 48
al-Fārauq 法劳格, 86
al-Fāryāt 法尔亚特, 196
al-Fāṭimiyya 法蒂玛王朝, 36
al-Fayyūm 法尤姆, 45
al-Fazārī 法扎里, 155
al-Fīja 斐加, 53
al-Firanja 法兰克, 9
al-Firātiyya 菲拉提亚生活区, 91
al-Firjān 费尔詹, 87
al-Fīryābiyīn 费亚比因家族, 115
al-Fūsijān 福斯詹, 87
al-Fustujān 福斯图詹, 88
al-Ghandjān 甘德詹, 100
al-Ghandkān 甘德坎, 88, 100
al-Gharī 噶里, 165
al-Ghaṭrīfī 噶特里飞, 226
al-Ghaur 河谷, 51
al-Ghaziya 乌古斯, 9
al-Ghīlān 食尸鬼, 26
al-Ghouṭa 古塔, 13

al-Ghūr 古尔, 176
al-Ghūṭ 古塔, 53
al-Ḥabasha 埃塞俄比亚, 6
al-Ḥadāda 哈达达, 159
al-Ḥadath 哈德赛, 50
al-Ḥadīth 圣训派, 41
al-Ḥadītha 哈迪塞, 13
al-Ḥajar al-Aswad 黑石, 16
al-Ḥajjāj bin Yūsuf 哈查吉・本・优素福, 70
al-Ḥal 哈勒, 18
al-Ḥamīriyya 希木叶尔语, 229
al-Ḥamrā'埃尔哈姆拉, 45
al-Ḥarbiyya 哈尔比亚, 71
al-Ḥarīm 哈里姆区, 71
al-Ḥārith 哈里施, 144
al-Hārūniyya 哈伦尼亚, 50
al-Ḥasan al-Baṣr 哈桑・巴士里, 69
al-Ḥasan bin 'Abd Allah 哈桑・本・阿卜杜拉, 116
al-Ḥasan bin al-Marzubān 哈桑・本・马尔祖班, 116
al-Ḥasan bin Rajā'哈桑・本・拉贾, 115
al-Ḥasan bin Zaid 哈桑・本・宰德, 154
al-Ḥasan Jannābī 哈桑・建拿比, 118
al-Ḥasaniyy 哈桑尼人, 22
al-Ḥaskān 哈斯坎, 87
al-Ḥauḍ 豪德, 173
al-Ḥauf 胡夫, 47
al-Ḥauzāt 浩扎特, 59
al-Ḥijar 黑贾尔, 15
al-Ḥijāz 希贾兹, 14
al-Ḥīra 希拉赫, 14
al-Ḥudaibiyya 侯代比亚, 18
al-Ḥudūr 胡都尔, 167
al-Ḥumr 胡姆尔, 57
al-Hurmuzān 霍姆赞, 108
al-Ḥusain bin Manṣūr 侯赛因・本・曼苏拉, 117
al-Ḥusayn bin Ṭāhir 侯赛因・本・塔希尔, 189
al-Ḥuwairath 胡外伊拉斯, 144
Alī bin Abī Ṭālib 阿里・本・艾比・塔里布, 21
'Alī bin Abī Ṭālib 阿里・本・艾比・塔里布, 92
'Alī bin al-Ḥusain bin Bashīr 阿里・本・侯赛因・本・巴什尔, 113, 116
'Alī bin al-Ḥusain Bishr 阿里・本・侯赛因・本・比什尔, 116
'Alī bin al-Marzubān 阿里・本・马尔祖班, 117
'Alī bin 'Īsā 阿里・本・尔萨, 126
'Alī bin Mardashār 阿里・本・马尔达沙尔, 117
'Alī bin Mūsāal-Riḍā 阿里・本・穆萨・里达, 188
'Alī bin Shirwīn 阿里・本・施尔温, 156
al-Ibāḍiyya 伊巴德派, 24
al-Ibraisam 伊布莱伊萨姆, 141
al-Ifranja 法兰克, 9
al-Īj 伊季, 104
al-Ījāz 伊贾兹, 142
al-Ikhshīdh 伊赫什德, 211
al-Inqilā'英奇拉, 57
al-Irāq 伊拉克, 5
al-'Īṣ 伊斯, 21
al-Ishamār 伊斯哈马尔, 154
al-Isḥāqiyya 伊斯哈其亚生活区, 90
al-Iskandara 伊斯坎达拉, 200
al-Istān 伊斯坦, 138

al-I‘tizāl 穆尔太齐赖派, 79
al-Jā’ī 贾伊, 181
al-Jabal al-Aswad 阿斯瓦德山, 183
al-Jāda 加达大道, 26
al-Jafār 贾法尔, 44
al-Ja‘farī 贾法里, 24
al-Jāhiliyya 贾希利叶时期, 16
al-Jalādjān 贾拉德詹, 89
al-Jalādkān 贾拉德坎, 94
al-Jalāliqa 加利西亚, 9
al-Jalīl Abī al-Faḍl Muḥammad bin ‘Ubaid Allah 贾利勒·艾比·法德勒·穆罕默德·本·欧贝德拉谢赫, 189
al-Jalīliyya 加里里亚生活区, 91
al-Jamāhin 贾玛希石, 46
al-Jāmi‘ān 贾米安, 74
al-Janīfighān 贾尼菲甘, 95
al-Janjān 建詹, 89
al-Jār 贾尔, 13
al-Jarāgh Sunuk 贾拉格苏努克, 225
al-Jarās 贾拉斯, 236
al-Jarmaq 贾尔马格, 169, 171
al-Jazīra 贾兹拉地区, 5
al-Jibāl 吉巴勒地区, 5
al-Jihād 吉哈德, 209
al-Jīl 基勒, 122, 153
al-Jīlāndār 基兰达尔, 122
al-Jīlānī 吉拉尼, 155
al-Jīr 吉尔, 128
al-Jīza 吉萨, 45
al-Jizya 人头税, 124
al-Jūbānān 朱巴南, 101
al-Jūbarqān 朱白尔甘区域, 86
al-Jubbī 朱比, 68
al-Jūdī 朱迪山, 67
al-Juḥfa 居赫法, 20
al-Julandī 朱兰迪, 88
al-Julannidī 朱兰尼迪, 109
al-Juqān 君甘, 94
al-Jurjāniyya 乌尔根奇, 216
al-Juwaikhān 朱外伊汗, 89
al-Jūz 朱兹, 101
al-Kahrajān 卡赫拉詹, 88
al-Kahrukān 卡赫卢坎, 94
al-Kail 凯伊勒, 73
al-Kajatiyya 卡加提亚生活区, 91
al-Kan‘ānīyīn 迦南, 74
al-Kanīsa 坎尼撒, 50
al-Karaj 卡拉季, 147
al-Karkān 卡尔坎, 103
al-Karkh 卡尔赫, 72
al-Kāsakān 卡萨坎, 86
al-Kashāniyya 卡沙尼亚, 227
al-Khābarān 哈巴兰, 77
al-Khābūr 哈布尔河, 65
al-Khaḍir 卡迪尔, 55
al-Khaif 凯义夫, 17
al-Khalīj 卡里吉, 180
al-Khamāyajān 卡马亚詹, 86
al-Khanāṣir 哈那塞, 13
al-Khanīfighān 卡尼菲甘, 87, 95
al-Kharbaq 哈尔白格, 88
al-Kharrāra 喀拉拉, 103
al-Khashabāt 赫沙巴特, 29
al-Khawārij 哈瓦利吉派, 130
al-Khawarnaq 哈瓦纳格, 14
Al-Khazar 可萨地区, 7
al-Khazlajīya 赫兹勒吉耶, 7
al-Khazūz 卡祖兹, 80
al-Khūbidhān 胡比冉, 89
al-Khūnj 洪季, 140
al-Khurūj 胡鲁基, 137
al-Khūrwān 胡尔万, 103
al-Khusrwiyya 胡斯尔维亚生活区, 91

al-Khutal 胡塔勒, 185
al-Khuwārizmiyya Kāth 花拉子米亚喀什, 217
al-Kirmāniyya 克尔曼尼亚生活区, 90
al-Kisā'ī 吉萨伊, 155
al-Kūfa 库法, 45
al-Kūhkān 库赫坎, 87
al-Kurdbān 库尔德班, 88
al-Lādhiqiyya 拉塔基亚, 51
al-Lāhūn 拉罕, 45
al-Lajjūn 拉均, 51
al-Lāmis 拉米斯, 60
al-Lārinj 拉林季, 140
al-Laur 劳尔, 76, 147
al-Lawāljān 拉瓦勒詹, 84
al-Lukām 卢坎, 50
al-Lūrjān 鲁尔詹, 86
al-Ma'zimān 玛阿兹曼, 17
al-Ma'zimīn 玛阿兹敏, 17
al-Madā'in 马达因, 73
al-Mādarā'īyīn 马达拉因家族, 115
al-Madhār 玛扎尔, 70
al-Mafāza 法尔斯与呼罗珊之间的沙漠地带, 5
al-Maghrib 马格里布, 5
al-Maḥāḥī 马哈里, 199
al-Mahdī 'Ubaid Allāh 迈赫迪・欧贝德拉, 35
al-Mahdiyya 马赫迪耶, 34
al-Mahrujāsqān 马赫鲁贾斯甘, 86
al-Maid 麦伊德, 136
al-Mamāliyya 玛玛里亚生活区, 91
al-Māmighān 马密甘, 89
al-Manṣūra 曼苏拉, 5
al-Maqām 伊卜拉欣立足处, 16
al-Māra 马拉, 88, 115
al-Marāgha 马拉盖, 140
al-Marā'ī 牧场税, 124
al-Mārawān 马拉万, 88
al-Marīzjān 马力兹詹, 88
al-Marṣad 监管税, 124
al-Marwa 玛尔瓦, 16, 191
al-Marwazī 马尔瓦兹, 191
al-Marzubān bin Turkisafī 马尔祖班・本・图尔吉萨菲, 211
al-Marzubān bin Turksafī 马尔祖班・本・图尔克萨菲, 232
Al-maṣ 马沙地区, 88
al-Mas'aa 玛斯阿, 16
al-Masībiyya 马斯比亚, 226
al-Masjid al-'Atīq 阿提格清真寺, 188
al-Masjid al-Ḥarām 哈拉姆清真寺, 177
al-Masjid Banī Māhān 白尼马罕清真寺, 188
al-Māskānāt 马斯卡纳特, 88
al-Maṣṣīṣa 摩普绥提亚, 50
al-Masūbān 马苏班, 94
al-Maulid 毛里德, 111
al-Mauqif 茂奇夫, 45
al-Mauṣil 摩苏尔, 63
al-Mazdakān 马兹达坎, 115
al-Mihrakiyya 米赫拉基亚生活区, 91
al-Mījān 米詹, 129
al-Mīr 米尔, 80, 97
al-Mirbad 米尔巴德, 69
al-Misfala 米斯法拉, 16
al-Mishjān 米什詹, 95
al-Miyānij 米亚尼基, 140
al-Mizza 梅泽赫河, 53
al-Mu'allā 穆阿拉, 16
al-Mu'allī bin al-Naḍir 穆阿里・本・纳迪尔, 115

al-Mu‘askar 穆阿斯卡尔, 186
al-Mubārakiyya 穆巴拉基亚生活区, 91
al-Mudhaikhira 穆宰伊希拉, 24
al-Mudlaj 穆德拉吉, 23
al-Mufattiḥ 穆法提赫, 70
al-Mughīr bin Aḥmad 穆基尔・本・艾哈迈德, 137
al-Mughīra bin Shu‘ba 穆吉拉・本・舒巴, 109
al-Muhallab 穆海莱布, 174
al-Muḥammadiyya 穆罕默迪亚, 226
al-Muḥauwala 穆豪瓦拉, 88
al-Mukassara 穆卡萨拉, 232
al-Mulauwan 穆劳宛, 56
al-Multān 木尔坦, 5
al-Mūmiyāy 姆米亚伊, 119
al-Muqarrab 穆卡拉布, 117
al-Muqaṭṭam 穆卡塔姆, 46
al-Murabba‘a Abī al-Jahm 艾卜・贾赫姆穆拉巴阿, 189
al-Murabba‘a al-Kabīra 大穆拉巴阿, 187
al-Murabba‘a al-Ṣaghīra 小穆拉巴阿, 187
al-Murādī 穆拉迪, 47, 70
al-Muraizijān 穆莱伊兹詹, 86
al-Mūrjān 穆尔詹村庄, 119
al-Musta‘īn 穆斯塔因, 113
al-Mustijān 穆斯提詹, 89
al-Muswāhī 穆斯瓦希, 133
al-Mu‘taḍid 穆阿台迪德, 25, 56
al-Mu‘tamid 穆尔台米德, 111, 232
al-Mu‘tamid Muḥammad bin Ṭāhir bin ‘Abd Allāh bin Ṭāhir 穆尔台米德・穆罕默德・本・塔希尔・本・阿卜杜拉・本・塔希尔, 232
al-Mu‘taṣim 穆阿台绥姆, 73
al-Mutawakkil 穆塔瓦基勒, 73
al-Mu‘tazz 穆阿台兹, 113
al-Muthaqqab 穆萨卡布, 56
al-Muṭṭalibiyya 穆塔利比亚生活区, 91
al-Muẓaffar bin Ja‘far 穆扎法尔・本・贾法尔, 110
al-Muzdalifa 穆兹达理法, 17
al-Nabaṭ 奈伯特地区, 115
al-Nahrawān 纳赫拉万河, 72
al-Nairab 奈拉布, 53
al-Najāḥī 纳贾西, 199
al-Nu‘māniyya 努阿曼尼耶, 74
al-Nūba 努比亚, 6, 84, 89
al-Nūbajān 努巴詹, 84
al-Nūbanjān 努班詹, 89
al-Nūqān 努坎, 187
al-Nūr 努尔, 122
al-Qādisiyya 卡迪西亚, 22
al-Qairawān 凯鲁万, 35
al-Qalāl 卡拉勒山, 61
al-Qanawāt 卡纳瓦特河, 53
al-Qarāmiṭa 盖拉米塔派, 19
al-Qari 噶里, 184
al-Qarīnain 噶里纳因, 190
al-Qarnain 噶尔纳因, 176
al-Qarqisiyya 盖尔吉西亚, 13
al-Qāsim bin Shahrayār 卡西姆・本・沙赫尔亚尔, 114
al-Qaṣr 卡斯尔, 176
al-Qaṭā’i‘噶塔伊, 45
al-Qawādhbān 噶瓦兹班, 214
al-Qawādhyān 噶瓦兹彦, 201
al-Qulzum 库勒祖姆, 7
al-Ra‘āada 电鳐, 46
al-Rabāṭ 拉巴特, 102

al-Radhān 拉站, 86
al-Rādhkān 拉兹坎, 187
al-Rāfiqa 拉菲卡, 65
al-Raḥba 拉赫巴, 13
al-Rāhūq 拉胡克, 136
al-Raiḥān 莱伊汗, 94
al-Rakhkhaj 拉哈吉, 183
al-Ram 拉姆, 51, 89
al-Rāmāniyya 拉曼尼亚生活区, 90
al-Ramla 拉姆拉, 51
al-Raqāda 拉卡达, 37
al-Raqqa 拉卡, 13
al-Raun 劳恩, 86
al-Rāy 拉伊, 189
al-Ra'y 拉伊派, 130
al-Rayy 雷伊, 112, 155
al-Rayyān 拉延, 155
al-Rīk 里克, 174
al-Rīqān 里甘, 128
al-Rudainī 鲁代伊尼, 141
al-Rūdhān 鲁赞区域, 85
al-Rūdhbār 卢兹巴尔, 128
al-Ruhā 埃德萨, 64
al-Rukn al-'Irāqī 伊拉克角, 16
al-Rukn al-Shāmī 沙姆角, 16
al-Rukn al-Yamānī 也门角, 16
al-Rūqāl 鲁噶勒, 141
al-Rūr 鲁尔, 134
al-Ruṣāfa 卢萨法, 72
al-Sā'ira 萨伊拉, 21
al-Ṣabāḥiyya 刷巴黑亚生活区, 90
al-Sabarvān 萨巴尔万, 68
al-Ṣābi'īn 拜星教, 53
al-Ṣadaqāt 布施税, 124
al-Ṣafā 萨法, 16
al-Ṣafārīn 萨法林, 228
al-Ṣaghāniyān 萨噶尼彦, 208
al-Ṣaimara 塞伊马拉, 68
al-Ṣaimikān 刷伊米坎, 87, 94
al-Sairawān 塞伊拉万, 149
al-Ṣakhra 刷赫拉, 55
al-Ṣakhrāt 萨赫拉特, 17
al-Salamūniyya 萨拉姆尼亚生活区, 91
al-Ṣalāwiyya 萨拉维亚人, 167
al-Samāwa 萨马沃, 22
al-Ṣamīkān 刷米坎, 87, 94
al-Sāmira 撒玛利亚, 52
al-Samlāqiyya 萨姆拉奇亚, 49
al-Ṣaqāliba 萨卡里巴, 6
al-Saqanqūr 鲨鱼蜥, 46
al-Ṣarā 萨拉河, 72
al-Sardan 萨尔丹, 81
al-Sarīr 萨里尔, 6
al-Sarmāhī 咸鱼石, 141
al-Sarmaq 萨尔马克区域, 86, 102
al-Sarmaqān 萨尔玛甘, 102
al-Sarwāb 萨尔瓦布, 86
al-Sāwadār 萨瓦达尔山, 225, 231
al-Ṣayriyya 塞伊里亚生活区, 91
al-Shābrān 沙布兰, 142
al-Shāfi'ī 沙菲伊, 46
al-Shāhākāniyya 沙哈坎尼亚生活区, 91
al-Shahrakiyya 沙赫拉基亚生活区, 90
al-Shahrawiyya 沙赫拉维亚生活区, 91
al-Shāhūniyya 沙胡尼亚生活区, 91
al-Shaihāriyya 沙伊哈里亚生活区, 91
al-Shām 沙姆, 5, 127
al-Shamākhiyya 沙玛黑亚, 142
al-Shāmāt 沙玛特, 127
al-Shār 沙尔, 197
al-Sharā 沙腊, 13

al-Sharījān 沙里詹, 127
al-Shiḥr 席赫尔, 25
al-Shimāsiyya 西马斯亚, 72
al-Shīrjān 锡尔詹, 101
al-Shuqūq 舒谷戈, 22
al-Shurā 舒拉派, 41
al-Ṣifriyya 斯福里亚生活区, 91
al-Sijzī 西杰兹, 80
al-Sīlān 锡兰, 121
al-Sind 信德, 5, 215
al-Sindiyya 信迪亚, 215
al-Sinn 信努, 63
al-Sirrīn 塞林, 14
al-Subā'iyya 苏巴以人, 232
al-Sūdān 苏丹, 6
al-Ṣuffāra 苏法拉, 88
al-Sughd 粟特, 208
al-Suljān 苏勒詹, 89
al-Sūrqān 苏尔甘, 127
al-Sūs 苏斯, 34
al-Sūs al-Aqṣā 远苏斯, 34
al-Sūsanjird 苏桑吉尔德, 80
al-Sūsqān 苏斯甘, 191
al-Ṣu'ūd 苏欧德, 167
al-Suwaiqa 苏外伊卡, 93
al-Tabābi'a 泰巴比阿, 10
al-Ṭabalāy 塔巴莱伊, 122
al-Ṭābarān 塔巴兰, 187
al-Ṭabsīn 塔布辛, 169
al-Ṭāhiriyya 塔希里亚, 217
al-Ṭahmādahniyya 塔赫玛达赫尼亚生活区, 90
al-Ṭā'if 塔伊夫, 15
al-Tair Mardān 泰伊尔马尔丹, 89
al-Tall Būtūn 布屯, 48
Al-Tan'īm 谈易姆, 18
al-Ṭāq 塔格, 176
al-Ṭāq 塔克, 72
al-Tarbaḥabīn 塔尔巴哈宾, 233
al-Ṭarbāl 塔尔巴勒, 97
al-Ṭarm 塔尔姆, 144
al-Ṭarsūs 塔尔苏斯, 50
al-Ṭasūj 塔苏季, 86
al-Ṭāṭarī 塔塔里, 134
al-Ṭawāf 塔瓦夫, 16
al-Ṭāy 塔伊河, 76
al-Ṭāyaqāl 塔亚噶勒, 199
al-Ṭāyqān 塔伊甘, 200
al-Thughūr 诸关隘区, 7
al-Ṭīb 提布, 68
al-Tibat 藏区/西藏, 6
al-Tīnāt 提纳特, 56
al-Ṭinn 提伦, 78
al-Tirmidh 帖尔米兹, 201
al-Tīzūkīz 提祖基兹, 133
al-Tughuzghuz 九姓古斯, 7
al-Ubulla 欧布拉河, 69
al-'Ushūb 乌舒卜, 141
al-Wagh 瓦格, 222
al-Walīd bin 'Abd al-Malik 韦立德・本・阿卜杜・麦立克, 54
al-Wāq Wāq 瓦格瓦格地区, 95
al-Wargh 瓦尔格, 222
al-Waṣīf al-Khādim 瓦绥夫・卡迪姆, 56
al-Wuzarā'维齐尔, 115
al-Yahūdiyya 亚胡迪亚, 196
al-Yahwiyya 亚胡维亚, 196
al-Yamāma 叶麻麦, 14
al-Yaqṭān 亚克谈, 141
al-Yāwadār 亚瓦达尔, 231
al-Zabbādiyya 扎巴迪亚生活区, 91
al-Zaidī 宰德人, 24
al-Zāmijān 扎米詹, 89
al-Zanj 津芝, 6, 91
al-Zanjiyya 赞吉亚生活区, 91

al-Zarāqin 扎拉津, 141
al-Zarqān 扎尔甘, 96
al-Zubaidī 祖拜伊迪, 148
al-Zuhrī al-Muḥaddith 祖赫里・穆哈迪施, 27
al-Zuṭṭ 贾特地区, 32
Amāliqa 亚玛力, 14
Amāwitā 阿玛维塔, 160
'Amd 阿姆德, 79
Āmid 阿米达, 63
'Ammār bin Yāsir 阿马尔・本・亚西尔, 23
'Amr bin 'Uyaina 阿麦尔・本・乌亚伊纳, 110
'Amrū bin al-'Āṣ 阿姆鲁・本・阿斯, 45
Āmul 阿莫勒, 157
'Āna 阿纳, 66
Anān 阿南, 87
Anas bin Mālik 艾纳斯・本・马力克, 69
Anbūrān 安布兰, 89, 94
Andarāba 安达拉巴, 200
Andījārāgh 安迪贾拉格, 199
Andrāstān 安德拉斯坦, 218
Andyār Kandmān 安德亚尔坎德曼, 223
Ānjīzah 安吉扎赫, 101
Ankhadh 安哈兹, 196
Anrī 安里, 133
Anṭākīya 安塔基亚, 55
Anṭarṭūs 塔尔图斯, 54
Anūdhkat 阿努兹卡特, 235
Arana 阿拉纳, 17
Aranbwiyya 阿兰布维亚, 156
Arbanjan 阿尔班詹, 233
Arbīlakh 阿尔比拉赫, 235
Arḍ Maqlūba 倒置之地, 57
Ardabīl 阿尔达比勒, 123
Ardakhushmīthan 阿尔达胡什米珊, 217
Ardashīr 阿尔达希尔, 83
Ardashīr Khurrah 阿尔达希尔胡拉区, 83
Ardistān 阿尔德斯坦, 169
Ardlānkat 阿尔德兰卡特, 235
Ārhan 阿尔罕, 199
Ārhān 阿尔罕, 214
Arīḥā 杰里科, 58
Arjadūna 阿尔佳杜纳, 39
Ark 阿尔克, 177
Arkand 阿尔坎德, 237
Arm 阿尔姆, 154
Armā'īl 阿尔玛伊勒, 133
Arrābah 阿拉巴赫, 171
Arrān 阿兰, 6
Arsayānbakat 阿尔萨彦巴卡特, 241
Arsayānīkath 阿尔萨亚尼卡什, 233
Arthā 阿尔沙, 167
Ārwān 阿尔万, 223
Arz 阿尔兹, 89
Arzin 埃尔津, 143
Asad 阿萨德, 15
Aṣbahān 伊斯法罕, 78
Asbānīkat 阿斯巴尼卡特, 242
Asbās 阿斯巴斯, 238
Asbījāb 塞兰, 9
Asdābādh 阿斯达巴兹, 147
'Asfān 阿斯凡, 21
Asfanjāy 阿斯凡贾伊, 176
Asfarā'īn 阿斯法拉因, 160
Asfizār 阿斯菲扎尔, 186
Aṣghānyān 阿斯甘彦, 233
Ashanah 阿莎纳赫, 141
Ashanah al-Dhurrīya 阿莎纳赫祖里

亚, 141
Ashbīnghū 阿什宾古, 235
Ashshir 阿什尔, 208
Ashtaraj 阿什塔拉吉, 196
Ashtīkhan 阿什提汗, 227
Ask 阿斯克, 79
Āsk 阿斯克, 159
Askaifghan 阿斯凯伊夫甘, 241
Aslān 阿斯兰, 86
'Asqalān 阿什凯隆, 58
Astarābādh 阿斯塔拉巴兹, 154
Astūrkat 阿斯图尔卡特, 237
Aswān 阿斯旺, 32
Athīnās 雅典, 9, 61
Athmān Mā'水税, 124
Atishjāh 阿提什贾赫, 89
Awāl 阿瓦勒岛, 30
Ayila 阿伊拉, 13
Az Idhwār 阿兹伊兹瓦尔, 187
Āzādmard bin Kūshhādh 阿扎马尔德・本・库什哈德, 113
Azārjird 阿扎尔吉尔德, 89
Azbarāh 阿兹巴拉赫, 88
Azd 阿兹德, 109
Azm 阿兹姆, 77
Azūkand 阿祖坎德, 237
Ba'sand 巴桑德, 239
Bāb Aḥwaṣ Abādh 阿赫瓦斯阿巴兹门, 187
Bab al-Abwāb 杰尔宾特, 142
Bāb al-Akrād 阿克拉德门, 141
Bāb al-Balad 巴拉德城门, 119
Bāb al-Ḥadīd 哈迪德门, 200
Bāb al-Hindāwī 信达维门, 200
Bāb al-Jāmi' 贾米门, 221
Bāb al-Kān 坎门, 177
Bāb al-Madīna 城市之门, 221
Bāb al-Najjāriyya 纳贾里亚门, 233
Bāb al-Qanṭara Takīn 甘塔拉塔金门, 186
Bāb al-Qaṣābīn 噶萨宾门, 233
Bāb al-Qibāb 奇巴布门, 186
Bāb al-Rīkstān 利克斯坦门, 221
Bāb al-Shaikh al-Jalīl Abī al-Faḍl 谢赫贾利勒・艾比・法德勒门, 222
Bāb al-Ṭa'ām 塔阿姆门, 176
Bāb al-Yahūd 亚胡德门, 200
Bāb al-Yāsiriyya 亚西利亚门, 72
Bāb Bālīn 巴临门, 190
Bāb Balīsān 巴里散门, 155
Bāb Banī Asad 白尼阿萨德门, 223
Bāb Banī Sa'd 白尼萨阿德门, 221
Bāb Bārstān 巴尔斯坦门, 177
Bāb Darmashkān 达尔梅什坎门, 190
Bāb Darūlazjah 达鲁拉兹贾赫门, 221
Bāb Darwāzjah 达尔瓦兹贾赫门, 223
Bāb Dayūdad 宇达德门, 228, 229
Bāb Fairūzābādh 法伊鲁扎巴兹门, 192
Bāb Fank 范克门, 228
Bāb Farjak 法尔贾克门, 221
Bāb Farkhshīd 法尔赫什德门, 228, 229
Bāb Farkhshīdh 法尔赫什兹门, 228, 229
Bāb Ghadāwad 噶达瓦德门, 228
Bāb Ghanjara 甘贾拉门, 177
Bāb Ghashj 噶什吉门, 221
Bāb Ghūbdhīn 古布贞门, 233
Bāb Hishām 希沙姆门, 155
Bāb Ḥufra 胡夫拉门, 221
Bāb Ibradh 伊布拉兹门, 115

Bāb Isbask 伊斯巴斯克门, 229
Bāb Istarīs 伊斯塔利斯门, 177
Bāb Jabal 贾巴勒门, 155
Bāb Junk 君克门, 186
Bāb Kalahbādh 卡拉赫巴兹门, 234
Bāb Karkūyah 卡尔库亚赫门, 176
Bāb Khurasān 呼罗珊门, 72
Bāb Khushk 胡什克门, 192
Bāb Kūhak 库哈克门, 228
Bāb Kūhkīn 库赫津门, 155
Bāb Mahr 马赫尔门, 97
Bāb Marsamanda 马尔萨曼达门, 234
Bāb Mīnā 密纳门, 177
Bāb Naishak 奈伊沙克门, 176
Bāb Naubahār 纳婆毗诃罗门, 200
Bāb Nūkhīk 努西克门, 177
Bāb Nūr 努尔门, 221
Bāb Qanṭara Ḥassān 哈桑桥门, 221
Bāb Raḥba 拉赫巴门, 200
Bāb Rakhna 拉赫纳门, 221
Bāb Ra's al-Qanṭara 拉斯甘塔拉门, 186
Bāb Rayūdad 拉宇达德门, 229
Bāb Rūdhkarān 鲁兹卡兰门, 177
Bāb Sarāy 萨拉伊门, 192
Bāb Shast Band 沙斯特班德门, 200
Bāb Shatārāq 沙塔拉戈门, 177
Bāb Shīrk 希尔克门, 177
Bāb Shu'aib 舒艾伊布门, 177
Bāb Sikka al-Ma'qal 斯卡穆阿噶勒门, 186
Bāb Sikka Mughān 斯卡穆甘门, 221
Bāb Sīn 辛门, 155
Bāb Sirr Shīrīn 斯尔席琳门, 187
Bāb Sūkhshīn 苏赫信门, 229
Bāb Sūkhtah 苏赫塔赫门, 187
Bāb Ṭāq 塔格门, 155
Bāb 'Ubaid Allah 欧贝德拉门, 233
Bāb Warsanīn 瓦尔萨宁门, 229
Bāb Yaḥyā 叶海亚门, 200
Bāb Ziyād 齐亚德门, 192
Bābik 巴贝克, 152
Bad Kadhārāt 巴德卡扎拉特, 93
Badakhkat 巴达赫卡特, 237
Baddā 巴达, 27
Badhakhshān 巴达赫尚, 199
Bādhghīs 巴德吉斯, 186
Badhkhashtān 巴兹哈什坦, 199
Badhsh 巴兹什, 159
Bādī al-Duwār 杜瓦尔沙漠, 178
Bādisat 巴迪萨特, 89
Badra 巴德拉, 170
Baghankath 巴甘卡什, 235
Baghāwardān 巴噶瓦尔丹, 193
Baghlān 巴格兰, 199
Baghnīn 巴格尼恩, 176
Baghrās 巴格拉斯, 57
Baghshūr 巴噶舒尔, 195
Baghūbār 巴古巴尔, 230
Bah 巴赫, 133
Baḥairm 巴海伊尔姆, 31
Bahamnābādh 巴哈姆纳巴兹, 187
Bahār 巴哈尔, 127
Bāhila 巴西拉部落, 116
Bahlū 巴赫鲁, 89
Baḥr al-Fārs 印度洋/波斯湾, 5
Baḥr al-Khazar 里海, 5
Baḥr al-Qulzum 红海/库勒祖姆海, 6
Baḥr al-Rūm 地中海, 5
Bahrā' 巴赫拉人, 14
Bahrām 巴赫拉姆, 80
Bahrām Jūbīn 巴赫拉姆・楚宾, 164

Bahzān 巴赫赞, 156
Baid 白伊德, 101
Bailaqān 贝拉甘, 142
Baimand 白伊曼德, 127
Bain 白因, 89
Bair 白伊尔, 101
Bairūt 贝鲁特, 57
Bait Laḥm 伯利恒, 52
Bāja 巴贾, 38
Bajah 贝杰, 86
Bajanāk 佩切涅格人, 166
Bājaruwān 白加努万, 66
Bajjāna 佩奇那, 35
Bāk 巴克, 162
Bakhr 巴赫尔, 100
Bakr bin Wa'il 拜克里・本・瓦伊勒, 21
Bakrābādh 巴克拉巴兹, 158
Bakrī 巴克里, 198
Bākūra 巴库拉, 144
Ba'labakk 巴勒贝克, 13, 54
Balad 巴拉德, 63
Balansiya 瓦伦西亚, 35
Balarī 贝拉里, 133
Bālāyān 巴拉延, 235
Balhar 巴勒哈尔, 134
Balhlarā 巴勒赫拉剌, 134
Balī 巴里, 22
Bālis 巴巴利索斯, 13; 巴里斯, 211
Balkh 巴尔赫, 112, 206
Balkh Ashabūrqān 巴尔赫阿沙比尔甘, 206
Balkhāb 巴勒噶布, 145
Balkiyān 巴勒基彦, 197
Bālūs 巴鲁斯, 64
Bam 巴姆, 127
Bāmāb 巴马布, 239
Bāmiyān 巴米扬, 186
Bāmkākhsh 巴姆卡赫什, 243
Ban 班, 171
Bānad 巴纳德, 224
Banākat 巴纳卡特, 234
Banākath 巴纳卡什, 238
Band 律例官, 116; 班德, 133
Bandar Hibān 班达尔希班, 89
Bandik 班迪克, 103
Bāniyya 巴尼亚, 133
Banjahīr 班加希尔, 199
Banjīkath 班基卡什, 230
Banjkhāsh 班吉哈什, 235
Banjwāy 班吉瓦伊, 176
Banū al-'Alīṣ 阿利斯人, 23
Banū Kalb 卡勒布人, 23
Banu Sāma bin Lu'aī 萨玛・本・卢埃伊家族, 25
Banyān 班彦, 89
Baqī' al-Gharqad 巴基公墓, 19
Barā 巴拉, 156
Bārāb 巴拉布, 243
Baradā 巴拉达河, 53
Baram 巴拉姆地区, 86
Barāṭ Hazār 巴拉特哈扎尔, 183
Barazyān 巴拉兹彦, 159
Bārbad 巴尔巴德, 191
Bardashīr 巴尔达什尔, 128
Bardha'a 巴尔达, 141
Bardīj 巴尔蒂基, 142
Barghar 巴尔噶尔, 230
Barhamnābādh 巴尔汗纳巴兹, 133
Barhūt 白尔呼德, 25
Barīn 巴临, 184
Bārīn 巴林, 93
Barkarī 巴尔卡里, 143
Bārkath 巴尔喀什, 232
Barkūsh 巴尔库什, 235
Bārmā 巴尔马山, 65

Bārmash 巴尔马什, 230
Bārnūwā 巴尔努瓦, 93
Barqa 昔兰尼加, 34
Bārsak 巴尔萨克, 173
Barzand 巴尔赞德, 140
Barzinj 巴尔津基, 142
Baṣanī 白萨尼, 77
Basghūrfand 巴斯古尔凡德, 199
Bāshān 巴珊, 191, 205
Bāshān Harāt 巴珊赫拉特, 205
Bashāwīh 巴沙维赫, 156
Bashlank 巴什兰克, 176
Basht Kham 巴什特汗, 129
Bāsiyān 巴斯彦, 31
Basjarat 巴斯加拉特人, 166
Baskat 巴斯卡特, 235
Baskūnis 巴斯库尼斯, 35
Bāskūt 巴斯库特, 87
Basmad 巴斯马德, 134
Basṭa 巴士达, 51
Bastādarān 巴斯塔达冉, 174
Basṭām 巴斯塔姆, 154
Baṭanu Muḥassir 白塔努穆哈斯尔, 17
Baṭanu Murr 白塔努穆尔, 21
Bawah 帕韦, 149
Bāwarm 巴瓦尔姆, 87
Bayān 白彦, 76
Bayāq 巴亚格, 171
Bayās 帕亚斯, 56
Bazdah 巴兹达赫, 241
Bazdīghra 巴兹迪噶拉, 187
Bāzr 巴兹尔, 89
Bāzranj 巴兹兰基, 89
Bibn 比布恩, 195
Bidlīs 比特利斯, 143
Bik 贝伊, 162
Bīkand 比坎德, 221
Bilād Sābūr 比拉德沙普尔, 89
Bilāl bin Abī Barda 比莱勒·本·艾比·巴尔达, 69
Binkath 宾卡什, 234
Bi'r Shakk 比阿尔沙克, 172
Bīra 比拉, 171
Birasān 比拉桑, 239
Birdhaun 比尔绕努, 77; 驮马, 91
Birr 比尔, 120
Bīsān 贝特谢安, 51
Bisht 比什特, 102, 174, 194
Bisht Bādhām 比什特巴扎姆, 174
Bisht kham 比什特坎姆, 102
Bisht Naisābūr 比什特内沙布尔, 174
Bishtar 比什塔尔, 182
Bīskand 比斯坎德, 207, 221
Bīsutūn 比苏屯, 147
Buḥaira al-Bāsfuwiyya 巴斯夫韦亚湖, 96
Buḥaira al-Bukhtakān 布赫塔坎湖, 85
Buḥaira al-Jūbānān 朱班纳湖, 85
Buḥaira al-Tūz 图兹湖, 85
Buḥaira Arjīsh 埃尔吉斯湖, 144
Buḥaira Dasht Arzan 达什特阿尔赞湖, 85
Buḥaira Jankān 建坎湖, 85
Buḥaira Tinnīs 廷尼斯湖, 47
Buḥaira Urumiyya 乌鲁米耶湖, 144
Buḥaira Zarrah 扎拉赫湖, 178
Buḥaira Zughar 祖嘎尔海, 13
Buḥran 布赫兰, 24
Bukhārā 布哈拉, 113
Bulghār 保加尔, 7
Bulūr 布鲁尔, 159
Būma 布玛, 223
Būmajakath 布马贾卡什, 240

Būna 布纳, 171
Būnajkath 彭吉肯特, 233
Būrāb 布拉布, 239
Būrgh 布尔格, 223
Burkāna 布尔卡纳, 101
Būrq 布尔克, 223
Būrsanīn 布尔萨宁, 228
Burṭās 布尔塔斯, 164
Burūjird 伯鲁杰尔德, 148
Būshanj 布珊基, 186
Būsinnah 布斯纳, 149
Būṣīr 阿布希尔, 48
Buṣrā 布斯拉, 57
Bust 布斯特, 176
Būwān 布万地区, 86
Ḍabba 达巴, 153
Dabīl 代碧勒, 142
Dabīrān 达比兰, 156
Dādhīn 达贞, 89
Dahak 达哈克, 155, 183
Dahak Nū 达哈克努, 155
Dair al-'Āqūl 戴伊拉阿库勒, 74
Dair al-Jiṣṣ 达伊尔吉斯, 170
Dair al-Umar 代伊尔欧麦尔, 89
Dair Ayūb 代伊尔阿尤布, 89
Dair Bardān 代伊尔巴尔丹, 172
Dakharqān 达喀尔坎, 146
Dakhkath 达赫卡什, 235
Dakhrāqān 达赫拉甘, 140
Danfghānkat 丹夫甘卡特, 242
Danfghānkath 丹夫甘卡什，234, 242
Dāniq 达尼克, 124
Dāniyāl 但以理, 79
Dānjī 丹基, 171
Dār al-Imāra 管理机构, 16
Dār al-Islām 伊斯兰之家, 9
Dār al-Nadwa 演讲厅, 16
Dār Hadāb bin Ḍirār al-Māzinī 达尔哈达卜本迪拉尔马兹尼, 115
Dār Ḥamdūna 达尔哈姆杜纳, 222
Dār ibn Dārā 达尔・伊本・达拉, 93
Dārā 达拉, 64
Dārābjird 达拉布吉尔德区, 84
Darah 达拉赫, 182
Ḍarā'ib al-Milāḥāt 航运税, 124
Dārak 达拉克, 178
Darb al-Maidān 玛伊丹路, 221
Darb al-Maradqasha 马拉德噶沙路, 221
Darb al-Radqasha 拉德噶沙路, 221
Darb al-Rāmīthniyya 拉米施尼亚路, 221
Darb al-Rayū 拉余路, 221
Darb Faghāskūn 法噶斯昆路, 221
Darb Ḥadsharūn 哈德沙伦路, 221
Darb Ibrāhīm 伊卜拉欣路, 221
Darb Kalābādh 卡拉巴兹路, 221
Darband 达尔班德, 239
Darbāy 达尔巴伊, 129
Darghān 达尔甘, 217
Darghash 达尔噶什, 176
Dāristān 达雷斯坦, 175
Dārjān Siyāh 达尔詹西亚赫, 95
Darjāsh 达尔佳什, 240
Dārjīn 达尔金, 127
Dark 达尔克, 133
Darkhīd 达尔锡德, 89
Darkūjrī 达尔库吉里, 172
Darmiyya 达尔米亚, 156
Dārzanjī 达尔赞基, 239
Dasht 达什特, 88, 100, 104, 129
Dasht al-Dastaqān 达什特达斯塔甘, 88
Dasht Bārīn 达什特巴林地区, 88

Dasht Ruwaist 达什特卢外伊斯特, 129
Dasht Sūrāb 达什特苏拉布, 100
Daskara al-Malik 达斯卡拉马力克, 75
Daskarwān 达斯卡尔万, 171
Dastabī 达斯塔比, 158
Daur al-Rāsibī 道尔拉斯比, 76
Daur Banī al-Rāsī 道尔白尼拉斯, 149
Dauraq 道拉格, 31
Dawān 达万, 149
Dāwud 大卫, 51
Dazāh 达扎赫, 156
Dazbaz 达兹巴兹, 101
Dazbazlais 达兹巴兹莱伊斯, 89
Dhār 扎尔, 241
Dhāt 'Irq 扎提伊尔格, 26
Dhirā'腕尺, 125
Dhirā' al-Malik 国王腕尺, 125
Dhū al-Nūn al-Miṣrī 祖・努恩・米斯里, 48
Dhū al-Qarnain 亚历山大大帝, 74
Dīdjī 迪德基, 238
Dihās 迪哈斯, 200
Dihgān 粟特迪赫坎, 232
Dihistān 迪西斯坦, 155
Dimashq 大马士革, 13
Dimimā 迪米玛桥, 72
Dīnār 迪纳尔, 123
Dīnārzārī 迪纳尔扎里, 160
Dirham 迪尔汗, 123, 181
Dirham bin Naṣr 迪尔汗・本・纳赛尔, 181
Diwān 迪湾, 89
Dīwān al-Ṣadaqāt 布施迪万, 85
Dīwārah 迪瓦拉赫, 187
Dizah 迪扎赫, 169
Dīzak 迪扎克, 233
Dukkān 'Allāf 草料店, 71
Dūmat al-Jandal 杜马渐答勒, 23
Dūmīs 杜米斯, 145
Dumyāṭ 杜姆亚特, 47
Fa'mar 法阿玛尔, 207
Fādūsbān 法都斯班, 153
Faghkath 法格卡什, 241
Fahlafahrah 法赫拉法赫拉, 133
Faḥṣ al-Ballūṭ 洛斯佩德罗切斯, 39
Fahsnān 法赫斯南, 178
Faid 法伊德, 21
Fairūzqand 法伊鲁兹甘德, 182
Fairzīn 法伊尔贞, 128
Fakhkh 法赫, 18
Fam al-Ṣilḥ 法姆绥勒赫, 74
Fāqūs 法古斯, 49
Fārāb 法拉布, 9
Faraj 法拉吉, 88
Farāna 法拉纳, 224
Farankath 法兰卡什, 235
Farāwa 法拉瓦, 185
Farawān 法拉万, 199
Farāwanda 法拉万达, 149
Farāwir al-Suflā 下法拉维尔, 223
Farāwir al-'Ulyā 上法拉维尔, 223
Farghāna 费尔干纳, 7
Fārghar 法尔噶尔, 199
Farghīdad 法尔基达德, 223
Farkurd 法尔库尔德, 194
Farrah 法拉赫, 176
Fārs 法尔斯, 5, 114
Fārs bin Mūsā 法尔斯・本・穆萨, 114
Farsakh 法尔萨赫, 10
Farsat 法尔萨特, 159
Farṭāst 法尔塔斯特, 89
Fāryāb 法里亚布, 197

Fās 非斯, 36
Fasā 法萨, 88
Fasāhī 法萨西, 84
Fazāra 法扎拉, 23
Fīq 菲克, 58
Firabr 菲拉布尔, 215
Fīrd 菲尔德, 193
Firzak 费尔扎克, 89
Fusṭāṭ 福斯塔特, 30, 44
Ghadrānk 噶德兰克, 235
Ghāfiq 噶菲克, 38
Ghalla Dār al-Ḍarb 造币税, 124
Ghannāj 甘纳基, 235
Ghārābakhshanh 噶拉巴赫珊赫, 217
Gharam 噶拉姆, 183
Gharḥastān 噶尔哈斯坦, 201
Gharj al-Shār 噶尔吉沙尔, 186
Gharjand 噶尔詹德, 235
Ghassān 伽珊尼人, 14
Ghazk 噶兹克, 235
Ghazkurd 噶兹库尔德, 237
Ghazna 加兹尼, 176
Ghazq 噶兹格, 233
Ghazwān 加兹万山, 20
Ghazza 加沙, 52
Ghubairā 戈贝拉, 127
Ghūbān 古班, 193
Ghūbār 古巴尔, 230
Ghumdān 古姆丹, 24
Ghumr Surkh 古穆尔苏尔赫, 172
Habbār bin al-Aswad 哈巴尔·本·阿斯瓦德, 134
Ḥaḍramaut 哈德拉毛, 13
Hafdar 哈福达尔, 159
Ḥā'iṭ Banī 'Āmir 阿米尔, 17
Hajar 哈贾尔, 19
Ḥajar bin Aḥmad 哈贾尔·本·艾哈迈德, 109
Ḥājib Khaibar 哈吉布·海伊拜尔, 21
Ḥalab 阿勒颇, 55
Halāl 哈剌勒人, 23
Halāward 哈拉瓦尔德, 199
Halbak 哈勒巴克, 199, 214
Ḥamā 哈马, 55
Hamadān 哈马丹, 25
Hamadhān 哈姆丹, 147
Hamand 哈曼德, 87
Hamjān 哈姆詹, 87
Ḥanẓala bin Tamīm 汗扎拉·本·塔米姆, 110
Harāt 赫拉特地区, 86
Ḥarb 哈尔布人, 22
Ḥarrān 哈兰, 64
Hārūn al-Rashīd 哈伦·拉希德, 56
Ḥarūrī 哈鲁利, 183
Ḥaryān 哈尔彦, 215
Ḥasanābādh 哈萨纳巴兹, 128
Hāshim bin 'Abd Manāf 哈希姆·本·阿卜杜·马纳夫, 52
Hāshimjird 哈希姆吉尔德, 216
Ḥauma al-Bunyān 浩玛布恩亚尼, 77
Ḥauma al-Ẓaṭṭ 浩玛扎特, 77
Ḥaurān 豪兰/哈乌兰, 13
Ḥawrān 浩兰, 57
Hawwāra 哈瓦拉人, 40
Ḥayy 生活区, 83
Hazār哈扎尔地区, 86
Hazārāsb 哈佐拉斯普, 217
Ḥimṣ 霍姆斯, 13
Hindījān Sābūr 亨迪詹, 89
Hindmand 赫尔曼德河, 178
Hīr 希尔, 103
Hiriyya 希里亚, 98

Hishām bin ‘Abd al-Malik 希沙姆·本·阿卜杜·马力克, 41
Ḥiṣn Ibn ‘Imāra 伊本·伊马拉堡垒, 31
Ḥiṣn Mahdī 迈赫迪堡垒, 31
Hīt 希特, 13
Hūd 呼德, 25
Hudhail 胡宰以勒部落, 20
Ḥujairān 胡加伊冉, 144
Ḥujr bin Aḥmad bin al-Ḥasan 胡吉尔·本·艾哈迈德·本·哈桑, 114
Ḥulwān 胡尔万, 68
Ḥumr 胡姆拉, 86
Ḥūrmah 胡尔玛, 149
Hurmuz Shahr 霍尔木兹沙赫尔, 76
Ibn Abī al-Sāj 伊本·艾比·萨吉, 140
Ibn al-Mu‘tazz 穆阿台兹, 211
Ibn Farīghūn 伊本·法里衮, 197
Ibn Sīrīn 伊本·西林, 69
Ibn Thaur 伊本·绍尔, 25
Ibrāhīm al-Khalīl 伊卜拉欣·哈利勒, 74
Ibrāhīm bin al-Ḥusain 伊卜拉欣·本·侯赛因, 181
Ibrāhīm bin Sīmā 伊卜拉欣·本·斯马, 111
Īdhaj 伊泽, 76
Idrīs bin Idrīs 伊德里斯·本·伊德里斯, 41
Ifrīqīya 易弗里基叶, 34
Iḥyā’ Mawāt 荒地开垦时期, 71
Ij 伊季, 88
Ikhsīkat 伊赫斯卡特, 235
Īl 伊勒, 138
Īlāf 伊拉夫, 234
Īlāq 易拉克, 202, 234
‘Imāra bin Yasār 伊玛拉·本·亚萨尔, 181
Indyān 因德彦, 239
Infaran 因法兰, 237
Iqlīd 埃克利德区域, 86
Iqrīṭish 克里特岛, 61
‘Īsā 尔萨, 52, 137
‘Īsā bin Maryam 尔萨·本·玛利亚, 117
‘Īsā ibn Ma‘dān 尔萨·伊本·马丹, 137
Isfā 伊斯法, 48
Iṣfaqh 伊斯法格, 133
Isfarā’īn 埃斯法拉延, 187
Isḥāq 伊斯哈格, 52
Ishbīlīya 塞维利亚, 35
Ishkanwān 伊什坎万城堡, 93
Ishtādān 伊什塔丹, 89
Ishtaiqān 伊什泰伊甘, 243
Iskāf 伊斯卡夫, 73
Iskandarūna 伊斯肯德伦, 56
Ismā‘īl bin Aḥmad bin Asad 伊斯玛仪·本·艾哈迈德·本·阿萨德, 112
Iṣṭahbānān 埃斯塔赫巴纳特, 88
Iṣṭakhr 伊什塔克尔, 83
Iṣṭakhrān 伊什塔克兰, 102
Istarbayān 伊斯塔尔巴彦, 191
Istija 埃西哈, 38
Istūrkath 伊斯图尔卡什, 238
Italshat 伊塔勒沙特, 174
Itashkhān 伊塔什克汗, 171
Ithal 伊莎勒, 10
Īwān 伊万, 73, 97
Īwān Kisrā 塔克基斯拉宫, 73
Jabal 贾巴勒, 30, 35, 74, 92, 94, 100, 128, 152, 153, 169, 194, 200, 219, 236

Jabal al-Fiḍḍa 贾巴勒非达, 194
Jabal al-Maḥḍ 马赫德山, 153
Jabal al-Qafaṣ 卡法斯山脉, 128
Jabal al-Ṭūr 西奈山, 30
Jabal Asbarh 阿斯巴尔赫山, 236
Jabal Bāriz 巴里兹山脉, 128
Jabal Dīnār 迪纳尔山, 94
Jabal Dunbāwand 达玛万德山, 152
Jabal Jaghrāghaz 贾噶拉噶兹山, 219
Jabal Jum 君姆山, 100
Jabal Karkaskūh 卡尔卡斯库赫山, 169
Jabal Kū 库山, 200
Jabal Ṭāriq 直布罗陀山, 35
Jabal Ṭīn 亭山, 92
Jabala 杰巴拉, 21
Jabalai Ṭaiyī' 萨尔玛山, 15
Jābarwān 贾巴尔万, 141
Jābāyah 贾巴亚赫, 200
Jabīlāt 加比拉特, 29
Jabla bin al-Aiham 贾巴拉・本・艾伊哈姆, 40
Jabūzan 贾布赞, 235
Jādhwī 贾兹维, 195
Ja'far bin Abī Ṭālib 贾法尔・本・艾比・塔里布, 22
Ja'far bin Abī Zuhair 贾法尔・本・艾比・祖海尔, 110, 125
Ja'far bin Abī Zuhair al-Sāmī 贾法尔・本艾比・祖海尔・萨米, 125
Ja'far bin Sahl bin al-Marzubān 贾法尔・本・萨赫勒・本・马尔祖班, 116
Jafath 贾法特哈, 92
Jafūr 贾福尔, 95
Jafūz 贾福兹, 95
Jāh Bar 贾赫巴尔, 172
Jahrum 朱约姆，贾赫卢姆, 88
Jaighūkath 贾伊古卡什, 242
Jairūn 贾伊伦, 54
Jājān 贾詹, 153
Jakarband 贾卡尔班德, 238
Jālīnūs 盖伦, 48
Jāmān 贾曼, 176
Jamarat al-'Aqaba 贾姆拉特・亚喀巴, 17
Jamm 建姆, 88
Jānāt 贾纳特, 123
Jannāba 建拿巴, 28
Janzah 詹扎, 142
Janzarūdh 詹扎尔卢兹, 128
Jarash 吉尔什, 23
Jarayān 贾拉延, 185
Jārbāya 贾尔巴亚, 201
Jardūr 贾尔杜尔, 217
Jarīb 大农场, 124
Jarīb 加里布, 123
Jārīn 贾林, 86
Jarjarāyā 贾尔加拉亚, 74
Jarjīr 加尔吉尔, 49
Jarmajawī 贾尔玛加维, 159
Jarmankan 贾尔曼坎, 239
Jarrāra 黄蝎, 79
Jaryāb 贾尔亚布, 201
Jāwakān 贾瓦坎, 239
Jāyamand 贾亚曼德, 187
Jayyān 哈恩, 38
Jazīra Banī Kāwān 白尼・卡万岛, 88
Jazīra Banū Mazighanā 班奴迈兹拉纳岛, 34
Jazīrat Ibn 'Umar 吉兹雷, 63
Jazzah 贾扎赫, 223
Jibāl al-Khurramiyya 胡拉米亚山

脉, 152
Jibāl al-Qabq 高加索山脉, 140
Jibāl al-Rūbanj 卢班吉山脉, 153
Jibāl al-Sāwadār 萨瓦达尔山脉, 231
Jibāl Qāran 噶冉山脉, 153
Jibrīn 吉卜林, 87, 104
Jidda 吉达, 13
Jīnānjakath 基南贾卡什, 234
Jinn 金尼, 230
Jīranj 吉兰季, 191
Jīruft 吉罗夫特, 127
Jīrūqān 吉鲁甘, 127
Jisr Sammūr 散穆尔桥, 145
Jizah 基扎赫, 176
Jubailā 朱白伊拉, 13
Jūbār Abū Ibrāhīm 朱巴尔·艾卜·伊卜拉欣, 222
Judhām 居扎姆, 23
Judrān 居德冉, 137
Juhaina 朱海纳, 22
Jūma al-Fustujān 朱麻福斯图詹, 102
Junbadh Kāwis 君巴兹卡维斯, 93
Junbudh Maljān 君布兹马勒詹, 89
Jund Naisābūr 内沙布尔军区, 78
Jund Qinnasrīn 肯奈斯林军区, 50
Jundīsābūr 贡迪沙布林, 76
Jundrāwar 君德拉瓦尔, 134
Jūr 朱尔, 83, 93
Jūr Baraka 朱尔巴拉卡, 93
Jurjān 戈尔甘, 8
Jurūj 朱鲁吉, 89
Jūwīn 朱温, 182
Jūybār al-'Āriḍ 朱伊巴尔阿里德, 222
Jūybār Bakkār 朱伊巴尔巴卡尔, 222
Jūz 朱兹, 86
Jūzjān 朱兹詹, 186
Kābarūn 卡巴伦, 195
Kabranh 卡布兰赫, 235
Kābul 喀布尔, 5, 180
Kadāk 卡达克, 235
Kadr 卡德尔, 243
Kafarbaiyā 卡法尔白伊, 56
Kafrtūthā 卡福尔图沙, 64
Kahak 卡哈克, 176
Kahand 卡汉德, 101
Kahda 卡赫达, 159
Kahkāb 卡赫卡布, 89
Kahsīm 卡赫斯姆, 235
Kāhūn 卡浑, 128
Kaikhusrū 凯伊胡斯鲁, 93
Kail Kawā 凯伊勒卡瓦, 145
Kaisāniyya 凯塞尼泰派, 21
Kāj 卡吉, 170
Kākān 卡坎, 89
Kalār 卡拉尔, 104
Kalārīs 卡拉利斯, 86
Kalāzan 卡拉赞, 93
Kālif 卡利夫, 215
Kalrūn 卡尔伦, 106
Kalshajak 卡勒沙贾克, 235
Kalūdhar 卡卢扎尔, 101
Kālūwan 卡鲁万, 195
Kalwādhī 卡尔瓦兹, 72
Kalwān 卡勒万, 136
Kalyūn 凯勒云, 77
Kām Fairūz 卡姆法伊鲁兹, 89
Kāmaraj 卡马拉吉, 89
Kāmil bin Bahrām 卡米勒·本·巴赫拉姆, 116
Kanār 卡纳尔, 102
Kanāzil 卡纳兹勒, 159
Kanbāya 坎巴亚, 134

Kand 坎德, 235
Kandak 坎达克, 238
Kanddarm 坎德达尔姆, 196
Kanjar 坎贾尔, 182
Kankrāk 坎克拉克, 235
Kansā 坎萨, 102
Karaj Abī Dulaf 卡拉季, 150
Karak 卡拉克, 193
Karān 卡兰, 201
Karbakurd 卡尔巴库尔德, 193
Karbalā'卡尔巴拉, 73
Kārbanj 卡尔班吉, 215
Kārbank 卡尔班克, 199, 215
Kardar 卡尔达德, 217
Karī 卡里, 171
Karīn 卡林, 178
Karkath 卡尔卡什, 233
Karkhā 卡尔哈, 76
Karm 卡尔姆, 88
Karmbjird 卡尔姆布吉尔德, 88
Karmīniyya 卡尔米尼亚, 223
Kartush 卡尔图什, 40
Karū 盖鲁, 89
Karūkh 卡鲁赫, 191
Karwān 卡尔万, 243
Kārzīn 卡尔津, 88, 104
Kas 卡斯, 110
Kasbah 卡斯巴赫, 241
Kash 卡什, 176
Kashistān 喀什斯坦, 127
Kāshkān 卡什坎, 194
Kashmīn 喀什敏, 191
Katāma 卡塔马人, 36
Kathah 卡莎, 85
Kathīr bin Ruqāq 卡什尔・本・鲁噶格, 180
Kawākharz 卡瓦哈尔兹, 187
Kāwanīshk 卡瓦尼什克, 184
Kawār 卡瓦尔, 88, 100
Kawār Ghalwa 卡瓦尔噶勒瓦, 100
Kawāshān 卡瓦珊, 191
Kāwkhuwārh 考胡瓦尔赫, 217
Kayākhura 卡亚胡拉, 97
Kāzarūn 卡泽伦, 84
Kazk 卡兹克, 179
Kāzrīn 卡兹林, 104
Khabar 喀巴尔, 86
Khabīṣ 卡比斯, 128
Khābisār 哈比萨尔, 183
Khad Yamankan 哈德亚曼坎, 225
Khadāyadād bin Mardashār bin al-Marzubān 卡达亚达德・本・马尔达沙尔・本・马尔祖班, 117
Khadīnakath 哈迪纳卡什, 241
Khadīnkat 哈丁卡特, 235
Khailām 海伊拉姆, 236, 243
Khair 凯伊尔, 127, 236
Khair bin Abī al-Khair 凯伊尔・本・艾比・凯伊尔, 236
Khaisār 凯萨尔, 191
Khaiwān 凯伊万, 24
Khajāda 哈贾达, 225
Khalaj 哈拉吉, 180, 185
Khalījān 卡里詹, 219
Khallāṭ 阿赫拉特, 143
Khamāyajān al-'Ulyā 上卡马亚詹, 89
Khamrak 卡姆拉克, 235
Khān Āzādmur 阿扎德穆尔客栈, 100
Khān Ḥammād 汗汗马德客栈, 94
Khān Lanjān 汗兰詹, 102, 149
Khān Mardawiyya 马尔达维亚旅馆, 81
Khān Rawān 汗拉万, 187
Khān Uwais 汗武外伊斯, 102

Khanāṣir 哈那塞, 55
Kharāj 土地税, 124
Kharaqānah 哈拉噶纳赫, 241
Kharashkat 卡拉什卡特, 235
Kharghānkath 哈尔甘卡什, 225
Kharjānkath 哈尔詹卡什, 235
Khārk 哈尔克岛, 30
Kharkāhāt 卡尔卡哈特, 162
Kharkānkat 哈尔坎卡特, 242
Kharkhīz 柯尔克孜, 9
Kharkurd 哈尔库尔德, 194
Kharma 卡尔玛, 86
Kharmaithan 卡尔麦伊珊, 224
Kharq 卡尔格, 191
Kharqāna 卡尔噶纳, 233
Kharra 赫拉地区, 89
Kharshakath 哈尔沙卡什, 241
Kharshan 卡尔善人, 40
Khasāf 卡萨夫, 23
Khāsh 哈什, 180, 235
Khashshāb 哈沙布, 185
Khasrūkurd 哈斯鲁库尔德, 187
Khassūwā 卡苏瓦, 88
Khāstān 卡斯坦, 182
Khātūnkath 卡屯卡什, 235
Khaulān 浩兰, 25
Khawākand 卡瓦坎德, 237
Khāwarān 哈瓦兰, 184
Khāwas 哈瓦斯, 237
Khawāsh 哈瓦什, 131
Khawwār 哈瓦尔, 87
Khayār 喀亚尔, 88
Khazghāna al-Suflā 下卡兹噶纳, 223
Khazghāna al-'Ulyā 上卡兹噶纳, 223
Khillān 黑兰, 103
Khināb 基纳布, 127
Khinān 黑南, 142
Khisāf 赫萨夫, 15
Khisht 基什特, 89
Khissat Andarāb 吉萨特安达拉布, 199
Khīwa 希瓦, 217
Khizāna 基扎纳, 173
Khūjān 胡詹, 187
Khujand 苦盏, 214
Khujistān 胡吉斯坦, 195
Khulm 霍勒姆, 199
Khumdān 胡姆丹, 9
Khūnjān 浑詹, 148
Khūr 霍尔, 172
Khurāsān 呼罗珊地区, 5
Khurāsān Asbādh 呼拉珊阿斯巴兹, 192
Khurāsānah 胡拉萨纳赫, 183
Khūrstān 胡尔斯坦, 86
Khushmīthan 胡什米珊, 217
Khusrūjird 胡斯鲁吉尔德, 204
Khūst 霍斯特, 172
Khūy 霍伊, 140
Khūzān 胡赞, 190
Khūzistān 胡齐斯坦, 5
Khūziy 胡兹, 78
Khwārazm 花剌子模, 158
Kīf 基弗, 195
Kih 基赫, 206
Kīmāk 基马克, 9
Kinda 金达, 25
Kīr 基尔, 88
Kirān 基兰, 88
Kīrand 吉兰德, 100
Kirmān 克尔曼, 5
Kirna 吉尔纳, 141
Kīrzīn 基尔津, 104
Kish 基什, 214

Kisra 基斯拉, 118
Kīz 基兹, 133, 136
Kīz Kānān 基兹卡南, 133
Kīzrīn 基兹林, 87
Kūfā 库发, 194
Kūghnābādh 库噶纳巴兹, 194
Kūghūn 库衮, 127
Kūh 库赫, 242
Kūhkan 库赫坎, 229
Kūjāgh 库贾格, 218
Kūkān 库坎, 193
Kūkīn 库津, 190
Kūkūr 库库尔, 173
Kūmīn 库敏, 128
Kundur 昆都尔, 184
Kunj Rastāq 昆基拉斯塔格, 186
Kūr 库尔, 102
Kūra Jadghal 贾德噶勒区, 236
Kūra Kāsān 卡桑区, 236
Kurah 库拉赫, 102
Kūrān 库兰, 95
Kurdarān Khawāsh 库尔达兰哈瓦什, 217
Kurdkān 库尔德坎, 127
Kūshk 库什克, 191
Kūstān 库斯坦, 182
Kūsūy 库苏伊, 194
Kūthā 库萨, 73
Kūthāriyā 库萨利亚, 74
Kuwārān 库瓦兰, 191
Kūyāba 库亚巴, 167
Kūyābah 库亚巴赫, 163
Labān 拉班, 225
Labla 涅夫拉, 38
Lāfit 拉斐特岛, 30
Lajr 拉吉尔, 199
Lakhm 拉赫姆, 23
Laqant 阿利坎特, 37
Laqīṭ bin Zarāra 拉基特・本・扎拉拉, 21
Lārada 莱里达, 38
Lāshjrd 拉什基尔德, 130
Lāshkard 拉什卡尔德, 127, 130
Lāshtar 拉什塔尔, 148
Lāwakan 拉瓦坎德, 199
Layūkand 拉宇坎德, 239
Luṣūb 卢苏布, 141
Mā' al-Khilāf 柳枝水, 120
Mā' al-Qaiṣūm 菊花水, 120
Mā' al-Ṭal'花粉水, 120
Mā' al-Za'farān al-Masūs 藏红花水, 120
Mā Muṭair 马穆泰伊尔, 155
Ma'din al-'Allāqī 阿拉齐矿, 32
Ma'din al-Naqra 纳格拉矿区, 22
Mā'īn 马因, 86
Ma'ān 马安, 57
Ma'bar al-Kur 玛巴尔库尔, 145
Madhmīna 马兹米纳, 217
Madhmīniyya 马兹米尼亚, 219
Madhr 玛兹尔, 206
Mādhrān 马兹兰, 147
Madhrūkāh 玛兹鲁卡赫, 199
Madhyāmajakath 马兹亚马贾卡什, 225
Madīna al-Khurūj 胡鲁基之城, 133
Madrā 马德拉, 218
Madrak 马德拉克谢赫, 116
Madwā 玛德瓦, 243
Madyan 米甸, 13
Madyūna 梅久那人, 40
Mafāwiz al-Bādiya 巴迪亚沙漠, 168
Maghkān 马格坎, 225
Māh al-Kūfa 马赫库法, 147
Maḥālī 马哈里, 133

Maḥalla Bātab Sanjān 巴塔布散詹区, 189
Maḥalla Ra's al-Maidān 拉斯玛伊丹区, 189
Maḥalla Ra's al-Shābāy 拉斯沙巴伊区, 189
Maḥalla Sabīdān 萨比丹区, 193
Māhān 马罕, 128
Māhān bin Bahrām 汗・本・巴赫拉姆, 115
Māhāt 马哈特, 152
Mahra 迈赫拉, 13
Mahrūbān 梅赫卢班, 28
Mahruzanjān 马赫鲁赞詹, 86
Maibud 梅博德, 85
Maidān al-Ḥusain 侯赛因广场, 186
Maimand 梅曼德, 87
Malaṭya 马拉蒂亚, 50
Mālik bin Anas 马立克・本・艾奈斯, 41
Mālik ibn Ṭauq 马力克・伊本・陶格, 66
Malīla 梅利莱人, 40
Māliqa 马拉加, 35
Maljān 马勒詹, 89
Mamlaka al-Hind 印度王国, 6
Mamlaka al-Rūm al-Shām 黎凡特王国, 5
Mamlaka al-Ṣīn 中国王国, 6
Mamlaka Īrānshahr 伊朗沙赫尔王国, 5
Ma'mūn 麦蒙, 110
Manā 麦那, 123
Manādhir al-Kubrā 大马纳兹尔, 77
Manādhir al-Ṣughrā 小马纳兹尔, 77
Mānakīr 马奈基尔, 134
Manāzkurd 马纳兹库尔德, 143
Manbij 曼比季, 55
Manf 孟菲斯, 48
Manḥātarī 曼哈塔里, 133
Mānī 摩尼, 80
Manṣūr 曼苏尔, 93, 130, 133
Manṣūr bin Ja'far 曼苏尔・本・贾法尔, 93
Manṣūr bin Khardīn 曼苏尔・本・哈尔丁, 130
Manūjān 马努詹, 128
Manzil 曼兹勒, 183
Ma'qil bin 'Īsā 马齐勒・本・尔萨, 113
Mar'ash 马拉什, 50
Mārābādh 马拉巴兹, 191
Marand 马兰德, 140
Marausaf 马劳萨夫, 86
Mardājqān 马尔达基甘, 217
Mārdīn 马尔丁, 64
Mardūs 马尔杜斯, 238
Margh Ajama 丛林密布的土地, 190
Marḥala 程, 7
Mārisat 马利萨特, 159
Marūrm 马鲁尔姆, 205
Marūsadān 马卢萨丹, 111
Marw 梅尔夫, 185, 188
Marw al-Shāhjān 梅尔夫沙赫詹, 188
Marwān 麦尔旺人, 27, 41
Marwrūdh 梅尔夫鲁兹, 186
Maryam 玛利亚, 52
Marzaqān 马尔扎甘, 127
Māsabadhān 马萨巴赞, 65
Māṣarm 马萨尔姆, 94
Mash'ar 玛什阿尔, 18
Mashkān 梅什坎, 86
Mashkawīh 马什卡维赫, 158
Masjid Aḥīd 阿希德清真寺, 222
Masjid 'Ā'isha 阿伊莎清真寺, 18

Masjid al-ʻĀriḍ 阿里德清真寺, 222
Masjid Māj 马吉清真寺, 221
Masjid Mājān 马詹清真寺, 188
Māskān 马斯坎, 137
Maslama bin ʻAbd al-Malik 麦斯莱麦・本・阿卜杜・马力克, 66
Maṣmūda 马斯穆达人, 40
Mathāqīl 砝码, 123
Matrīs 马特里斯, 145
Matūth 马图斯, 77
Māwarā' al-Nahr 河中地区, 5
May 梅伊, 100
Māyamurgh 玛亚穆尔格, 238
Mayānkāl 马彦卡勒, 238
Māyumragh 马宇姆拉格, 222, 230
Mayyāfāriqīn 锡尔万, 143
Mazanyān 马赞延, 187
Mīghūn 米衮, 183
Mihrāj 米赫拉季, 137
Mihrajān 米赫拉詹, 187
Miknāsa 梅克内斯人, 40
Mīla 米拉, 155
Mīm 密姆, 102
Mina 米纳, 17
Mink 明克, 199
Mīnk 明克, 234
Mirdās bin ʻUmar al-Mukkanī 米尔达斯・本・欧麦尔・穆卡尼, 110
Mishkī 米什基, 133
Miṣr 埃及, 5
Miyān Rūdhān 米彦鲁赞, 236
Muʻarra al-Nuʻmān 迈阿赖努阿曼, 55
Muʻāwiya 穆阿维叶, 23, 41
Muḍar 穆达尔, 14
Mudaththir 穆达什尔生活区, 90
Mudun Banī Sālim 梅迪纳塞利地区, 39
Mughūl 穆古勒, 171
Mughūn 穆衮, 127
Muḥammad bin al-Ashʻath 穆罕默德・本・阿什阿施, 110
Muḥammad bin al-Faḍl 穆罕默德・本・法德勒, 24
Muḥammad bin al-Ḥasan 穆罕默德・本・哈桑, 155
Muḥammad bin al-Qāsim al-Sāmī 穆罕默德・本・卡西姆・萨米, 25
Muḥammad bin al-Qāsim bin Abī ʻAqīl 穆罕默德・本・卡西姆・本・艾比・阿奇勒, 97
Muḥammad bin Bishr 穆罕默德・本・比什尔生活区, 90
Muḥammad bin Ibrāhīm al-Ṭāhirī 穆罕默德・本・伊卜拉欣・塔希里, 114
Muḥammad bin Wāṣil 穆罕默德・本・瓦绥勒, 80, 93
Muḥammad bin Wāṣil al-Ḥanẓalī 穆罕默德・本・瓦绥勒・汉扎利, 93
Muḥammad bin Yaʻqūb 穆罕默德・本・雅库布, 116
Muḥammad bin Zubaida 穆罕默德・本・祖拜达, 190
Muḥammad ibn al-Ḥanafiyya Alī Bin Abī Ṭālib 穆罕默德・本・哈乃法・本・阿里・艾比・塔里布, 22
Mukrān 莫克兰, 11
Mu'nis 穆阿尼斯, 147
Mūqān 穆甘, 141
Mūriq 穆力克, 89
Mursiya 穆尔西亚, 35

Mūrūr 莫龙-德拉弗龙特拉, 38
Mūsā 穆萨, 20, 114
Mūsā bin ‘Abd al-Raḥmān 穆萨・本・阿卜杜・拉赫曼, 114
Mūsā bin al-Qāsim 穆萨・本・卡西姆, 114
Mūsā bin Mihrāb 穆萨・本・米赫拉布, 114
Mustaghallāt 粮食税, 124
Mustanj 穆斯坦吉, 138
Muṭahhar bin Rajā’ 穆塔哈尔・本・拉贾, 137
Muṭṭaliḥ 穆塔里赫, 197
Nāband 纳班德, 172
Nābulus 纳布卢斯, 51
Nafza 奈夫宰, 38
Nahāwand 纳哈万德, 147
Nahr Akhshuwā 阿赫舒瓦河, 214
Nahr al-Ikhshīn 伊赫辛河, 85
Nahr al-Khūbdhān 胡布冉河, 85
Nahr al-Malik 马力克河, 73
Nahr al-Masraqān 马斯拉甘河, 77
Nahr al-Qaṣābīn 噶萨宾河, 233
Nahr al-Qāṭūl 卡图勒河, 73
Nahr al-Rāmīthana 拉米沙纳河, 224
Nahr al-Ras 阿拉斯河, 143
Nahr al-Razīq 纳兹格河, 189
Nahr al-Sanāwāb 萨纳瓦布河, 230
Nahr al-Sandrūdh 散德鲁兹河, 139
Nahr al-Shāsh 沙什河, 219
Nahr al-Sidra 斯德拉河, 77
Nahr al-Ṭa‘ām 塔阿姆河, 178
Nahr al-Ṭāḥūna 塔胡纳河, 222
Nahr Andarāb 安达拉布河, 200
Nahr Andījārāgh 安迪贾拉格河, 214
Nahr Ānjīr 安吉尔河, 193
Nahr As‘adī al-Khurāsānī 阿斯阿迪胡拉萨尼河, 189
Nahr Asrūd 阿斯鲁德河, 233
Nahr Badyūrūdh 巴德余鲁兹河流, 130
Nahr Bajūghasj 巴朱噶斯基河, 222
Nahr Balkh 巴尔赫河, 7
Nahr Barbān 巴尔班河, 214
Nahr Bārsat 巴尔萨特河, 193
Nahr Barsh 巴尔什河, 230
Nahr Bashmīn 巴什明河, 230
Nahr Bashtarūdh 巴什塔鲁兹河, 179
Nahr Bayna 到白伊纳河, 71
Nahr Būh 布赫河, 218
Nahr Būzmājaz 布兹马贾兹河, 230
Nahr Darkhīd 达尔锡德河, 85
Nahr Dujail 杜贾尔河, 66
Nahr Faghar 法噶尔河, 193
Nahr Farakhshah 法拉赫沙赫, 224
Nahr Farghar 法尔嘎尔河, 214
Nahr Fashīdīzah 法什迪扎赫河, 222
Nahr Furwāb 福尔瓦布河, 85
Nahr Ghūsmān 古斯曼河, 193
Nahr Hurmuz Farrah 霍尔木兹法拉赫河, 189
Nahr ‘Īsā 尔萨河, 72
Nahr Jarshīq 贾尔什克河, 85
Nahr Jayḥūn 阿姆河, 139
Nahr Jīḥān 杰伊汉河, 56
Nahr Jurgh 朱尔格河, 224
Nahr Jūybār al-Qawārīrayīn 朱伊巴尔噶瓦里拉因河, 222
Nahr Karāgh 卡拉格河, 193
Nahr Karīh 卡里赫河, 218
Nahr Kāsān 卡桑河, 200
Nahr Kashanh 卡珊赫河, 222

Nahr Khāmah 卡马赫河, 224
Nahr Kharghān Rūdh 卡尔甘鲁兹河, 223
Nahr Khashshāb 哈沙布河, 201, 214
Nahr Kunk 昆克河, 193
Nahr Kurr 库拉河, 85
Nahr Madrā 马德拉河, 218
Nahr Mailī 玛伊里河, 179
Nahr Mihrān 梅赫兰河, 134
Nahr Misann 米散河, 94
Nahr Murghāb 穆尔加布河, 190
Nahr Naukandah 瑙坎达赫河, 222
Nahr Rabbāḥ 拉巴赫河, 222
Nahr Ratīn 拉汀河, 85
Nahr Sabīdhrūdh 萨比兹鲁兹河, 143
Nahr Sābis 纳赫鲁萨比斯, 74
Nahr Sāfirī Kām 萨菲利卡姆河, 223
Nahr Sakkān 塞坎河, 85
Nahr Sanārūdh 萨纳鲁兹河, 179
Nahr ṢarṢar 萨尔萨尔河, 72
Nahr Sayḥān 塞伊汉河, 56
Nahr Shādhkān 夏兹坎河, 85
Nahr Shīrīn 谢林河, 85
Nahr Sūrā 苏拉河, 73
Nahr Ṭab 塔布河, 85
Nahr Tankān 坦坎河, 224
Nahr Tīrā 纳赫鲁提拉, 76
Nahr Tīrza 提尔扎河, 85
Nahr Tustar 舒什塔尔河, 77
Nahr Wadāk 瓦达克河, 218
Nahr Wakhashshāb 瓦哈沙布河, 214
Nahr Zāb 扎布河, 66
Nahr Zighār Kinda 兹噶尔金达河, 223
Nahruzanjān 纳赫鲁赞詹, 128
Nā’īn 纳因, 85
Nairīz 内里兹, 88
Naisābūr 内沙布尔, 152
Najākath 纳贾卡什, 234
Nājat 纳加特, 127
Najd 纳季德, 14
Najīrum 纳吉伦, 88
Najjār Jafr 纳贾尔贾夫尔, 223
Najm 纳吉姆, 243
Najrān 奈季兰, 23
Nakālik 纳卡里克, 235
Nakkūr 内科尔, 34
Nāmahand 纳玛汉德, 159
Namūdhlagh 纳穆兹拉格, 235
Nāristān 纳里斯坦, 148
Narmāshahr 纳尔玛沙赫尔, 128, 169
Narmāshīr 纳尔玛希尔, 169
Nasf 纳斯夫, 214
Nash’tuk 纳什图克, 99
Nashawā 纳沙瓦, 143
Naṣr Abādh 纳赛尔阿巴兹, 155
Naṣr bin Aḥmad 纳赛尔・本・艾哈迈德, 112, 210
Naṣr bin Aḥmad Allah 纳赛尔・本・艾哈迈德拉, 210
Nātal 纳塔勒, 155
Nāthīn 纳辛, 169
Nauqad Quraish 瑙噶德古莱氏, 241
Nawā 纳瓦, 146
Nazwa 纳兹瓦, 25
Nazz 纳兹, 119
Nīma 尼玛, 173
Nimrūd bin Kan‘ān 宁录, 74
Nisā 尼萨, 186
Nishīn 尼辛, 197
Nūbāgh al-Āmīr 努巴格埃米尔,

224
Nūdaz 努达兹, 216
Nūghakat 努噶卡特, 242
Nuh 努赫, 176
Nūḥ 努哈, 67, 210
Nūḥ bin Asad 努哈・本・阿萨德, 210
Nūjakath 努贾卡什, 233
Nūkath 努卡什, 235
Nūkhānī 努卡尼, 171
Nūmijkath 努米基卡什, 220
Nūnah 努纳赫, 86
Nuqqād 努噶德, 243
Nuṣaybīn 努赛宾, 63
Nūzwār 努兹瓦尔, 217
Qabān 噶班, 235
Qabḍa 格卜达, 125
Qabr al-Khārijī 哈瓦利吉派的坟墓, 173
Qādisiyya 库法卡迪西亚, 68
Qafīl 卡菲勒, 181
Qafīr 卡菲尔, 128
Qafīz 卡非兹, 123
Qaiṣāriyya 凯撒利亚, 58
Qalamiyya 卡拉米亚山, 60
Qal'at al-Jaṣṣ 贾斯城堡, 93
Qal'at al-Lāriz 拉里兹城堡, 159
Qal'at al-Majūs 拜火教城堡, 101
Qal'at al-Yakdān 雅克丹城堡, 92
Qal'at Asfandabādh 阿斯凡达巴兹城堡, 92
Qal'at Ibn 'Imāra 伊本・伊玛拉城堡, 92
Qal'at Ibn Kandmān 伊本・坎德曼城堡, 145
Qal'at Īraj 伊拉吉, 93
Qal'at Jūdhraz 朱兹拉兹城堡, 93
Qal'at Marj 马尔吉城堡, 148
Qal'at Sa'īd Abādh 赛义德阿巴兹城堡, 92
Qal'at Shahmūbadh 沙赫姆巴兹城堡, 92
Qālīqālā 噶里噶拉, 143
Qālirī 噶利里, 133
Qalqāṭūs 噶勒噶图斯, 145
Qalsāna 卡勒萨纳, 43
Qāma 寻, 16
Qāmuhul 噶穆胡勒, 134
Qanāt al-Shāh 沙赫运河, 132
Qanāt Sarā 萨拉运河, 183
Qanbalī 甘巴里, 133
Qandābīl 甘达比尔, 133
Qanṭara 甘塔拉, 88, 94, 147, 148, 221
Qanṭara Abī al-Nu'mān 艾卜・努阿曼桥, 147
Qanṭara al-Suwaiqa 苏外伊噶桥, 221
Qanṭara Indāmish 甘塔拉因达米什, 148
Qanṭara Sabūk 萨布克桥, 95
Qanṭara Takān 塔坎桥, 94
Qanūḥ 噶努赫, 9
Qanzbūr 甘兹布尔, 133
Qarājūn 噶拉君, 238
Qarāṭiq 噶拉提格, 134
Qārlah 查理・马特, 39
Qarmāsīn 噶尔玛辛, 148
Qarmūna 卡莫纳, 38
Qarya Abī Ayyūb 艾卜・阿尤布村庄, 147
Qarya Aḥmad bin 'Abd Allah 艾哈迈德・本・阿卜杜拉村庄, 195
Qarya al-Jauz 卡尔亚焦兹, 127
Qarya al-Milḥ 米勒赫村庄, 159
Qarya Barātkīn )巴拉特金村庄, 217

Qarya Jūma 朱玛村庄, 183
Qarya Khashbājī 哈什巴基村庄, 183
Qarya Khasit 哈斯特村庄, 183
Qarya Kīt 基特村庄, 218
Qarya Salm 萨勒姆村庄, 175
Qarya Shādhfarī 沙兹法里村庄, 94
Qarya Yazdābādh 亚兹达巴兹村庄, 158
Qāshān 卡尚, 147
Qaṣr Aḥnaf 卡斯尔阿赫纳夫, 195
Qaṣr al-Luṣūṣ 噶斯尔卢苏斯, 147
Qaṣr An al-Dākhil 卡斯尔安达黑勒, 156
Qaṣr An al-Khārij 卡斯尔安卡里吉, 156
Qaṣr A'yun 噶斯尔阿云, 102
Qaṣr Jalāl Dīzah 贾拉勒迪扎赫宫殿, 223
Qaṣr Qand 甘德堡, 133
Qaṭwān Dizah 卡特万迪扎赫, 237
Qaum Lūṭ 库姆路特, 13
Qā'yin 加延, 169
Qazwīn 加兹温, 112
Qiblah 奇布拉, 142
Qinnasrīn 肯奈斯林, 13
Qirmiz 洋红, 143
Qishmīr 克什米尔, 6
Qu'aiqi'ān 古埃奇安, 16
Qubā'库巴, 19
Qubādh 喀瓦德, 108
Qubādhkhurrah 喀瓦德胡拉, 83
Qubrus 塞浦路斯岛, 61
Quhistān 库西斯坦, 128
Qūhistān 库西斯坦, 131
Quhunduz 堡城, 91
Qulumriyya 科英布拉, 39
Qum 库姆, 147
Qūmis 赫卡通皮洛斯, 112
Quraish 古莱氏, 16
Qurākhazar 古拉可萨, 165
Qūris 库里斯, 58
Qūriyya 库里亚, 38
Qurqūb 库尔库布, 77
Qurṭuba 科尔多瓦, 36
Quṣdār 库斯达尔, 133
Qūsīn 古辛, 156
Qusṭāna 古斯塔纳, 158
Qutaiba bin Muslim 古太白・本・穆斯林, 234
Quwīn 古温, 86
Rabāṭ al-Qalāṣ 噶拉斯客栈, 237
Rabī'a 拉比阿, 14
Rabinjan 拉宾詹, 227, 233
Raḍwa 拉德瓦, 21
Rādwīh 达德维赫, 174
Rafaḥ 拉法, 44
Rāfi'拉菲阿, 180
Rā'īn 拉因, 127
Rakhūy 拉胡伊, 193
Rām Shahristān 拉姆沙赫尔斯坦, 178
Ram Shahriyār 拉姆夏赫里亚尔, 89
Rāmand 拉曼德, 223
Rāmhurmuz 拉姆霍尔木兹, 76
Rāmin 拉敏, 148
Rāmīn 拉明, 156
Rāmjird 拉姆吉尔德, 86
Raqīm 拉基姆, 57
Ra's al-'Aqaba Bādarkān 拉斯阿卡巴巴达尔坎, 100
Ra's al-'Ayn 艾因角, 63
Ra's al-Kalb 拉斯卡勒布, 159
Ra's al-Mā'拉阿斯玛, 173
Ra's al-Ṭāq 拉斯拓格, 228
Ra's Sikka Khata'拉斯斯卡卡塔,

222
Rāsak 拉萨克, 133
Rāshat 拉沙特, 207
Rāsīn 拉辛, 103
Rastāq 郊区, 89
Rastāq al-Marzubān 马尔祖班郊区, 232
Rastāq al-Rastāq 卢斯塔格卢斯塔格, 88
Rastāq al-Ṭawārīs 塔瓦里斯郊区, 223
Rastāq Bank 拉斯塔格班克, 199
Rastāq Būrnamdh 布尔纳姆兹郊区, 232
Rastāq Būzmājaz 布兹马贾兹郊区, 232
Rastāq Kabūdhanjakath 卡布赞贾卡什郊区, 232
Rastāq Kākhushtuwān 卡胡什图万郊区, 223
Rastāq Wadhār 瓦扎尔郊区, 232
Rawāmiz 拉瓦米兹, 193
Rāwan 拉万, 199
Rāwas 拉瓦斯, 223
Rayya 拉雅, 38
Rāzīk 拉兹克, 238
Razīla 拉兹拉, 187
Ribāṭ 'Abd Allāh 阿卜杜拉客栈, 183
Ribāṭ al-Ḥujariyya 胡贾里亚客栈, 184
Ribāṭ al-Nāsī 纳斯客栈, 184
Ribāṭ al-Qāḍī 噶迪客栈, 184
Ribāṭ Birr 比尔客栈, 184
Ribāṭ Ḥafṣ 里巴特哈夫斯, 159
Ribāṭ Janakī 贾纳基客栈, 184
Ribāṭ Jankal Abādh 简卡勒阿巴兹客栈, 183
Ribāṭ Karāmikhān 卡拉米汗客栈, 184
Ribāṭ Karawān 卡拉万客栈, 193
Ribāṭ Karūdīn 卡鲁丁客栈, 183
Ribāṭ Karwān 卡尔万客栈, 197
Rida 里达, 42
Rīḥā 里哈, 51
Rihnān 利合南, 86
Rīkadshat 里卡德沙特, 239
Rīkan 里坎, 174
Rīshahr 里沙赫尔, 89
Rishtān 里什顿, 237
Ru'b 鲁阿布, 199
Rūbanj 卢班吉, 88
Rūbīn 鲁宾, 127
Rūdh 卢兹, 155
Rūdhah 鲁扎, 149
Rūdhān 鲁赞, 176
Rūdhbār 鲁德巴尔, 153
Rūdhrāwar 卢兹拉瓦尔, 148
Rukhaj 阿拉霍西亚, 178
Rūmiya 罗马城, 9
Ruwwāt 鲁瓦特, 52
Sa'ad 萨阿德部落, 20
Saba' 示巴, 15
Sabalān 撒巴兰, 140
Sābāṭ 萨巴特, 233
Sabīdmāshah 萨比德马沙赫, 223
Ṣabrān 萨布兰, 243
Sābūr 沙普尔, 77
Sābzawār 萨卜泽瓦尔, 187
Sad 萨德, 156
Sa'd bin Abī Waqqāṣ 赛义德・本・艾比・瓦卡斯, 71
Ṣa'da 萨达, 23
Sadūr 萨杜尔, 238
Sadūsān 萨杜散, 134
Sāfardaz 萨法尔达兹, 217

Safḥah 萨夫哈赫, 225
Sāghand 萨甘德, 174
Ṣaḥib al-Khāl 沙西布・凯勒, 67
Ṣāhik al-Kubrā 大刷黑克, 86
Ṣāhik al-Ṣughrā 小刷黑克, 86
Sahmār 萨赫马尔, 155
Ṣaḥna 萨赫内, 148
Saibadāsat 塞伊巴达萨特, 160
Ṣaidā 赛达, 59
Saif Āl Abī Zuhair 赛义夫・阿尔・艾比・祖海尔, 87
Saif banī al-Ṣaffār 赛义夫・白尼・萨法尔地区, 85
Saif 'Imāra 赛义夫・伊玛拉, 88
Saifāna 塞伊法纳, 205
Ṣaiḥānī 赛伊汗尼枣, 21
Ṣaimūr 赛伊穆尔, 133
Sak 萨克, 94
Sakākat 萨卡卡特, 235
Sakalkand 萨卡勒坎德, 199
Sakandara 萨坎达拉, 199
Sakhr 萨赫尔, 223
Sakīmasht 萨基玛什特, 199
Salamīya 塞莱米耶, 54
Salīma 萨利玛, 13
Ṣāliqān 萨里甘, 176
Sallah 萨拉赫, 193
Sallāt 萨拉特, 243
Salma bin Rūzbah 萨拉马・本・卢兹巴赫, 113
Salmān 萨勒曼, 140
Salmās 萨勒马斯, 146
Salūmak 萨鲁马克, 187
Sālūs 萨卢斯, 154
Sām 萨姆, 196
Sām Khawāsh 萨姆哈瓦什, 221
Sāma bin Lu'aiy 萨马・本・卢埃伊, 109
Samandar 萨曼达尔, 162
Samanjān 萨曼詹, 199
Samarqand 撒马尔罕, 141
Sāmirā 萨迈拉, 68
Samīrān 塞米兰, 88
Sāmjan Mādūn 萨姆詹马顿, 223
Sāmjan Māwarā' 萨姆詹马瓦拉, 223
Sāmsīrak 萨姆斯拉克, 242
Sān 萨努, 196
Sana 萨纳, 208
Sanābādh 萨纳巴兹, 188
Sanāmah 萨纳马赫, 225
Sandān 散丹, 134
Sandāsak 散达萨克, 193
Sandāsank 散达散克, 193
Sanīj 萨尼季, 128
Sanījan 萨尼詹, 169
Sanj 散基, 191
Sanja 桑加, 55
Sanjarfaghan 桑贾尔法甘, 230
Sankān 散坎, 187
Sārā 萨拉, 146
Sarakhs 萨拉赫斯, 186
Ṣarām 刷兰, 89
Ṣarām 刷拉姆, 104
Sarandīb 萨兰迪布, 29, 138
Sarawān 萨拉万, 176
Sarāy 萨拉伊, 149, 199
Sarāy 'Āṣim 萨拉伊阿斯姆, 199
Sāribānān 萨利巴南, 155
Sāriya 萨里, 154
Ṣarmanjan 萨尔曼赞, 216
Sarquṣṭa 萨拉戈萨, 38
Sarshik 萨尔谢克, 86
Sarwistān 萨尔韦斯坦, 86
Sāsān bin Ghazwān 萨珊・本・贾兹万, 114

Sāsāniyān 萨萨尼彦, 148
Sausan Narjis 扫散纳尔吉斯, 120
Sāwa 萨韦, 148
Sawād 塞瓦杜, 66
Sawānjān 萨万詹, 88
Sawār 萨瓦尔, 166
Sāwashān 萨瓦珊, 193
Sāya 沙雅, 21
Shābarkhāst 沙巴尔哈斯特, 148
Shabdīz 沙布迪兹, 152
Shābkhash 沙布哈斯, 223
Shabūrqān 希比尔甘, 196
Shādhrwān 沙德尔万, 77
Shaghab 沙卡布, 27
Shahrawā 沙赫鲁瓦, 128
Shahrayār 沙赫尔亚尔, 114
Shahrufātik 沙赫鲁法提克地区, 86
Shahrzūr 沙赫尔祖尔, 68
Shakat 沙卡特, 243
Shakī 舍基, 142
Shalanba 沙兰巴, 154
Shaljī 沙勒基, 225
Shamkūr 山姆库尔, 142
Shamshāṭ 山姆沙特, 59
Shantabariyya 桑塔弗, 39
Shantarīn 圣塔伦, 34
Shaqq al-Masnān 夏克马斯南, 89
Shaqq al-Rastāq 夏克卢斯塔格, 88
Shaqq al-Raudh 夏克道兹, 89
Sharishk 沙里什克, 182
Shāsh 石国, 202
Shāwakat 沙瓦卡特, 237
Shāwghar 沙乌噶尔, 210
Shi'b Bawwān 什布巴万, 89
Shibām 希巴姆, 24
Shibrkhashīn 什布尔卡辛, 93
Shīnīz 施尼兹, 31, 100
Shīnīzī 施尼子, 31
Shīrāz 设拉子, 83
Shīrbāmiyān 希尔巴米扬, 201
Shīrīn 席琳, 152
Shirwān 希尔凡, 142, 144
Shirwān Shāh 希尔万沙阿, 144
Shiyāz 西亚兹, 115
Shīzar 谢扎尔, 55
Shu'aib 舒阿卜, 20
Shūmān 舒曼, 216
Shūr 舒尔, 170, 172
Shūr Dawāzidah 舒尔达瓦兹达赫, 172
Shūrrūz 舒尔鲁兹, 173
Sībawaih 西伯威, 115
Sīdh 西德赫, 171
Sidūna 锡多尼亚, 35
Sīf Banī Zuhair 白尼祖海尔海湾, 109
Sīf Fāris 法尔斯海滨, 28
Ṣiffīn 绥芬, 23, 65
Sijilmāsa 西吉勒马萨, 34
Sijistān 锡吉斯坦, 5
Sikūkān 斯库坎, 193
Simnān 塞姆南, 149
Sinān 斯南, 88
Ṣinhāja 桑哈贾人, 40
Sīnīz 斯尼兹, 100
Sinjār 辛贾尔, 64
Siqāya al-Ḥaj 阿拔斯水源, 16
Ṣiqilliyya 西西里岛, 61
Sīrāf 锡拉夫, 31
Sirāj 拉基, 143
Sirishk 斯里什克, 192
Sīsjān 西斯詹, 145
Sīskān 希斯坎, 89
Siṭīf 塞提夫, 36
Sīwai 斯外伊, 176
Siwān 萨万, 151

Ṣiwān al-Najas 斯万纳贾斯, 90
Siyāh 西亚赫, 94
Siyāhjird 西亚赫吉尔德, 200
Siyāhkūh 西亚库赫, 8
Sūbāra 苏巴拉, 134
Sughd Samarqand 粟特撒马尔罕, 207
Ṣuḥār 苏哈尔, 25
Suhraward 苏赫拉瓦尔德, 148
Sūj 苏基, 237
Sukāwand 苏卡万德, 199
Sulaimān bin al-Ḥasan 苏莱曼·本·哈桑, 118
Sulaimān bin Dāwūd 苏莱曼·本·大卫, 96
Sulaymānān 苏莱伊曼南, 77
Sulṭān 苏丹, 80
Sunbāṭ bin Ashūṭ 孙巴特·本·阿舒特, 143
Sūnj 孙基, 238
Sūq al-Arbi'ā'舒克阿尔比阿, 77
Sūq al-Karakī 卡拉基市场, 141
Sūq Kūlsarah 库勒萨拉市场, 141
Sūq Sanbīl 舒克桑比勒, 77
Ṣūr 提尔, 53
Sūra 苏拉, 133
Suraq 苏拉克, 76
Sūrmīn 苏尔敏, 197
Surūj 苏鲁奇, 67
Surūzan 苏鲁赞, 180
Sūsanda 苏桑达, 234
Ṭabaqāt 等级, 108
Ṭabaristān 塔巴里斯坦, 8
Ṭabarīya 提比里亚, 51
Ṭabarqa 泰拜尔盖, 34
Ṭabas 塔巴斯, 169, 198
Ṭabas Musīnānt 塔巴斯穆斯南特, 198
Tabrīz 大不里士, 140
Tabūk 塔布克, 15
Tadmur 巴尔米拉, 13
Taflīs 第比利斯, 142
Ṭahmūrith 塔姆拉斯, 188
Tāhrat 提亚雷特, 34
Taimā'泰玛, 15
Taiz 泰兹, 133
Tāju 塔霍河, 39
Takath 塔卡什, 235
Takīn Abādh 塔金阿巴兹, 183
Tālāt 塔拉特, 89
Ṭalḥa bin 'Ubaid Alla 泰勒海·本·欧拜伊德拉, 69
Ṭaliqān 塔利甘, 149
Tall 塔勒, 64, 66, 174, 176
Tall 'afar 泰勒阿费尔, 64
Tall banī Sayyār 泰勒白尼萨亚尔, 66
Tall Siyāh Sabīdh 塔勒西亚赫萨比兹, 174
Ṭamākhash 塔马哈什, 243
Tāmarrā 塔麦拉河, 72
Tamīm 塔米姆, 15
Ṭamīsa 塔米萨, 155
Tamliyāt 塔姆里亚特, 199
Ṭamstān 塔门斯坦, 88
Tanbūk al-Mūrstān 坦布克莫尔斯坦, 89
Ṭanja 丹吉尔, 34
Tannūr 法老炉, 48
Tanūkh 塔努赫人, 14
Ṭarābulus 的黎波里, 34
Ṭarābuzandah 塔拉布赞达赫, 143
Tāram 塔拉姆, 88
Tārān 塔兰, 13
Ṭarāz 塔拉兹, 207
Tarjāla 特鲁希略, 38

Ṭarkhanīshān 塔尔卡尼善, 86
Ṭāshim 塔什穆, 111
Tashkānāt 塔什卡纳特, 87
Ṭasūj 县, 87
Ṭasūj al-Ashārabānān 阿沙拉巴南县, 87
Ṭasūj al-Duskān 杜斯坎县, 87
Ṭasūj al-Ṭairayān 泰伊拉延县, 87
Ṭasūj Ibandiyān 伊班迪延县, 87
Ṭasūj Jūyum 朱约姆县, 87
Ṭasūj Kabīr 卡比尔县, 87
Ṭasūj Kafrah' al-Suflā 下卡夫拉赫县, 87
Ṭasūj Kafrah' al-'Ulyā 上卡夫拉赫县, 87
Ṭasūj Khān 汗县, 87
Ṭasūj Shāhimarank 沙黑马南克县, 87
Ṭasūj Shahristān 沙赫尔斯坦县, 87
Ṭasūj Tanbūk 坦布克县, 87
Tauwaj 淘瓦基, 88
Ṭazar 塔扎尔, 149
Thabīr 莎比尔, 18
Thamūd 赛莫德人, 20
Tīh 提赫, 101
Tihāma 帖哈麦, 14
Tikrīt 提克里特, 63
Tinas 提奈斯, 34
Tīrah 提拉赫, 101
Tītar 蒂塔尔, 81
Tubba' 图巴, 229
Ṭukhairstān 吐海伊尔斯坦, 199
Ṭukhāristān 吐火罗斯坦, 5
Ṭulaiṭula 托莱多, 38
Tūmajakath 图马贾卡什, 225, 240
Tūnis 突尼斯, 34
Tūnkat 屯卡特, 235
Ṭūr Sīnā' 西奈山, 44
Ṭūrān 图兰, 133
Turshīz 图尔什兹, 171
Ṭurṭūsha 托尔托萨, 35
Ṭūs 图斯, 185
Tustar 舒什塔尔, 76
Tuṭaila 图德拉, 39
'Ubaid Allah bin 'Umar 欧贝德拉・本・欧麦尔, 109
'Ubaid Allah bin Yaḥyā 欧贝德拉・本・叶海亚, 111
Ūbūqār 乌布噶尔, 224
Ūdh 乌兹, 148
Ūfa 乌法, 191
'Ujaif bin 'Anbasa 乌贾伊夫・本・安巴萨, 211
Ūjanah 乌贾纳赫, 243
Ūlās 乌拉斯, 57
'Ulyā Bādh 伍勒亚巴兹, 159
'Umān 阿曼, 13
'Umar bin 'Abd al-'Azīz 欧麦尔・本・阿卜杜・阿齐兹, 55
'Umar bin al-Khaṭṭāb 欧麦尔・本・赫塔布, 52
'Umar bin Ḥafṣūn 欧麦尔・本・哈夫森, 39
'Umar bin Hubaira al-Fazārī 欧麦尔・本・胡拜伊拉・法扎里, 73
'Umar bin Ibrāhīm 欧麦尔・本・伊卜拉欣, 110
'Umar ibn 'Abd al-'Azīz al-Habārī al-Qurashī 欧麦尔・伊本・阿卜杜・阿齐兹・哈巴里・古拉什, 136
Umm al-Qura 乌姆古拉, 5
'Umr 欧麦尔, 19
Unās 乌纳斯, 86, 127
'Uqba Fīq 菲克, 58

‘Uqda 乌科达, 104
Urmiyya 乌鲁米耶, 140
‘Urwa bin Udiyya 乌尔瓦・本・欧迪亚, 110
Ūsh 奥什, 235
Ushrūsana 乌什鲁萨纳, 211
‘Utbat bin Ghazwān 乌特拜・本・噶兹万, 69
Ūzkand 乌兹根, 236, 237
Waddān 瓦丹, 22
Wādī al-Ḥijāra 瓜达拉哈拉, 38
Wādī al-Qurā 古拉河谷, 15
Wādī Saghāwir 瓦迪萨噶维尔, 187
Wādī Sitāra 斯塔拉河谷, 21
Waghakath 瓦噶卡什, 233
Waima 外伊玛, 154
Wainakurd 外伊纳库尔德, 242
Wakhān 瓦罕, 185
Wakhsh 瓦赫什, 199
Wānkat 万卡特, 243
Waq‘a al-Azāriqa 阿扎里卡派战役, 121
Warāgha 瓦拉噶, 144
Waraghsar 瓦拉噶萨尔, 230
Waraznīn 瓦拉兹尼恩, 156
Wardūk 瓦尔杜克, 235
Warkah 瓦尔卡赫, 224
Warthān 瓦尔善, 141
Warwālīz 瓦尔瓦里兹, 199
Wāshjird 瓦什吉尔德, 208
Wasīj 瓦斯基, 243
Wāsit 瓦西特, 14
Wazkurd 瓦兹库尔德, 231
Wiqur 维古尔, 236
Wurdāna 乌尔达纳, 223
Yāfā 雅法, 51
Yaḥyā 叶海亚, 36, 54, 116
Yaḥyā bin Aktham 叶海亚・本・阿克山, 116
Yaḥyā bin Zakarīyā 叶海亚・本・扎卡里亚, 54
Yalamlam 亚蓝蓝, 14
Yalid 亚力德, 142
Yanābidh 亚纳比兹, 198
Yanbu‘延卜, 21
Yankurd 彦库尔德, 237
Yaqṣadār 雅克萨达尔, 137
Ya‘qūb 雅库布, 52, 80
Ya‘qūb bin al-Laith al-Ṣaffār 雅库布・本・莱伊斯・萨法尔, 80
Yārakath 亚拉卡什, 232
Yasār 亚萨尔家族, 180
Yazd 亚兹德, 85
Yazdajrid 伊嗣俟, 190
Yazh 亚兹赫, 238
Yazīd bin ‘Iqāl 耶齐德・本・伊卡勒, 110
Yazīd bin Mu‘āwiya 耶齐德・本・穆阿维叶, 53
Yūnān 郁南, 145
Yūrqanī 余尔嘎尼, 155
Yūsuf 优素福, 45
Zabṭa 扎布塔, 56
Zād’ākhira 扎德阿基拉, 174
Zādhaqān 扎扎甘, 149
Zāliq 扎里格, 179
Zāmbūq 赞姆布格, 183
Zāmīn 扎明, 233
Zamm Aḥmad bin al-Ḥasan 艾哈迈德・本・哈桑赞穆, 84
Zamm Aḥmad bin al-Laith 艾哈迈德・本・莱伊斯赞穆, 84
Zamm al-Bāzinjān 巴赞詹赞穆, 84
Zamm al-Dīwān 迪万赞穆, 84
Zamm al-Ḥusain bin Ṣāliḥ 侯赛因・本・萨利赫赞穆, 84

Zamm al-Jīlūya 吉鲁亚赞穆, 84, 113
Zamm al-Jīlūya al-Mihrajān bin Rūzbah 吉鲁亚・米赫拉詹・本・卢兹巴赫赞穆, 113
Zamm al-Kāriyān 卡里彦赞穆, 84
Zamm al-Zamījān 扎米詹赞穆, 84
Zamm Shahrayār 沙赫尔亚尔赞穆, 84
Zamzam 渗渗泉, 16
Zanāta 扎纳塔人, 40
Zānbūq 赞布格, 183
Zandanh 赞旦赫, 225
Zandrāmish 赞德拉米什, 237
Zanjān 赞詹, 89
Zanzān 赞赞, 143
Zarand 扎兰德, 128
Zaranj 扎兰季, 176
Zardūdah 扎尔都达赫, 158
Zarmān 扎尔曼, 236
Zarq 扎尔格, 190
Zatīzān 扎提赞, 193
Zāwar 扎瓦尔, 169
Zayd 宰伊德, 79
Zīdān 泽丹村庄, 81
Zīnū 兹努, 239
Ziyād Abādh 齐亚德阿巴兹, 101
Ziyād bin Abīh 齐亚德・本・阿比赫, 92
Zīzan 兹赞, 143
Zīzānzad 兹赞扎德, 94
Zubaida 拜达, 57
Zughar 祖噶尔, 15
Zumūm 祖穆, 83, 84
Zuwaila 祖外伊拉, 34
Zūzan 祖赞, 187

**國家圖書館出版品預行編目**

道里邦国志 / 伊斯泰赫里(al-Iṣṭakhrī)著；陈静，魏桢力，陈苗译. -- 臺北市：獵海人，2024.10
面；　公分
正體題名：道里邦國志
譯自：al-Masālik wa al-mamālik
ISBN 978-626-7588-00-0(平裝)

1.CST: 歷史地理 2.CST: 阿拉伯半島

730.61　　113014275

# 道里邦国志

作　　者／伊斯泰赫里（al-Iṣṭakhrī）
译　　者／陈静　魏桢力　陈苗
出版策划／猎海人
制作销售／秀威资讯科技股份有限公司
114 台北市内湖区瑞光路 76 巷 69 号 2 楼
电话：+886-2-2796-3638
传真：+886-2-2796-1377
网路订购／秀威书店：https://store.showwe.tw
博客来网路书店：https://www.books.com.tw
三民网路书店：https://www.m.sanmin.com.tw
读册生活：https://www.taaze.tw

出版日期／2024 年 10 月
字　　数／201 千字
书　　号／978-626-7588-00-0
定　　价／500 元